基础会计

（第4版）

主　编　袁三梅　曾　理
副主编　陈　玲　闵权凤
参　编　刘玲利　黄　文　袁　慧
　　　　　徐薇鸿　胡越君
主　审　彭林君

微课：导言

北京理工大学出版社
BEIJING INSTITUTE OF TECHNOLOGY PRESS

内容提要

本书按照会计工作任务模式，结合新企业会计准则进行编写。全书分为六个项目，让学生从熟悉会计入门知识开始，掌握如何反映经济业务、如何记录经济业务、如何汇总经济业务、如何提供经济活动信息，最终让其展示学习成果。相对应学生在每个学习阶段分别掌握的是会计基本理论知识、填制与审核原始凭证的方法、填制与审核记账凭证的方法、登记账簿的方法、编制会计报表的方法等会计工作过程中的基本技能知识。

每个项目以任务导入为起点，提出学习任务，再进行任务分析，然后给出为解决任务所需要的相关知识，最终解决问题，即任务实施。每一项目后附有项目小结和任务实施效果检测，以帮助同学们总结知识和检测自己的学习效果。整个会计工作任务循序渐进、相辅相成，有机地融为一体。为了帮助同学们更好地学习会计基础知识，理论和实际相结合，老师在企业财务部门将整个真实的会计工作操作过程拍摄下来，制作成在线演示视频，以便同学们自学。

本书既可作为高职高专院校会计类专业及其他财经商贸大类专业项目化教学的教材，也可作为会计从业人员的学习用书。

图书在版编目（CIP）数据

基础会计 / 袁三梅，曾理主编. --4 版. --北京：
北京理工大学出版社，2023.7

ISBN 978 - 7 - 5763 - 2654 - 3

Ⅰ.①基… Ⅱ.①袁…②曾… Ⅲ.①会计学 Ⅳ.
①F230

中国国家版本馆 CIP 数据核字（2023）第 139739 号

出版发行 / 北京理工大学出版社有限责任公司
社　　址 / 北京市海淀区中关村南大街 5 号
邮　　编 / 100081
电　　话 / (010) 68914775（总编室）
　　　　　 (010) 82562903（教材售后服务热线）
　　　　　 (010) 68944723（其他图书服务热线）
网　　址 / http://www.bitpress.com.cn
经　　销 / 全国各地新华书店
印　　刷 / 唐山富达印务有限公司
开　　本 / 787 毫米 ×1092 毫米　1/16
印　　张 / 17.5　　　　　　　　　　　　　　　　责任编辑 / 徐春英
字　　数 / 390 千字　　　　　　　　　　　　　　文案编辑 / 徐春英
版　　次 / 2023 年 7 月第 4 版　2023 年 7 月第 1 次印刷　责任校对 / 周瑞红
定　　价 / 89.00 元　　　　　　　　　　　　　　责任印制 / 施胜娟

作为全国优秀教材、"十二五""十三五""十四五"职业教育国家规划教材的修订版本，本教材以党的二十大精神为指引，在"校企合作、工学结合"和"优质院校建设"改革中，围绕"项目导向，任务驱动"教学理念，根据会计岗位基本能力和会计职业素质要求进行编写修订。本教材是国家"双高计划"建设、国家级示范高职院校建设、优质院校建设以及骨干院校建设中课程体系与教学内容改革的成果，是《基础会计》国家在线精品课程、全国新商科优质课程、江西省精品课程、江西省精品在线开放课程、江西省课程思政示范课程的配套教材，有着先进的理念、结构、体例、内容，主要具有以下六大特色：

一、充分体现了基于工作过程、以学生为主体的人才培养模式

党的二十大报告指出"必须坚持守正创新"，本教材打破了传统教材模式，按照复合技能型人才培养目标的要求，进行了基于企业会计工作过程的总体教学设计。结合党的二十大报告中提到的"建成现代化经济体系，形成新发展格局"，教材以企业会计工作过程为主线，牢牢把握实体经济这一坚实基础，形成了应用性编排的新体系，根据职业能力的形成和认知规律，形成"教、学、做"一体化。

本教材以学生为主体，以真实的会计工作目标为项目，以完成项目的工作过程为任务，让学生在完成会计工作任务的过程中学习会计入门知识，训练基本操作技能，充分体现"校企合作、工学结合"的教学模式。

二、按照行动导向教学理念进行体例、结构编排，强化创新创业理念和工匠精神

教材共6个项目28项任务，每个项目以任务导入为起点，提出学习任务目标，再进行任务分析，然后给出为解决任务所需要的相关知识，最终解决问题，即任务实施。教材根据需要，通过"知识链接"形式介绍一些相关理论知识。每一项目后附有项目小结和任务实施效果检测，以帮助同学们总结知识和检测学习效果。整个会计工作任务有机地融为一体，从而使学生在"做中学，学中做"，达到学习知识、提高技能的目的，达到提高学生综合能力的目的。

教材通过任务导入和任务实施，将创新创业理念和工匠精神的培养融入专业课程当中，突出创新创业能力及工匠精神的培养。

三、组建多元化教材编写团队，做到"产教融合、校企政协一体"

本教材由"双师型"教师、企业会计专家、财政部门、注册会计师协会等多行业专家参与编写而成，教材的编写与企业会计岗位零距离对接，会计理论更加符合行业规范的要求。

1. "双师型"教师

（1）教材主审彭林君是曾经担任过香港上市公司中国财务总监、现仍担任多家会计师事务

所和企业的高级财务顾问的注册会计师、教授，在江西外语外贸职业学院从事会计教学20多年，担任会计系主任10余年。

（2）教材主编袁三梅是在江西省国有中型企业从事过会计工作15年的高级会计师、教授，从事会计专业教学近20年，学院会计专业带头人，现仍担任多家会计师事务所的审计顾问和企业的高级财务顾问，深谙各类企业尤其是中小企业的财务管理现状，并将相关的经验应用到此教材中。

（3）黄文老师具有3年大型国企工作经历，曾在中国移动通信集团江西有限公司鹰潭分公司财务部从事收入管理工作，兼做绩效管理和经营分析工作。黄文老师将移动公司鲜明的业财融合理念融入教材编写中，为培养学生的业财融合能力创造了良好的条件。

教材作者均是位于教学和科研一线的"双师型"教师，他们经验丰富，解决教学问题针对性强。

2. 企业专家

教材编写得到了江西赣江宾馆总经理李远发、财务总监刘晓玲、南昌立信办公用品有限公司总经理万翔的大力支持和帮助。企业专家的参与，突出显示了校企"双元"合作开发，使教材内容更贴合企业岗位需要，实用性强。

3. 政府部门

教材编写过程中得到了江西省财政厅会计处和财政监督局等部门的指导和支持，教材紧跟最新准则规范，前沿性强。

4. 注册会计师协会

万仁华现任江西恒达盛会计师事务所有限公司主任会计师、南昌市注册会计师协会常务理事、司法会计鉴定人、高级会计师、注册会计师，具有丰富的实践经验，在教材编写中给予专业指导和帮助。行业元素的加入，使教材的编写更加符合行业规范的要求。

5. 软件应用支持单位

教材积极推进教育数字化，融入智能财务新型数字化财务处理内容，培养学生的数字化能力和创新能力，以适应2035年"实现高水平科技自立自强，进入创新型国家前列"的国家战略目标。

教材中关于智能财务的操作视频，得到了用友网络科技股份有限公司、新道科技股份有限公司的大力支持和帮助。

四、内容新颖，操作性强，课程思政特色明显

以岗位为基础，以能力为本位，以思想教育为线索；以完成会计核算工作任务和初级会计资格考试的需要编排本教材的内容；以国家最新的会计准则和会计制度为依据更新知识，为学生参加初级会计资格考试奠定基础，并满足会计专业"1+X"证书制度改革需要。

"基础会计"课程是会计专业学生进校后的第一门专业核心课程,也是学生的会计入门课程。将会计职业道德融入教材进行课程教学,对学生今后进入经济领域工作有十分重要的作用。本教材在开篇项目一中就将"会计职业生涯必由之路""会计职业素质要求"作为重要内容呈现给同学们,为学生以后的经济工作、生活扣好人生第一粒扣子打下扎实的基础。同时在后续课程中,不断融入爱岗敬业、遵纪守法、吃苦耐劳、诚实守信等思想教育,深刻落实二十大报告中提到的"实施公民道德建设工程,弘扬中华传统美德"。

五、创新表述方式,再现会计工作实际

为了解决教学中出现的理论与实践脱离、会计知识入门困难、会计概念枯燥、学生难以理解等教学问题,本教材采用通俗的语言,全彩印刷。教材从学生个人的经济生活以及他们见过的经济现象入手,用形象的比喻描述抽象的会计名词;利用仿真凭证和账簿,发挥学生的想象力,去讲授会计的基本理论与实务,使学生对枯燥的会计知识充满兴趣和好奇,最大限度地调动高职学生的学习兴趣。

1.语言通俗易懂,比喻形象生动,学生易于理解

教材力求创新,用通俗的语言解释枯燥的会计概念,用形象的比喻描述抽象的会计名词,有利于调动高职学生的学习兴趣。

2.红字、红线,再现会计工作实际,学生身临其境

本教材采用全彩印刷,对需要用到红字、红线的地方均按会计工作的实际情况,用红字、红线反映,逼真地再现会计工作实际。

用红字和红线再现会计工作的实际,这都是之前会计教材没有见过的内容,是本教材的重要创新,也是对传统教材的重大突破,更是"必须坚持守正创新"的又一体现。

六、教材配套资源丰富

1.有配套的网络学习资源:以本教材为依托建设的国家在线精品课程"基础会计",建成了丰富的网络学习资源,包括学习目标、思维导图、思政园地、教学视频、教学课件、拓展资料、试题库、试卷库、初级会计考证试题库、拓展试题库等,满足学生考证、拓展、进阶需求。与本教材配套的在线开放课程可通过登录"学银在线"(xueyinonline.com)平台和国家职业教育智慧教育平台(https://www.smartedu.cn/home/province?name=职教),进入"基础会计"课堂进行在线学习,也可以通过扫描教材中的二维码观看部分教学视频、微课等。

2.有配套的实训教材:《基础会计实训》及《基础会计实训(答案)》。教材结合当前高职教育教学特点和要求,将"理论、操作、考证"三方面的训练融为一体,将"自主学习与团队学习"融为一体,解决了"基础会计"课程需要配备习题册和手工实训教材两本辅助教材的问题,也解决了同学们缺少初级会计资格考试练习题的问题,满足会计专业"1+X"证书制度改革需要。

3.配有教师教学资源:教学大纲、课程标准、电子教案、教学课件、课后实施效果检测答案、

试题库、试卷及答案等，为教师教学提供完备的教学资料，方便教师教学。

4.配有学生自学资源：微视频、动画微课、二维码试题、拓展资料等。为了方便同学们自学，我们在教材对应位置插入二维码，内容涵盖会计基本技能操作演示视频、重点难点动画微课、章节习题、相关拓展知识等，同学们可以通过扫一扫的方式，加深对课程的理解，提升学习效果。

丰富的线上资源与线下资源有机融合，拓宽了学生学习的时间和空间，方便教师解答学生问题、批改作业和试卷等。

本教材由江西工业贸易职业技术学院高级会计师、教授袁三梅和无锡太湖学院副教授曾理担任主编，江西外语外贸职业学院陈玲副教授、闵权凤副教授担任副主编，江西外语外贸职业学院刘玲利、江西工业贸易职业技术学院黄文、袁慧、徐薇鸿、胡越君老师参与编写，江西外语外贸职业学院注册会计师、教授彭林君担任主审。项目一由袁三梅、彭林君、胡越君编写；项目二由曾理、刘玲利、胡越君编写；项目三由陈玲、袁三梅、黄文编写；项目四由曾理、徐薇鸿编写；项目五由闵权凤、袁慧编写；项目六袁慧参与编写；江西恒达盛会计师事务所有限公司高级会计师、注册会计师万仁华对业务进行指导；全书英文由陈玲提供，袁三梅、曾理进行了全书的修改和总纂。会计基本技能操作演示录像由袁三梅主讲。

在本教材10多年的使用过程中，我们得到了很多一线会计老师的大力支持和帮助，他们对本书提出了很多宝贵意见和建议，使我们在一次次的修订中不断改进不断完善。在此，我们向他们表示深深的谢意！

本教材能够得广大使用者的认可，与所有参与编写的老师付出的心血是分不开的，尤其是之前参与编写的老师打下了良好的基础。在此，向所有参与编写的老师表示感谢！

尽管我们在教材的特色方面做了许多努力，鉴于我们的水平和能力有限，书中难免存在疏漏和不足之处，敬请读者和各界同人提出宝贵意见和建议，以便修订时加以完善。

为了便于教学和同学们自学，我们的教材配有习题答案和相关教学资料，可以通过北京理工大学出版社网站下载。

编　者

第3版前言

再版前言

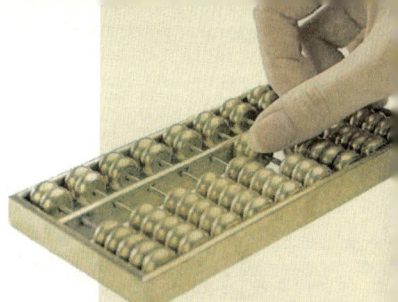

目录
Contents

目录
Contents

项目一

带你走进会计世界，熟悉会计入门知识

素养目标 ▶

1. 培育和践行社会主义核心价值观，培养爱岗敬业、诚实守信、廉洁自律的会计职业道德。
2. 培养热爱学习、热爱会计工作、自主学习新知识的素质和终身学习的态度。
3. 增强文化自信，树立民族文化自信心，培养爱国主义情怀。

知识目标 ▶

1. 掌握会计的特点、职能、对象和目标。
2. 掌握会计核算方法的组成内容和相互联系。
3. 熟悉会计人员职业素质要求。

能力目标 ▶

1. 认识会计与会计职业。
2. 了解会计专业岗位目标群。
3. 能制订会计职业生涯规划。

思维导图 ▶

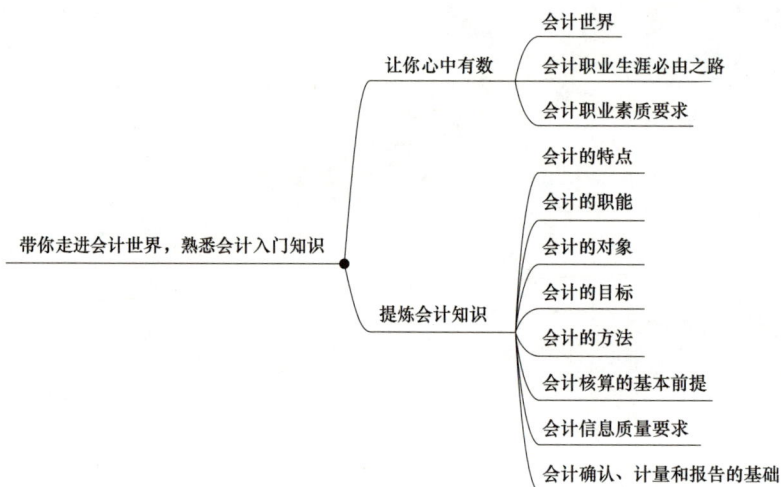

带你走进会计世界，熟悉会计入门知识

让你心中有数
- 会计世界
- 会计职业生涯必由之路
- 会计职业素质要求

提炼会计知识
- 会计的特点
- 会计的职能
- 会计的对象
- 会计的目标
- 会计的方法
- 会计核算的基本前提
- 会计信息质量要求
- 会计确认、计量和报告的基础

任务 1

让你心中有数

任务导入

　　王焕和刘鹏是高中同学，今年同时被某高职院校录取。王焕被录取在大数据与会计专业，刘鹏被录取在市场营销专业。进校后，他们了解到自己都要学习"基础会计"这一课程。王焕想："我学大数据与会计专业，是不是以后就要当一名会计？会计是干什么工作的呢？是不是就是电影电视里演的账房先生，每天戴着副眼镜、夹着支笔、不停地打着算盘？"当他知道刘鹏也需要学习"基础会计"这一课程时，就疑惑了：刘鹏学的是市场营销专业啊，他为什么也要学会计知识呢？到底哪些人需要学习会计知识？会计知识包括哪些内容？怎么样才能学好会计？怎么样才能做好会计？这一系列的问题留在王焕的脑子里。

请思考：什么是会计？

（注：根据教育部职业教育专业目录（2021年），会计专业改为大数据与会计专业，为了方便使用，本教材仍采用会计专业一词）

◉ 任 务 分 析 ◉

由高中升入大学，是一个人生活道路的转折，也是一个人学习生涯新的开始。同学们从中学生转变成为一名高职院校的大学生，这个过程有许多的变化，同学们在校期间要努力学习专业知识和技能，不断拓宽知识面，培养自己的职业能力和综合能力，为今后步入社会奠定良好的基础。

会计是经济管理工作中的重要组成部分，学好会计有助于我们提升职场竞争力，促进我们在多个领域发展。在大数据、业务、财务和税务融为一体的今天，不仅会计专业的同学必须学习和掌握会计知识，其他经济管理类专业，甚至是非经济管理类专业的同学也需要懂得一定的会计知识。业务、财务和税务等数据的收集、整理和运用对我们的工作具有非常重要的意义，那些既能够驾驭数字又懂得会计知识的人，更容易成为优秀的专业或管理人才；具有持续学习且具有长期时间观念的人，更容易取得最后的成功。

◉ 相 关 知 识 ◉

一、会计世界（Accounting World）

亲爱的同学们，当你告别中学时代，进入大学学习经济管理类专业知识时，你将要学习一门全新的课程——会计。

什么是会计呢？下面我们就要带你走进会计世界，让你做到对会计心中有数。

会计一词，在现实生活中通常包括三种含义：

❶ 会计人员（Accountant）	即担任会计工作的人。比如，公司的王会计、商场的李会计、宾馆的刘会计等。
❷ 会计工作（Accounting）	比如，她是做会计的。
❸ 会计学（Accounting）	也就是以会计为对象的学科，比如：她在大学里学的是会计，他是一名会计教师等。

我们这里讲的会计主要是指会计工作。

1. 观察身边的会计

微课：观察身边的会计

当你来到大学，到学校的财务部门交学费、书费；你父母每月寄给你生活费，你从银行取出钱，然后到学校去充饭卡、买生活日用品、买书等；你经常去超市购物，当你选中自己需要的物品后，收银员给你结算，然后你付钱等。大家会发现，上面列举的都是与钱有关的事项。人们的这些活动都属于经济活动。又如，班上要举办一次文艺晚会，为了成功举办这次活动，班主任要求班干部和同学们制订表演计划和执行计划、进行排练、布置会场等，最后进行演出。在这项活动当中，没有涉及钱，因此，这项活动属于不涉及经济的活动。但是，假如这次表演需要花钱租借演出服装、购买化妆用品、购买演出道具，那就涉及钱了，也就是涉及经济的活动了。凡是能引起钱发生增减变化的那些事情，我们统称为经济活动、经济业务或会计事项。企业的管理活动很多都涉及钱，比如花钱买材料、用钱支付水电费、用钱支付员工的工资、收到客户购买产品的货款等，这些活动都属于经济活动。请你想一想：我们身边的经济活动还有哪些？

对于个人的经济活动，也许就是自己记记账，提醒自己不要忘记，看看有没有搞错，看看自己的钱是怎么花的；有的人甚至连账也不记。但对于单位的经济活动，比如学校收取学生的学费、支付水电费、收到上级拨款等；工厂采购原材料进行生产加工，加工成产品后对外销售，销售后收回资金，支付各项费用；商场购进商品对外销售等，都需要有专门的人来进行专门的记录和监督，这就是会计。

2. 认识会计

会计就是对单位发生的经济业务信息进行收集整理，再把收集整理的结果通过会计资料和会计报表等会计信息载体反映出来，提供给相关的人使用的工作。有人说会计就像一张写满了信息的纸，通过它，你可以了解到企业赚了多少钱、亏了多少钱、还有多少钱等很多信息。

微课：认识会计

会计信息主要是通过财务报表来反映的。企业通过财务报表来总括反映企业的财务状况、经营成果和现金流量。我们日常用的财务报表有三张：资产负债表、损益表和现金流量表。作为一般的经济管理工作者，至少要能够看懂前面两张报表。一般来说，损益表比较好理解，但资产负债表却不容易看明白。

在现实生活中，不少厂长、总经理拿着财务部经理报上来的财务报表，都喜欢看损益表，而不太喜欢看资产负债表。因为损益表就是利润表，上面能清楚地反映出企业的营业收入、营业成本、税金及附加、销售费用、管理费用、利润总额、所得税费用等项目，这些项目是大部分人比较熟悉并能理解的内容。当然，其中也有一些看不明白的内容，比如财务费用、每股收益、稀释每股收益等概念，但没关系，这不影响领导看企业总体的经营成果。通过这张报表领导知道企业这一时期的收入、费用和利润有多少。但资产负债表却不是这样，一张表上有许多内容是不好理解的，只有少部分项目是平时经常接触到的，比如固定资产、存货、应收账款、应付账款、短期借款、长期借款等，但更多的比如交易性金融资产、递延所得税资产、递延所得税负债、实收资本、资本公积、盈余公积等项目，是大家不明白意思、不容易理解的概念，因此领导们不爱看这张表，即使财务经理解释过是什么意思，但第二个月领导拿到报表时可能会又不记得这些项目的含义了。由于资产负债表是能够总体反映企业的财务状况的报表，如果不能正确读懂它，就会有碍于领导进行经营决策。下面我们就通过一个案例简单地给大家讲讲这两张报表，让你做到心中有数。

假如王董事长准备在南昌市投资一家酒店，他自己有资金 2 000 万元，向银行贷款 1 000 万元（5 年后归还）。这 3 000 万元的资金，酒店盖大楼花费 1 800 万元，购买设施设备花费 600 万元，购买客房日用品、厨房原料等材料花费 300 万元，还剩 300 万元留在银行账户上准备周转使用。酒店建设完成开始经营后，每年实现营业收入 3 000 万元，开支成本费用 2 500 万元，实现利润 500 万元。案例中，王董事长用来投资酒店的资金我们称为资金的来源，也就是资金是从哪里来的，其中有 2 000 万元是王董事长自己的，是投资者自己投入的资本，叫作实收资本，属于资产负债表中的所有者权益中的一项。除了自己投入的 2 000 万元外，王董事长还向银行贷款 1 000 万元，期限为 5 年，这叫作长期借款，属于资产负债表中的负债。也就是说，王董事长投资酒店的资金是由实收资本和长期借款组成的。这些钱用到哪里去了呢？这可以称作为资金的运用。我们可以看到，资金用来盖酒店大楼和购买设施设备共花费 2 400 万元，大楼和设施设备是酒店的固定资产；购买材料用去 300 万元，这是酒店的存货；剩下 300 万元留在银行账户上，这是酒店的货币资金。固定资产、存货和货币资金都属于酒店的资产，加起来也就是 3 000 万元，与资金的来源是相等的。资产负债表中的所有者权益和负债相加称作权益，也就是说资产与权益相等。这些内容在资产负债表中可以反映出来。酒店营业后，每年为客人提供住宿、用餐等消费，收到客人消费的收入 3 000 万元，这叫作营业收入；为了给客人提供服务，酒店要支付各种原材料、水电费、燃料费、人员工资等，这些费用开支一年达 2 500 万元，这叫作费用；酒店在收到客人的消费确认收入后，减去支付的各种费用开支，剩下的就是酒店的利润。这些内容可以通过损益表来反映。

也就是说，通过资产负债表，你可以知道企业的钱是从哪里来的，用到哪里去了，你可以掌握企业的财务状况；通过损益表，你可以知道企业做了多少业务，耗费了多少钱，有多少利润，从而可以掌握企业的经营成果。

会计就是要将会计报表中的每一个项目、每一个数字的来龙去脉用特殊的国际通用的商业语言——会计语言记录、汇总，最终形成财务报告。

会计不仅记录企业的经济活动，提供经济活动信息，还发挥着管理的重要作用。在提供财务报告的同时，会计还必须对单位的经济活动情况进行分析。通过将本期经营数据与上期、上年同期、同行业同期等经营数据进行对比，分析生产经营过程中出现或存在的问题，提出改进方案。会计通过数据分析，制订成本控制方案，明确企业内部各部门的经济责任，根据每期数据正确评价各部门工作完成情况，促使企业提高效率，减少浪费，实现股东财富最大化。会计还需要能够预测企业经济前景，对企业经营环境作出正确的判断，提出有利于企业的投资或经营方案。

作为经济管理类专业的学生，通过会计课程的学习，要能够读懂会计报表，正确使用相关信息，为自己将来从事经营管理工作、为企业经营决策奠定基础。

作为会计专业的学生，通过会计课程的学习，最终要能够正确编制会计报表，为企业管理者提供可靠的信息，发挥好会计的管理作用。当然，要做到这一步可不是件容易的事，它需要通过一系列会计专业课程的学习才能实现。

二、会计职业生涯必由之路（The Only Way to Accounting Career）

1. 什么人需要懂得会计知识

市场经济的今天，不是只有做会计的人才需要掌握会计知识，而是所有从事经济管理工作的人都需要懂得会计知识，都要能看懂财务报表，才能在经济活动中做到游刃有余。比如，作为企业的总经理，通过财务报表，能够对企业的财务状况、经营情况和资金状况等做到心中有数，较好地进行长、短期经营决策。作为一般的股民，通过财务报表可以了解自己投资的股票业绩如何、收益如何等。营销人员不懂会计知识，就不能很好地确定产品的推销价格；业务人员不懂得会计知识，不会计算成本、税费，就不能清楚地计算每笔生意的利润；管理人员不懂得会计知识，就不能在管理过程中利用会计知识为自己的管理服务；一般的市民不懂得会计知识，就不能很好地进行理财，不能将自己辛苦赚来的钱进行合理的投资……

微课：会计职业生涯必由之路

会计平凡、普通，渗透在现代生活的方方面面；会计神奇、奥妙，有着自己独特的语言和方法，记录着社会经济活动的各个过程，最终把经济活动信息以自己特有的方式告诉别人。会计对企业的经营管理起着不可替代的作用。

2. 会计岗位群

并不是所有学会计专业的学生将来都一定要做会计，但是现在社会中许多岗位都需要掌握一定的会计知识。下面列举的岗位都与会计有关，可称为会计专业岗位目标群：企业的统计员、核算员、品质检验员、稽核员、出纳、收银员、采购员、仓库保管员、材料会计、工资会计、往来账会计、固定资产会计、销售会计、成本会计、税务会计、总账报表会计、银行会计、注册会计师助理、注册会计师、合伙人财务科长（经理）助理、财务总监、总经理助理、总经理、董事、董事长、总裁等，从事这些岗位的人员都必须有会计知识作基础，才能够胜任。

3. 职业生涯必由之路

每个人都渴望成功，但成功之路需要人们踏踏实实、一步一个脚印地走出来。当你进入大学校门，你要抓紧美好时光，掌握必备的知识与技能，为成功奠定基础；跨入社会大门，你必须虚心好学，一切从零开始。此时，你可以成为一名助理，辅助他人工作，同时自己不断学习进步，提高自身各方面的能力。经过一段时间的锻炼，你可以独立承担工作项目，那时你已成为企业的业务骨干了。然后，进一步钻研业务、提高管理水平是你的任务。当你具备策划、组织、执行等能力之后，你将成为业务经理。一般人在这个层次徘徊的时间比较长。当你有了非常突出的能力和对企业有特殊的贡献时，你将成为企业的高管人员，来经营企业。

世界上很多商界成功人士最早都是从事会计工作，具有会计教育或职业背景的，可以说，会计造就了无数成功人士。

4. 会计职业生涯规划

当你准备把会计作为自己的终身职业时，你可以对自己的会计职业生涯进行规划。所谓职业生涯规划也就是合理地确定自己事业的终极目标，并知道用何种方法实现目标。

《中华人民共和国会计法》和财政部《会计人员职称评价基本标准条件》规定按会计人员的政治表现、学识水平、业务能力以及国家组织的会计人员技术资格统一考试成绩，评聘相应的技术职称。其中，初级职称只设助理级，高级职称分设副高级和正高级，形成初级、中级、高级层次清晰、相互衔接、体系完整的会计人员职称评价体系。初级、中级、副高级和正高级职称名称依次为助理会计师、会计师、高级会计师和正高级会计师。

根据会计法和国家有关规定，助理会计师、会计师、高级会计师和正高级会计师的职称评价基本标准条件如下：

会计人员职称评价基本标准条件

一、遵守《中华人民共和国会计法》和国家统一的会计制度等法律法规。

二、具备良好的职业道德，无严重违反财经纪律的行为。

三、热爱会计工作，具备相应的会计专业知识和业务技能。

四、按照要求参加继续教育。

五、会计人员参加各层级会计人员职称评价，除必须达到上述标准条件外，还应分别具备以下标准条件：

（一）助理会计师

1. 基本掌握会计基础知识和业务技能。

2. 能正确理解并执行财经政策、会计法律法规和规章制度。

3. 能独立处理一个方面或某个重要岗位的会计工作。

4. 具备国家教育部门认可的高中毕业（含高中、中专、职高、技校）以上学历。

（二）会计师

1. 系统掌握会计基础知识和业务技能。

2. 掌握并能正确执行财经政策、会计法律法规和规章制度。

3. 具有扎实的专业判断和分析能力，能独立负责某领域会计工作。

4. 具备博士学位；或具备硕士学位，从事会计工作满1年；或具备第二学士学位或研究生班毕业，从事会计工作满2年；或具备大学本科学历或学士学位，从事会计工作满4年；或具备大学专科学历，从事会计工作满5年。

（三）高级会计师

1. 系统掌握和应用经济与管理理论、财务会计理论与实务。

2. 具有较高的政策水平和丰富的会计工作经验，能独立负责某领域或一个单位的财务会计管理工作。

3. 工作业绩较为突出，有效提高了会计管理水平或经济效益。

4. 有较强的科研能力，取得一定的会计相关理论研究成果，或主持完成会计相关研究课题、调研报告、管理方法或制度创新等。

5. 具备博士学位，取得会计师职称后，从事与会计师职责相关工作满2年；或具备硕士学位，或第二学士学位或研究生班毕业，或大学本科学历或学士学位，取得会计师职称后，从事与会计师职责相关工作满5年；或具备大学专科学历，取得会计师职称后，从事与会计师职责相关工作满10年。

（四）正高级会计师

1. 系统掌握和应用经济与管理理论、财务会计理论与实务，把握工作规律。

2. 政策水平高，工作经验丰富，能积极参与一个单位的生产经营决策。

3. 工作业绩突出，主持完成会计相关领域重大项目，解决重大会计相关疑难问题或关键性业务问题，提高单位管理效率或经济效益。

4. 科研能力强，取得重大会计相关理论研究成果，或其他创造性会计相关研究成果，推动会计行业发展。

5. 一般应具有大学本科及以上学历或学士以上学位，取得高级会计师职称后，从事与高级会计师职责相关工作满5年。

省级高端会计人才培养工程毕业学员，视同具备前述第1至第4项标准条件，满足第5项条件，即可申报评审正高级会计师职称。全国高端会计人才培养工程毕业学员，按程序由正高级职称评审委员会认定取得正高级会计师职称。

助理会计师、会计师主要以考试的形式选拔，高级会计师则以考试和评审相结合的形式选拔，而正高级会计师则以评审的形式选拔。

按照《会计法》的要求，各单位应当根据会计业务的需要，设置会计机构，或者在有关机构中设置会计人员并指定会计主管人员；不具备设置条件的，应当委托经批准设立从事会计代理记账业务的中介机构代理记账。会计人员应当具备从事会计工作所需要的专业能力。担任单位会计机构负责人（会计主管人员）的，应当具备会计师以上专业技术职务资格或者从事会计工作3年以上经历。国有的和国有资产占控股地位或者主导地位的大、中型企业必须设置总会计师。总会计师的任职资格、任免程序、职责权限由国务院规定。

当你了解了会计岗位群和国家关于会计职称和职务的相关法律法规后，你对自己的会计职业生涯将做何规划？准备在什么时间达到什么目标？我们认为作为一名会计，在规划自己的会计职业生涯时，要做到"高目标、低起点"，也就是首先要想到自己是一名管理家、企业家，其次才是一名会计，只有制订远大的目标，你才会有长远的职业生涯规划。有了远大的目标还不够，接下来你必须踏踏实实从基层做起，从单位的具体工作干起，熟悉单位的经济业务，掌握单位的工作流程，成为一名合格、优秀的会计。当然，万丈高楼平地起，目前在校的同学最根本的任务就是刻苦学习每一门功课，从方方面面培养、锻炼自己，为达到自己远大的目标而做出实际行动。

随学随测　　初级会计职称考试报考指南

三、会计职业素质要求（The Requirements of Accounting Profession Quality）

当你对会计已经做到心中有数、对会计职业生涯的必由之路做到心里有底后，你会想了解自己应当具备哪些会计职业素质，才能成为一名优秀、成功的会计。下面就谈谈会计职业素质的要求。

1. 遵守职业道德

（1）爱岗敬业。首先要热爱本职工作，只有热爱会计工作，才会勤奋努力，才能有所作为。其次要守身养心、淡泊名利，会计工作是要经常与钱物打交道的，会计这一特殊的岗位，需要从业人员有着优良的道德品质和良好的心态。单位一沓沓的现金对你来说只是一张张的纸，单位账上的资金对你来说只是一个个数字，只有领导每月发给你的工资和奖金才是属于你自己的钱。对于单位的钱物你不能有任何非分的想法，否则，贪财贪利将葬送自己的前途。

微课：会计职业素质要求　　践行核心价值观

（2）吃苦耐劳。会计工作有较强的时效性，比如每月的报表、报税等时间要求较高，这决定了会计人员不可避免地在月初、年初需要加班；会计工作是一环扣一环的，如果你这一步工作没有按时完成，可能会影响到下一环节，因此很多情况下都需要加班完成；会计基础工作也是比较辛苦、繁杂、枯燥的，有人觉得一年365天，天天重复着相同的工作，很烦躁，因此，你必须具备吃苦耐劳的精神。但是你可以在辛苦的工作中寻找属于自己的那一份快乐。

爱岗敬业：一粒种子的初心

（3）遵纪守法。有人说会计人员的脑子总比一般人多一根弦，做每件事情之前都得想一下能不能做、怎么做。会计人员所做的一切工作都应当按照会计法、会计准则、会计制度、国家相关法律法规及企业的规章制度进行。会计人员所提供的会计信息应当合法、真实、准确，当然这取决于会计人员在日常办理会计事务时，必须坚持"实事求是，客观公正"的原则，要敢于抵制歪风邪气，同一切违法违规行为作斗争。

（4）诚实守信。会计人员应当诚实守信、守口如瓶，保守本单位的商业秘密，做好会计信息资料的保密、保管工作。由于会计岗位的特殊性，会计人员有机会了解本单位的关键技术、工艺规程、配方、成本资料、相关数据等重要机密，会计人员在任何时候、任何情况下都应该保守秘密，不能将本单位的商业秘密泄露给竞争对手，给本单位带来经济损失。

2. 提高业务素质

（1）熟悉企业的经济活动。在成为一名优秀的会计之前，你首先应该成为一名企业的业务人员。你来到企业的第一站不是企业的财务部门，而应该是企业的业务部门。你必须熟悉企业的业务，包括业务范围、生产流程、工作流程、企业的规章制度、员工守则等。只有非常熟悉企业的业务，才能很好地进行财务核算，参与企业的经营管理，发挥会计的核算和监督职能。

共和国勋章获得者

有不少单位的会计抱怨说单位的领导不重视会计。这主要是会计没有能够充分发挥自己的管理作用，领导自然就感觉不到你的重要性了。会计只有非常熟悉本单位的业务，才能从会计的角度发现管理中存在的问题，进而从会计角度提出切实可行的解决问题的方案，为企业经营管理作出贡献，为企业带来经济效益，这样才能让领导对会计刮目相看。因此，熟悉本企业的业务是做好会计的第一步。

（2）掌握专业知识。在熟悉了企业的经济活动之后，会计人员必须用会计语言将企业的经济活动记录下来，这就需要用到会计专业知识。专业知识是会计人员素质的特质，是职业判断能力的潜在表现，是会计人员应具备的最基本的从业知识。"基础会计"是同学们学习会计的入门课程，接下去同学们还要学习"财务会计""成本会计""管理会计""财务管理""税法""经济法"等相关专业课程，只有经过一系列的专业课程学习，你才能对会计知识有系统的了解，为完成会计工作奠定基础。

由于会计工作是一项实践性很强的工作，必须将理论知识应用到实践工作中，才能提高职业能力。因此，同学们在校期间，应认真进行会计模拟实训，通过在"做中学，学中做"，将理性认识与感性认识相结合；同时也要珍惜步入社会前的顶岗实习的机会，在实习过程中将理论知识应用到实践工作中，进而深化对专业知识的认识。

同时，会计电算化在目前显得尤为重要，它使会计人员从繁重的手工劳动中解放出来，使会计工作者有更多的时间去进行管理，是减轻会计工作量、提高会计工作效率的保证，也是会计信息化的前提。会计电算化是会计专业知识不可缺少的内容，掌握好电脑知识和操作技术是当代会计人员的必备条件。

会计专业所学课程

3. 培养综合能力

要想成为一名优秀、成功的会计，光具备良好的会计职业道德和较强的会计专业能力还不够，还必须培养自己的综合能力。综合能力是指一个人在面对工作任务或者难题时，能够从多个层面进行思考，深刻分析导致问题产生的原因，并系统地制订行动方案，能够采取恰当的手段使工作得以高效率开展，最终取得高绩效的能力。综合能力包括：学习能力、观察能力、思考能力、策划能力、执行能力等。

比如，随着我国市场经济体制的不断完善和经济形势的不断变化，财会专业知识的更新速度非常快。对于国家不断出台的新会计制度、会计准则及其他相关法规，会计人员必须能够及时学习，跟上时代的步伐，适应工作的需要。这就需要会计人员具备一定的学习能力。在工作中，会计人员会经常遇到各种问题，有业务方面的，也有其他方面的，这需要会计人员有处理和解决各种问题的能力。又如会计工作不仅需要与单位内部各部门的人员接触，还需要与外部相关业务部门，如银行、税务、审计、财政等部门打交道，有的还需要和工商部门、物价部门进行沟通，所有这些都要求会计人员具备良好的人际交往能力和协调能力。

我们强调，培养综合能力，首先要学会做人，做人的核心是具备爱心与责任心；其次才是做事。同学们可以在不断地"做"事的过程中培养自己的综合能力。这为我们在"干中学"提供了科学的认识基础。只有把职业道德、专业能力和综合能力的培养有机结合，才能达到"以能力为本位"的培养目标。

◈ 任 务 实 施 ◈

通过相关知识的学习，王焕对什么是会计心中有数了。王焕认识到单位的经济活动，需要通过会计进行记录和监督。会计对单位发生的经济业务进行收集整理，再把收集整理的结果通过会计资料和会计报表反映出来，提供给相关的人员使用。同时，会计还必须对单位的经济活动情况进行分析，发现、提出问题，提出改进措施；制订成本控制和评价方案；分析企业经营、投资环境，为领导经营决策提供依据。

王焕认识到并不是所有学会计专业的同学将来都一定要做会计，但是现在社会中许多岗位都需要掌握一定的会计知识。在处于市场经济条件下的今天，不仅做会计的人需要掌握会计知识，所有从事经济管理工作的人都需要懂得一定的会计知识。

要成为一名优秀、成功的会计从业者，需要从业人员遵守职业道德、提高业务素质、培养综合能力。

任务 2　提炼会计知识

任务导入

张文娟是某高职院校会计专业大三的学生，在南昌立方有限责任公司财务部实习。按照学校实习管理规定，张文娟必须将每个月实习过程中的学习体会进行总结。第一个月过去了，张文娟对自己在财务部看到的会计工作过程进行了归纳总结，她写道：会计人员收到各种原始单据后都要进行认真仔细地审核，根据符合规范的原始单据来判断企业的经济活动内容，再根据这些已通过了审核的单据来填制会计记账凭证，把企业的经济活动通过记账凭证记录下来。在这个过程当中，会计人员全部都是用人民币作为计量各经济事项的计量单位。接下来会计人员再根据记账凭证登记会计账簿，从而将各项分散的经济业务进行汇总。到了第二个月的月初，会计人员根据账簿编制上个月的会计报表，报送给公司领导、上级主管部门、税务局、银行等部门。张文娟写到这里，停下手上的笔进行思考：所有我看到的这些会计工作实务的理论应该怎么提炼呢？

请思考：会计基本理论知识有哪些？

任 务 分 析

　　每一门学科都有其学科特点、研究对象、研究目标和研究方法，会计也有其自身的特点和功能，因此，会计的研究对象也具有其特殊性，要达到会计工作的目的，必须使用一系列的会计手段即会计方法。

相 关 知 识

一、会计的特点（The Characters of Accounting）

会计是以货币为主要计量单位，运用专门的程序和方法，反映和监督一个单位经济活动的一种经济管理工作。会计具有以下基本特点：

微课：会计的
特点

1. 以货币为主要计量单位

　　任何一种经济活动的核算和记录，都必须应用一定的计量单位，否则就无法进行数量反映。人们经常采用的计量单位主要有非货币计量和货币计量，非货币计量包括实物计量和劳动计量。由于衡量的基础不同，这些计量单位应用在不同的方面。

　　实物计量单位有千克、米、个、台等，是为了核算各种不同物资的实物数量而采用的，比如 500 千克材料、10 台机床等，这对于提供经营管理上所需的实物指标，保护各种物资的安全和完整具有重要意义。但是，实物计量有一定的局限性，它只能用于总计同一种类的物资，而不能用来总计各种不同种类的物资，更无法用来综合反映各种不同的经济活动。

　　劳动计量单位有工作日、工时等，是为了核算企业经营活动中消耗的劳动者工作时间的数量而采用的，如生产某产品需要人工 20 个小时，木匠制作一个橱柜需要 2 天时间等。应用劳动计量可以具体确定某一工作过程的劳动耗费。但是，社会再生产过程中所消耗的劳动量，还不能广泛利用劳动计量单位来进行记录和计算，仍需要借助于价值形式才能把各种经济性质相同或不同的生产经营业务加以综合，以求得经营管理所必需的资产、负债、收入、成本、利润等综合性的经济指标，总括反映各个单位错综复杂的经济活动过程及其结果。

　　货币是商品的一般等价物，具有价值尺度的功能。要全面地、综合地反映生产过程，只能用具有一般等价物作用的货币来计量。货币计量单位有元、角等，假设上述 500 千克材料价值为 10 000 元、10 台机床的价值为 500 000 元，那么这两项资产总共价值为 510 000

元，通过货币计量可将两种不同的物资加总，计算出总资产的价值。以货币作为统一的计量单位来进行核算是会计的一个重要特点。尽管实物计量和劳动计量也要经常应用，但会计上的主要计量单位还是货币。

2. 具有一整套科学实用的专门方法

为了正确地反映企业经济活动，会计在长期发展过程中，形成了一系列科学实用的专门核算方法，按照经济业务发生的顺序进行连续、系统、全面地记录和计算，为企业经营管理提供必要的经济信息。

3. 以凭证为依据

会计的任何记录和计量都必须以会计凭证为依据，这才能使会计信息具有真实性和可验证性。俗话说"白纸写黑字，黑字会说话"指的就是会计人员在进行会计处理时，必须依据合法的会计凭证。只有经过审核无误的原始凭证才能进行会计处理。这一特征是其他经济管理活动所不具备的。

4. 具有连续性、系统性、全面性和综合性

会计具有一套科学的专门方法，能够对经济活动进行连续、系统、全面和综合地核算与监督。连续性是指会计对每笔经济业务按照发生的时间顺序，自始至终不可间断；系统性是指进行会计核算时，必须采用一整套专门方法，对各种经济活动进行科学的归类、整理和记录，最后提供系统化的数据和资料；全面性是指对属于会计对象的全部经济活动都必须加以记录，不能有任何遗漏；综合性是指会计核算必须以货币作为统一计量单位，以便对不同种类、不同名称、不同计量单位的物质耗费，以及在生产过程中错综复杂的全部经济活动进行综合反映，以求得反映经济活动过程和结果的各种总括价值指标。

5. 必须遵循会计准则

会计核算必须遵循国家颁布的会计准则。会计主要向企业外部与企业有利害关系的单位和个人提供反映企业经营成果和财务状况及其变动情况的信息。会计信息要取信于会计信息使用者，会计核算必须按照会计准则和会计制度的要求对日常经济活动进行处理。同学们学习会计的过程，其实也就是学习会计准则和会计制度的过程。

二、会计的职能（The Function of Accounting）

会计的职能，是指会计在经济管理过程中所具有的功能。会计的职能是由会计的本质特征所决定的、固有的、直接的功能。会计的职能随着经济的发展

微课：会计的
职能

和会计内容、作用的不断扩大而发展。传统的会计主要是记账、算账和报账，随着市场经济的发展和科技水平的提高，现代会计的职能也有了新的发展，但会计的基本职能是不变的。《会计法》对会计的基本职能表达为：**会计核算与会计监督**。

1. 会计的核算职能

会计的核算（反映）职能是指会计以货币为主要计量单位，通过确认、记录、计量、报告等环节，从数量方面综合反映企业、单位已经发生或已经完成的各项经济活动，并为经济管理提供会计信息的功能。会计核算职能是会计的最基本职能，它贯穿于经济活动的全过程。会计核算的内容包括：

（1）款项和有价证券的收付，如企业的销货款、购货款和其他款项的收付，股票、公司债券和其他票据的收付等。

（2）财物的收发、增减和使用，如材料的购进与领用，产成品的入库与发出，固定资产的增加与减少。

（3）债权、债务的发生和结算，如应收账款，应付账款，其他应收、应付款的发生和结算。

（4）资本、基金的增减，如企业实收资本和盈余公积的增加和减少。

（5）收入、成本、费用、成本的计算，如企业的主营业务的成本和收入，其他业务收入和成本，管理费用和产品成本的计算。

（6）财务成果的计算和处理，如企业的销售收入大于业务成本、税金及附加，表现为盈利，要按规定进行分配，反之即为亏损，要按规定进行弥补。

（7）需要办理会计手续，进行会计核算的其他事项。

会计核算要求做到真实、准确、完整和及时。

2. 会计的监督职能

会计的监督职能是指按照一定的目的和要求，利用会计核算所提供的经济信息，对各单位的经济活动的合法性、合理性进行审查、控制，使之达到预期目标的功能。会计监督的内容包括：

（1）监督经济业务的真实性。

（2）监督财物收支的合法性。

（3）监督公共财产的完整性。

会计监督与会计核算活动同时进行，包括事前、事中和事后监督。事前监督是会计在经济活动开始前所进行的监督，如通过制定预算和定额，控制费用和消耗；通过对会计资料的分析利用，找出差距，制定措施，从而做到在事前就有目的地控制经济活动的进程。事中监督是会计对正在发生的经济活动过程和取得的核算资料进行审查、分析，并据以纠错纠偏，控制经济活动按预定目标和要求进行。事后监督是会计对已经发生的经济活动以及相应的核算资料进行的审查、分析和评价，监督经济活动的合理性、合法性和有效性。

会计监督包括内部监督和外部监督。为了保证各单位经济活动的合法性，各单位除对经济活动全过程进行内部监督外，还要接受国家财政、上级主管部门、税务、银行等部门的监督和注册会计师的社会监督。

3. 会计核算和会计监督的关系

会计核算和会计监督的关系是十分密切的，两者相辅相成。会计核算是会计监督的基础，而会计监督是会计核算的保证，两者必须结合起来发挥作用，才能正确、及时、完整地反映经济活动，有效地提高经济效益。如果没有可靠、完整的会计核算资料，会计监督就没有客观依据。反之，只有会计核算没有会计监督，会计核算也就没有意义。

随着社会经济的发展和经济管理的现代化，会计的职能也会随之发生变化，一些新的职能不断出现。一般认为，除了会计核算、会计监督两个基本职能之外，会计还有分析经济情况、预测经济前景、参与经济决策、计划组织以及绩效评价等各种职能。

三、会计的对象（The Objects of Accounting）

微课：会计的对象

会计的对象是指会计核算和监督的内容。会计需要以货币为主要计量单位，对特定主体的经济活动进行核算与监督。也就是说，凡是特定主体能够以货币表现的经济活动，都是会计核算和监督的内容，即会计对象。换言之，会计对象就是能用货币表现的经济活动。以货币表现的经济活动，通常又称为价值运动或资金运动。

资金运动包括各特定对象的资金投入、资金运用（即资金的循环与周转）、资金退出等过程，而具体到企业、行政单位、事业单位又有较大的差异，即同样是企业，工业、商业、建筑业及金融业等也均有各自资金运动的特点，其中以工业企业最具代表性。下面以工业企业为例，说明企业会计的具体对象。

工业企业是从事工业产品生产和销售的营利性经济组织。为了从事产品的生产和销售活动，企业必须拥有一定数量的资金，用于建造厂房、购买机器设备、采购原材料、支付职工工资、支付经营管理中必要的开支等，生产出的产品经过销售后，收回的货款还要补偿生产中的垫付资金、偿还有关债务、上交有关税金等。由此可见，工业企业的资金运动表现为资金的投入、资金的循环与周转（包括供应过程、生产过程和销售过程三个阶段）和资金退出企业三部分，既有一定时期内的显著运动状态（表现为收入、费用和利润等），又有一定时期的相对静止状态（表现为资产、负债和所有者权益），如图1-2-1所示。

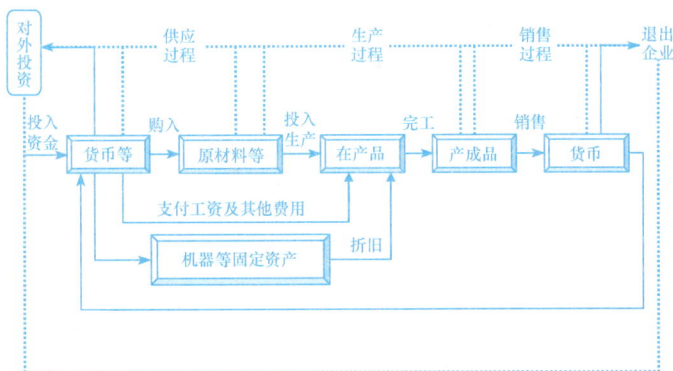

图 1-2-1　工业企业资金的循环与周转

资金的投入包括企业所有者投入的资金和债权人投入的资金两部分，前者属于企业所有者权益，形成企业的实收资本；后者属于企业债权人权益，形成企业的负债。投入企业的资金一部分构成流动资产，另一部分构成非流动资产。

资金的循环与周转分为供应过程、生产过程和销售过程三个阶段。在供应过程中，企业要购买原材料等劳动对象，发生材料买价、运输费、装卸费等材料采购成本，与供应单位发生货款结算关系。在生产过程中，劳动者借助于劳动手段将劳动对象加工成特定的产品，发生材料消耗的材料费、固定资产磨损的折旧费、生产工人劳动耗费的人工费等，构成产品使用价值和价值的统一体，同时还将发生企业与工人之间的工资结算关系、与有关单位之间的劳务结算关系等。在销售过程中，将生产的产品销售出去，发生有关销售费用、收回货款、缴纳税金等业务活动，并同购货单位发生货款结算关系、同税务机关发生税务结算关系等。企业获得的销售收入，扣除各项费用后的利润，还要提取盈余公积金，并向所有者分配利润。

资金的退出包括偿还各项债务、上缴各项税金、向所有者分配利润等，这部分资金便离开本企业，退出本企业的资金循环与周转。

上述资金运动的三个阶段，构成了开放式的运动形式，是相互支撑、相互制约的统一体。没有资金的投入，就不会有资金的循环与周转；没有资金的循环与周转，就不会有债务的偿还、税金的上交和利润的分配等；没有这类资金的退出，就不会有新一轮的资金投入，就不会有企业进一步的发展。

四、会计的目标（The Objectives of Accounting）

会计的目标是指会计工作所要达到的目的，也称财务报告的目标。会计目标在整个会计理论体系中占有十分重要的地位，是会计工作的内在规定性，它决定会计活动的方向。我国颁布的《企业会

微课：会计的目标　随学随测

计准则——基本准则》对会计目标做了明确的规定：会计目标是向财务报告使用者提供与企业财务状况、经营成果和现金流量等有关的会计信息，反映企业管理层受托责任的履行情况，有助于财务报告使用者作出经济决策。

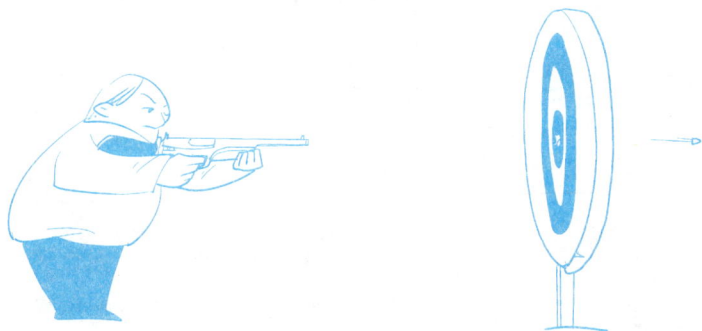

1. 提供对决策有用的会计信息

向财务报告使用者提供对决策有用的信息是会计的主要目标。在市场经济条件下，与企业有着经济利益关系的外部各方面通常需要利用企业的会计信息进行经济决策。

会计信息使用者一般分为国家宏观经济管理部门、企业内部管理者和企业外部使用者三个方面。国家宏观经济管理部门，如财政、税收、统计等相关部门；企业内部管理者主要包括企业的管理者及权力机构，如总经理、董事会、监事会等；企业外部使用者有投资人、债权人、客户、供应单位等，他们是会计提供信息的主要服务对象。

会计信息使用者需要什么样的信息，取决于信息使用者的目的及需求。

投资者是企业资本的提供者或企业股票的持有者，他们是会计信息的主要使用者。他们关心投资的内在风险和投资报酬。投资者利用会计信息，主要结合公司的投资项目、资本结构和股利分配政策，以了解企业的盈利能力及其发展趋势，进而制订投资决策，如是否投资、继续持有还是转让投资、增加还是减少投资等决策。他们还需要利用会计信息来帮助他们评估企业支付股利情况。

债权人包括企业贷款提供者和供应商等，他们十分关心企业的偿债能力和财务风险，利用会计信息来帮助他们作出有关决策，如是否将资金贷给企业，是增加或减少给企业的贷款，是否应继续保持对企业的债权，是否向企业赊销商品和劳务等。

政府有关部门，包括财政、工商、税务、物价、审计、统计和证券监管等部门，他们通常关心经济资源分配得是否公平、合理，市场经济秩序是否公正、有序，宏观决策所依据的信息是否真实、可靠等。他们需要利用会计信息来监管企业的经济活动、制定税收政策、进行税收征管和国民经济统计等。

社会公众，主要指企业内部职工及企业外部与企业有直接或间接联系的用户，如顾客、证券商、经纪人、中介机构、经济分析人员等。他们有的以主人翁的身份参与企业经营管理，关心企业的利润分配情况及企业的发展前景；有的出于投资决策、购买决策或对企业经营情况进行咨询、审计、鉴证、评价、分析等需要利用会计信息。因此，在财务报告中提供有关企业发展前景及其能力、经营效益等方面的信息，可以满足社会公众的信息需要。

企业管理者，是指企业最高管理层的成员。在两权分离的条件下，企业管理者受雇于企业投资者，必须完成投资者赋予的经济责任，实现企业的经营目标。他们对经营过程中遇到的重大问题必须进行正确的决策，如新产品的开发、产品的定价、成本费用的控制、工资奖金的分配、对外投资等。因此，企业管理者必须了解本企业所有的会计信息，并据以作出正确决策。

2. 反映企业管理层受托责任的履行情况

在现代企业制度下，企业的所有权和经营权高度分离，企业的管理层受企业的所有者之托经营管理企业及其各项资源，负有受托责任。企业管理层所经营管理的各项资源基本上是投资者投入的资本或者向债权人借入的资金，企业管理层有责任妥善保管并合理、有效地运用这些资源。企业投资者和债权人等也需要及时或经常性地了解企业管理层保管、使用资源的情况，以便于评价管理层受托责任的履行情况和经营业绩及管理水平，并决定是否对企业继续投资，是否更换管理层，以及对企业的经营管理提出有针对性的建议与措施等。

五、会计的方法（The Accounting Methods）

微课：会计的方法

会计的方法是用来核算和监督会计内容，实现会计目标的手段。会计方法包括会计核算方法、会计分析方法和会计预测、决策方法等。会计核算方法是最基本、最主要的方法，会计分析、会计预测和决策等都是在会计核算的基础上，利用会计核算资料进行的。这里只阐述会计核算方法，这是初学者必须掌握的基础知识。

会计核算方法是指对会计对象进行确认、计量和记录，并通过编制报告使其成为有效的会计信息所采用的手段和技术，它主要包括七种专门方法：设置会计科目和账户、复式记账、填制和审核会计凭证、登记账簿、成本计算、财产清查、编制会计报表。其中，复式记账是会计核算方法的核心。在实际运用中，它们相互配合、相互衔接，形成一个完整的会计核算方法体系。

1. 设置会计科目和账户

会计科目是对会计对象的具体内容进行分类核算的项目。会计对象包含的内容是复杂多样的，如财产物资就有各种存在的形态，厂房建筑物、机器设备、各种材料、半成品等，它们在生产中各有作用，管理的要求也不同，而企业取得的这些财产物资所需的经营资金又来自不同的渠道，有投资者投入、银行贷款等。设置会计科目和账户，就是根据会计对象的特点及对信息的特定要求，将会计对象的具体内容按照一定标准进行分类，形成分类核算的项目，如将厂房建筑物和机器设备划分为固定资产，然后根据各项目在账簿中开设相应的账户，分类、系统、连续地记录单位发生的各项经济业务事项，从而取得所需要的各种会计指标。

2. 复式记账

复式记账是指对每一项经济业务都要以相等的金额在两个或两个以上相互联系的账户中进行登记的一种记账方法。在现实生活中，任何一项经济业务的发生都有其来龙去脉，如企业增加了一台价值 20 000 元的机器设备，一方面要反映企业的资产增加了；另一方面还要反映企业是怎样获得这项设备的——是投资者投入的，还是企业用银行的存款去购买的，还是企业赊账购买的等。采用复式记账法就是对发生的任何一项经济业务，既要在有关账户中登记其来源，又要在有关账户中登记其去向，只有这样才能相互联系地反映经济业务的全貌。同时，复式记账法使得每项经济业务所涉及的两个或两个以上的账户之间产生一种平衡关系，利用这种平衡关系，可以检查有关会计记录的正确性。

3. 填制和审核会计凭证

会计凭证是记录经济业务的发生或完成情况、明确经济责任的书面证明，也是登记账簿的依据。会计凭证分为原始凭证和记账凭证。填制和审核会计凭证是会计核算的专门方法之一。任何单位对已经发生或已经完成的经济业务，都必须由经办人或有关部门取得或填制会计凭证，并签名盖章，所有凭证都必须经过会计机构和会计人员的审核。只有经过审核无误的会计凭证，才能作为记账的依据。填制和审核会计凭证是保证会计资料真实和可靠的有效手段。

4. 登记账簿

账簿是用来全面、连续、系统地记录各项经济业务的簿籍。登记账簿就是根据审核无误的会计凭证，将每项经济业务分类记录在会计账簿中开设的相应账户内，从而完成将会计凭证中分散记录的经济业务数据转换为系统化的会计数据的过程，为编制财务报表提供完整而又系统的会计信息。所以，登记账簿是会计核算的主要方法。

5. 成本计算

成本计算是指在生产经营过程中，按照一定对象归集和分配发生的各种费用支出，以确定该对象的总成本和单位成本的一种专门方法。例如，企业购置或自建的固定资产、外购的材料、生产的产品等都是成本计算对象。通过成本计算，可以确定固定资产的取得成本、材料的采购成本、产品的生产成本和销售成本，可以反映和监督生产经营过程中发生的各项费用是否节约或超支，并据以确定企业经营盈亏。

6. 财产清查

财产清查是指通过盘点实物、核对账目往来款项等，查明各项财产物资、货币资金的实有数的一种专门方法。具体做法是将实物盘点的结果与账面结存相核对，将企业的债权、债务逐笔与其对方核对，如果发现账实不符，应立即查明原因，确定该由谁承担责任，并调整账面余额，做到账实相符。财产清查是确保会计信息正确和真实的一种手段。

7. 编制会计报表

会计报表是根据账簿记录，按照规定的表格，主要运用数字形式，定期编制的总结报告。通过编制会计报表，能对分散在账簿中的日常核算资料进行综合、分析、加工整理，提供全面反映经济活动所需要的有用信息。同时，基层单位会计报表经逐级汇总后，又可以为国家宏观调控提供依据。

上述各种会计核算方法相互联系、密切配合，构成了一个完整的方法体系。设置会计科目和账户是会计核算的准备工作；当经济业务发生后，首先填制或取得原始凭证，经会计人员审核整理后，按照设置的会计科目，运用复式记账法，编制记账凭证，并据以登记账簿，同时还要对财产物资进行成本计算；对于账簿记录的结果，要通过财产清查加以核实；最后在保证账实相符的基础上，根据账簿资料编制会计报表。在会计核算方法体系中，就其工作程序和工作过程来说，主要包括三个依次继起的环节：填制和审核会计凭证、登记账簿和编制会计报表。在每一个会计期间，所发生的经济业务，都要通过这三个环节进行会计处理，将大量的经济业务转换为系统的会计信息。习惯上，将填制会计凭证、登记账簿和编制会计报表这一会计核算程序称为会计循环，如图 1-2-2 所示。

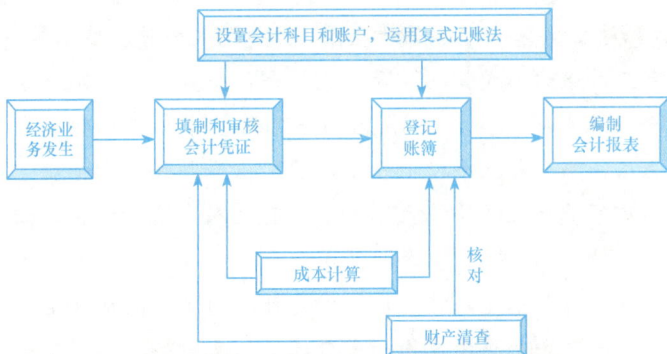

图 1-2-2　会计核算方法之间的关系

知识链接 1

会计核算的基本前提

会计核算的基本前提又称会计假设，是会计人员对会计核算所处时间、空间环境等所作的合理设定，是会计核算的前提条件。会计核算的基本前提主要包括：会计主体、持续经营、会计分期和货币计量四项。

微课：会计假设

1. 会计主体

会计主体是指会计所服务的特定单位或组织。只要是从事经济活动的实体，都需要进行会计确认、计量和报告，都是会计主体。从单位或组织的经济性质来看，会计主体可以是营利性单位，如各类企业，也可以是行政、事业单位等非营利性组织，如政府机关、医院、学校、慈善机构等。从单位或组织涉及的经济活动范围看，会计主体可以是独立的单位或组织，也可以是其下属部门或特定部分，如企业的维修部门或采购部门、医院的门诊部或住院部；还可以是众多独立核算单位所组成的集合体，如由多家企业组成的企业集团。典型的会计主体是企业。

会计主体假设的基本含义是指会计反映的是一个特定单位或组织的经营活动，而不包括投资者本人和其他单位或组织的经营活动。在会计主体假设下，企业应当对其本身发生的经济业务进行会计确认、计量和报告，反映企业本身所从事的各项经营活动。

会计主体假设的重要意义具体表现在两个方面：第一，明确了会计确认、计量和报告的空间范围。有了会计主体，会计所要处理的各项经济业务以及财务报告才可以按特定的会计主体进行识别，也就容易区分会计主体的经济业务与会计主体所有者及其他会计主体的经济业务。第二，确定了会计的独立性。会计应该站在企业的立场上，为企业全体所有者服务，而不应受企业某个所有者或企业以外的任何经济实体所操纵。

会计主体与经济上的法律主体不是一个概念。一般来说，作为法律主体，其经济上必然是独立的，因而法律主体一定是会计主体，但是构成会计主体的不一定是法律主体。例如，企业通常有三种组织形式，即独资企业、合伙企业和公司制企业。公司是依照公司法组建登记的企业法人（法律主体），因而是会计主体。独资企业是由个人出资成立的企业，合伙企业是由两个或两个以上合伙人共同出资并经营的企业。从法律上看，独资企业和合伙企业都不是独立的法律主体，不具有法人资格，但它们依然是进行经济活动的经济实体，是会计主体。再如，企业集团内部独立核算的母公司和子公司均是法律主体而企业集团整体本身并不是法律主体，但会计上为了全面反映企业集团的经营活动和财务成果，就有必要将企业集团作为一个会计主体来对待，编制合并财务报表。

纳税主体，是指纳税人和扣缴义务人。在一般情况下，纳税主体与会计主体是一致的，一个纳税主体也是一个会计主体。在特定条件下，纳税主体不同于会计主体，例如，按照新税法的规定，分公司不是一个纳税主体，却可能是一个会计主体；又如，未实行合并纳税的企业集团，不是一个纳税主体，却可能编制合并财务报表，作为一个会计主体；再如，由企业管理的证券投资基金、企业年金基金等，尽管不属于纳税主体，但属于会计主体，应当对每项基金进行会计确认、计量和报告。

2. 持续经营

持续经营是指在可以预见的未来，企业将会按当前的规模和状态以及既定的目标持续不断地经营下去，不会停业，也不会大规模削减业务。在持续经营假设下，会计确认、计量和报告应当以企业持续、正常的生产经营活动为前提。

会计主体确定后，只有假定作为会计主体的企业是持续、正常经营的，在可以预见的未来不会面临破产和清算，企业拥有的各项资产才会在正常的经营过程中耗用、出售或转换，承担的债务也在正常的经营过程中得以清偿，经营成果就会不断形成，从而为会计人员选择适当的会计准则和会计方法奠定了基础。例如，如果判断企业会持续经营，固定资产就可以根据其取得时的历史成本计量，并采用折旧的方法，将历史成本按照使用年限的长短分期转为费用。当然，当企业确定终止时，这一假设以及以该假设为前提的会计准则和会计方法也相应地丧失其存在的基础，应改为以清算为基础的会计处理方法。

3. 会计分期

会计分期是指将企业持续不断的生产经营活动划分为一个个连续的、长短相同的会计期间，以便分期结算账目和编制财务报告，及时向会计信息使用者提供有关企业财务状况、经营和现金流量的信息。会计期间通常分为年度和中期。以年度划分的会计期间，称为会计年度。中期是指短于一个完整的会计年度的报告期间，如半年度、季度和月度。在我国，会计年度自公历每年的 1 月 1 日起至 12 月 31 日止。

会计分期假设是持续经营假设的必然结果，是对会计确认、计量和报告时间范围的具体划分。会计分期假设的重要意义具体表现在两个方面：第一，会计期间的确定，实际上决定了企业对外报送财务报告的时间间隔以及所涵盖的时间跨度；第二，由于会计分期，才产生了本期与以前期间、以后期间的差别，才使不同类型的会计主体有了记账的时间基准，进而出现了折旧、摊销等会计处理方法。

4. 货币计量

货币计量是指会计主体对其经营活动以货币作为计量单位进行确认、计量和报告。对企业经营活动的计量尺度通常有三种，即实物量度、劳动量度和货币量度。但三种计量尺度中，只有货币单位才能作为计量各项经济业务的共同尺度。因为货币是商品的一般等价物，是衡量一般商品价值的共同尺度，具有其他任何计量单位所不具备的综合能力。因此，只有选择货币尺度进行计量，才能充分反映企业的生产经营情况。

货币计量明确了会计的计量尺度，但这个前提含有币值不变假设，因为对不同时点的货币金额进行汇总，必须以在不同时点上的货币等值为前提，否则，不同时点货币金额的汇总就会失去意义。此外，在有些情况下，统一采用货币计量也有缺陷，某些影响企业财务状况和经营成果的因素，如企业经营战略、研发能力、市场竞争力等，往往难以用货币来计量，但这些信息对于使用者决策来讲也很重要，企业可以通过在财务报告中补充披露有关财务信息来弥补上述缺陷。

单位：元

会计核算的四项基本前提，具有相互依存、相互补充的关系。会计主体确立了会计核算的空间范围，持续经营与会计分期确立了会计核算的时间长度，货币计量为会计核算提供了必要手段。

知识链接 2

会计信息质量要求

会计信息质量要求是指为了满足使用者的需要，会计信息在质量上应该达到的基本要求，是使财务报告所提供的会计信息对使用者决策有用应具备的基本特征。会计信息质量要求包括客观性、相关性、可理解性、可比性、实质重于形式、重要性、谨慎性和及时性。

微课：会计信息质量要求

1. 客观性

客观性又称真实性，要求企业应当以实际发生的经济业务为核算依据进行会计确认、计量和报告，如实反映符合确认和计量要求的各项会计要素及其他相关信息，保证会计信息真实可靠、内容完整。

客观性是对会计核算工作和会计信息的基本质量要求。会计作为一个信息系统，其提供的财务信息是国家经济管理部门、企业内部经营管理部门及有关方面进行决策的依据。与客观实际情况相符的真实信息可以帮助决策者进行科学决策。

客观性具有三个基本特征，即真实性、可验证性和客观公正性。真实性指会计信息要最大限度地接近被描述的对象。或者说，会计信息与被描述的经济活动之间的误差要尽量地缩小。可验证性指对会计信息的真实性可以进行检验，即由第三者根据同样的资料，采用相同的会计处理程序，要得出相同或相近的处理结果（会计信息）。客观公正性是对会计人员在进行会计信息处理时所持有的态度的规定，即会计人员要保持不偏不倚的立场，毫无偏见地进行财务信息的加工和报送。

2. 相关性

相关性是指会计主体提供的会计信息应能够反映企业的财务状况、经营成果和现金流量，以满足会计信息使用者的需要。即应与会计信息使用者的经济决策需要相关，有助于财务报告使用者对企业过去、现在和未来的情况作出评价或者预测。

为了保证会计信息的相关性，会计信息系统在进行信息生成和报送的过程中应充分考虑会计信息使用者的不同要求，使产出的信息既能满足国家经济管理部门、企业内部管理部门的需要，也能满足债权人、投资者等社会公众的需要。

3. 可理解性

可理解性要求企业提供的会计信息应当清晰完整、简明扼要、通俗易懂，对复杂的经济业务应用通俗的文字加以表述，便于财务报告使用者理解和使用，因而也称明晰性。会计信息的价值在于对决策有用。每一项会计信息都应当使信息阅读者理解它的含义和用途，知道如何利用它。因此，有关信息的数字记录和文字说明应能一目了然地反映经济业务或会计事项。随着我国市场经济逐步发展，会计信息的使用者会越来越广泛。因此，在客观上，社会对会计信息的通俗易懂性提出了越来越高的要求。

4. 可比性

可比性要求企业提供的会计信息应当相互可比。应从两方面来理解可比性：

第一，同一企业不同时期可比。同一企业不同时期发生的相同或者相似的经济业务，应当采用一致的会计政策，不得随意变更。这一要求的目的是便于财务报告使用者将企业不同会计期间的财务报告和会计信息进行纵向比较，据以了解企业的财务状况、经营成果和现金流量的变化趋势，全面、客观地评价过去、预测未来，从而作出决策。强调会计政策的一致性，并不是要求会计政策在任何条件下都不能变动，如果按照规定或者在会计政策变更后可以提供更可靠、更相关的会计信息，可以变更会计政策，但应当在附注中说明有关变更情况。

第二，不同企业相同会计期间可比。不同企业同一会计期间发生相同或者相似的经济业务，应当采用规定的会计政策，确保会计信息口径一致、相互可比，以使不同企业按照一致的确认、计量和报告要求提供有关会计信息。该要求强调的是不同企业之间，特别是同一行业内不同企业之间，应使用基本相同的会计政策，使不同企业财务报告的编制建立在相同的基础上，从而便于财务报告使用者评价不同企业的财务状况和经营成果。

5. 实质重于形式

实质重于形式要求企业应当按照经济业务的经济实质进行会计确认、计量和报告，不应仅以经济业务的法律形式为依据。这里所讲的形式是指法律形式，实质是指经济实质。

当今的经济现象日趋复杂，其表现形式也日趋多样化，某些经济业务的经济实质往往存在着与其法律形式明显不一样的情形。当法律形式不能准确表达经济业务的经济实质的时候，应按照经济业务的经济实质进行核算。例如，长期租入的资产虽然从法律形式来讲，企业并不拥有其所有权，但企业按合同可以长期控制和支配该资产并从中受益。因此从经济实质来看，企业能够控制其创造的未来经济利益，所以，会计就应当将长期租入的资产视为企业的资产，列入企业的资产负债表。实质重于形式是从制度层面确保会计信息真实性的核心原则。它为我国企业会计准则地位的确立，为推动我国会计准则变革以及与国际会计准则趋同奠定了理论基础。

6. 重要性

重要性要求企业提供的会计信息应当反映与企业财务状况、经营成果和现金流量等有关的所有主要经济业务。如果会计信息的省略或者错误会影响财务报告使用者据此作出的经济决策，该信息就具有重要性。重要性的应用需要依靠职业判断，企业应当根据其所处环境和实际情况，从项目的性质和金额大小两方面加以判断。

企业在进行会计确认、计量和报告的过程中，对经济业务应当区别其重要程度，采用不同的处理方式。对资产、负债、利润等有较大的影响，并进而影响财务报告使用者据以作出决策的事项，应合理、充分、准确地披露；对于次要的会计事项，在不影响会计信息真实性和不至于影响财务会计报告使用者作出正确判断的前提下，可适当简化处理。

7. 谨慎性

谨慎性要求企业对经济业务进行会计确认、计量和报告时应当保持应有的谨慎，不应高估资产或者收益，低估负债或者费用，因而又称为稳健性。

谨慎性的实质是要求企业对不确定的经济业务进行确认和计量时，应合理确认、计量可能发生的损失和费用。具体应用中就是对于可能发生的费用或损失，应当及时、充分、合理地加以估计和列示；而对可能发生的收益则应在实际实现时再予以确认。这样，可以使损益计算、资产计价都能更加稳健可靠，增强企业化解和防范经营风险的能力。

8. 及时性

及时性要求企业对已经发生的经济业务，应当及时进行会计确认、计量和报告，不得提前或者延后。

及时性要求有三方面的含义：一是要求及时收集会计信息，即在经济业务发生后，及时收集整理各种原始单据或者凭证；二是要求及时地处理会计信息，即对企业本期发生的经济业务应及时地在本期内确认和计量，不能延至下一个会计期间；三是要求及时传递会计信息，即在规定的日期内及时地编制、传递财务报告，便于会计信息使用者及时使用和决策。

知识链接 3

会计确认、计量和报告的基础

　　会计主体的资源流动会引起相应的现金流动，但由于存在会计分期，现金实际的收付期间和资源流动发生的时间往往不一致。这样，在进行会计确认、计量和报告时，就出现了两种交易记录的会计基础：权责发生制和收付实现制。

微课：会计基础

　　权责发生制是以权利和责任的产生时间为标准来正确计算收入与费用的一种科学的方法，即以收入和费用是否实现或发生为标志来确定其归属期的一种会计核算基础。换句话说，凡是本期已经实现的收入，无论其款项是否收到，都应当作为本期的收入；凡是本期应当负担的费用，无论款项是否付出，都应当作为本期的费用。反之，凡是不属于本期的收入，即使款项已在本期收妥，也不应当作为本期的收入；凡是不属于本期的费用，即使款项已在本期付出，也不应当作为本期的费用。比如，一个小餐馆 2018 年 4 月份有关会计事项：已提供餐饮产品与服务并收到现金 10 万元；已提供餐饮产品与服务约定 5 月 10 日收款 6 万元；预收 5 月 3 日婚宴定金 0.2 万元。按照权责发生制的计量要求，该餐馆 2018 年 4 月收入为 16 万元，而婚宴定金 0.2 万元是餐馆 4 月份没有提供产品与服务的定金，法律上讲，该餐馆还未产生向客人收取餐费的权利，不能确认为 4 月份的收入。

　　采用权责发生制，可以正确反映各个期间所实现的收入和为实现收入所应负担的费用，从而可以把各期的收入与费用合理地配比，正确计算各期的经营成果。按照权责发生制的要求，在会计期末结账前，必须根据账簿的记录，对应收未收的收入、应付未付的费用，以及预收收入和预付费用等账项进行调整。

　　由于权责发生制以是否取得收款权利和是否形成付款义务为标准来确认收入和费用，因此，它能够更加真实、合理地反映特定会计期间的财务状况和经营成果。我国企业会计的确认、计量和报告应当以权责发生制为基础。

　　与权责发生制相对应的是收付实现制，它是以实际收到现金或支付现金作为确认收入和费用的记账基础。在收付实现制下，凡是在本期收到款项的收入或付出款项的费用，不论是否归属本期，都作为本期的收入和费用。反之，凡是本期未收到款项的收入或未付出款项的费用，即使归属本期，也不能作为本期的收入和费用。这种记账基础的优点是会计处理简便，期末不需要对账簿记录进行账项调整，但是，这种确认本期收入和费用的方法不能正确反映各期的经营成果。目前，我国的行政单位会计采用收付实现制，事业单位会计除经营业务可以采用权责发生制外，其他大部分业务均采用收付实现制。

任 务 实 施

张文娟整理自己的思路，并且分析，作为会计，要先运用原始凭证熟悉企业经济业务，然后运用记账凭证记录企业的经济业务，再运用会计账簿汇总企业的经济业务，最后运用会计报表提供经济活动信息。这一切会计工作实务的理论提炼就应该是自己在学校学习过的关于会计的特点、会计的职能、会计的对象、会计的目标和会计方法的综合运用。想清楚这些问题，小张才能继续完成她的实习总结。

项 目 小 结

会计是经济管理工作中的重要组成部分，不仅会计专业的同学必须学习、掌握，经济管理类其他专业的同学也必须懂得一定的会计知识，才能成为一名优秀的管理人员。

要成为一名优秀、成功的会计，需要从业人员遵守职业道德、提高业务素质、培养综合能力。

会计是以货币为主要计量单位，运用一定的程序和方法，反映和监督一个单位经济活动的一种经济管理工作。会计的基本特点有：以货币为主要计量单位；具有一整套科学实用的专门方法；以凭证为依据；具有连续性、系统性、全面性和综合性；必须遵循会计准则。

会计职能是指会计在经济管理过程中所具有的功能。《中华人民共和国会计法》对会计的基本职能表达为：会计核算与会计监督。

会计的对象是指会计核算和监督的内容。会计对象就是能用货币表现的经济活动。

会计的目标是指会计工作所要达到的目的，也称财务报告的目标。我国颁布的《企业会计准则——基本准则》对会计目标做了明确的规定：会计目标是向财务报告使用者提供与企业财务状况、经营成果和现金流量等有关的会计信息，反映企业管理层受托责任履行情况，有助于财务报告使用者作出经济决策。

会计的方法是用来核算和监督会计内容，实现会计目标的手段。会计方法包括会计核算方法、会计分析方法和会计预测、决策方法等。会计核算方法主要包括设置会计科目和账户、复式记账、填制和审核会计凭证、登记账簿、成本计算、财产清查、编制会计报表。

实施效果检测

一、判断题

1. 会计只能以货币为计量单位。　　　　　　　　　　　　　　　　　（　　）

2. 编制会计报表是会计核算方法的核心。　　　　　　　　　　　　　（　　）

3. 由于会计以货币作为主要计量单位，这就决定了会计核算的对象，只限于那些能够用货币计量的经济活动。　　　　　　　　　　　　　　　　　　　　　（　　）

4. 在持续经营的情况下，会计确认、计量和报告应当以企业持续、正常的生产经营活动为前提。　　　　　　　　　　　　　　　　　　　　　　　　　　　　（　　）

二、单项选择题

1. 会计是以（　　　）为主要计量单位，反映与监督一个单位的经济活动的一种经济管理工作。

Ⓐ实物　　　　　　　Ⓑ货币　　　　　　　Ⓒ工时　　　　　　　Ⓓ劳动耗费

2. （　　　）是会计监督的基础。

Ⓐ成本计算　　　　　Ⓑ财产清查　　　　　Ⓒ编制会计报表　　　Ⓓ会计核算

3. 会计对象是企事业单位的（　　　　　）。

Ⓐ资金运动　　　　　Ⓑ经济活动　　　　　Ⓒ经济资源　　　　　Ⓓ劳动成果

4. 下列不属于资金的循环与周转过程的是（　　　　）。

Ⓐ供应过程　　　　　Ⓑ生产过程　　　　　Ⓒ销售过程　　　　　Ⓓ分配过程

5. （　　　）是会计工作的内在规定性，它决定会计活动的方向。

Ⓐ会计对象　　　　　Ⓑ会计职能　　　　　Ⓒ会计目标　　　　　Ⓓ会计方法

6. （　　　）是会计核算方法的核心。

Ⓐ设置会计科目和账户　　　　　　　Ⓑ复式记账

Ⓒ填制和审核会计凭证　　　　　　　Ⓓ编制会计报表

7. 在一个会计期间发生的一切经济业务，都要依次经过的核算环节是（　　　）。

Ⓐ设置会计科目、成本计算、复式记账

Ⓑ复式记账、财产清查、编制会计报表

Ⓒ填制审核凭证、登记账簿、编制会计报表

Ⓓ填制审核凭证、复式记账、编制会计报表

8. 在会计核算的基本前提中，界定会计工作和会计信息的空间范围的是（　　　）。

Ⓐ会计主体　　　　Ⓑ持续经营　　　　Ⓒ会计分期　　　　Ⓓ货币计量

三、多项选择题

1. 遵守会计人员职业道德包括（　　　）。

Ⓐ爱岗敬业　　　　Ⓑ吃苦耐劳　　　　Ⓒ遵纪守法　　　　Ⓓ诚实守信

2. 会计的基本特点有（　　　）。

Ⓐ以货币为主要计量单位　　　　　　Ⓑ具有一整套科学实用的专门方法

Ⓒ以凭证为依据　　　　　　　　　　Ⓓ具有连续性、系统性、全面性和综合性

Ⓔ必须遵循会计准则

3. 会计的基本职能为（　　　）。

Ⓐ参与经济决策　　Ⓑ绩效评价　　　　Ⓒ会计核算　　　　Ⓓ预测经济前景

Ⓔ会计监督

4. 工业企业的资金运动表现为（　　　）三部分。

Ⓐ资金的投入　　　　　　　　　　　Ⓑ资金的循环与周转

Ⓒ资金的偿还　　　　　　　　　　　Ⓓ资金退出

5. 会计信息的企业外部使用者有（　　　）等。

Ⓐ监事会　　　　　Ⓑ投资人　　　　　Ⓒ董事会　　　　　Ⓓ客户

Ⓔ债权人

6. 会计核算的基本前提主要包括（　　　）。

Ⓐ会计主体　　　　Ⓑ持续经营　　　　Ⓒ会计分期　　　　Ⓓ货币计量

四、资料查阅题

1. 查找资料自主学习：中外会计的产生与发展。

2. 查找资料回答问题：为什么说会计是随生产实践和经营管理的客观需要而产生和发展的？

3. 查找资料并向周边的人了解：企业会计机构的设置。

◉ 能 力 提 升 ◉

拓展练习

拓展练习答案

项目二

反映经济业务，掌握填制与审核原始凭证的方法

素养目标

1. 培养一丝不苟、精益求精的工匠精神和认真、细致、严谨的工作作风。
2. 树立实事求是、求真务实的信念和追求。
3. 培养诚实守信的处事原则和廉洁自律的职业道德。

知识目标

1. 掌握原始凭证的基本要素。
2. 掌握原始凭证的种类、填制要求。
3. 掌握原始凭证审核的内容。
4. 掌握原始凭证审核后的处理方法。

能力目标

1. 能根据原始凭证的种类判断发生的是何种经济业务。
2. 能正确规范地填写各类经济业务的原始凭证。
3. 能正确审核各类原始凭证。

基 础 会 计
（第 4 版）

思维导图 ▶

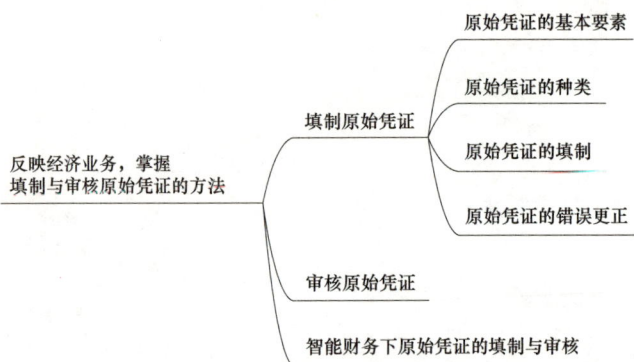

```
                                                          原始凭证的基本要素

                                                          原始凭证的种类
                                          填制原始凭证
                                                          原始凭证的填制
反映经济业务，掌握
填制与审核原始凭证的方法
                                                          原始凭证的错误更正

                                          审核原始凭证

                                          智能财务下原始凭证的填制与审核
```

任务 1

填制原始凭证

任 务 导 入

　　王昊是某高职院校财会专业的毕业生，在伟业有限责任公司做实习仓库保管员。2022 年 4 月 1 日，公司领导为了考核他的业务能力，随机拿了张原始凭证——"材料入库单"（如表 2-1-1 所示）给他，并对他说："我们从南昌纺织厂购入的一批棉麻材料已经到货了，正在进行验收工作，今天由你来负责该批材料的验收及'材料入库单'的填制工作。"

表 2-1-1

材料入库单

供货单位：　　　　　　　　　　　　年　月　日　　　　　　　　　　　编号：

类别	编号	名称	规格	单位	数量		单价	金额									附注
					应收	实收		总价									
								十	万	千	百	十	元	角	分		
					运杂费												
					合计												

仓库保管员：　　　　　　　　　采购业务员：　　　　　　　　　送货人：

请思考：王昊应该怎样填制该批材料入库单呢？

任 务 分 析

伟业有限责任公司从南昌纺织厂购入的一批棉麻材料已经运抵仓库，王昊应该根据采购员提供的该批材料的采购信息完成材料验收入库工作，同时完成材料入库单的填制工作。

相 关 知 识

一、原始凭证的基本要素（The Basic Elements of Source Documents）

原始凭证（Source Documents）又称单据，是在经济业务发生或完成时取得或填制的，用来记载和证明经济业务已发生和完成的书面证明。 比如你在超市购物付款后，收银员给你的发票；你坐火车时用的火车票；你在学校财务部门交了学费、住宿费后，财务人员给你开具的收款收据等。所有企业和单位进行每一项经济活动时，都应当取得或填制原始凭证。原始凭证不仅记载着经济业务的内容，而且明确了相关人员的经济责任，具有法律效力，是一种非常重要的会计档案。原始凭证是进行会计核算的第一手资料，也是填制记账凭证的重要依据。由于经济业务内容和经济管理要求不同，各种原始凭证的名称、格式和内容不完全一样。但是为了满足会计工作的需要，无论哪一种原始凭证都必须详细地反映有关经济业务的执行或完成情况，明确经办单位和经办人员的经济责任。因此，各种原始凭证都包括以下七个基本要素：

❶ 原始凭证的名称；❷ 填制凭证的日期；❸ 填制凭证单位名称或者填制人姓名；

❹ 经办人员的签名或者盖章；❺ 接受凭证单位名称；❻ 经济业务内容；

❼ 数量、单价和金额。

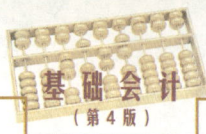

说说你熟悉的原始凭证。

材料入库单

供货单位: 南昌化纤厂					2022 年 02 月 01 日							编号: 000821			
类别	编号	名称	规格	单位	数量		金额								附注
					应收	实收	单价	总价							
								十	万	千	百	十	元	角 分	
原材料		棉纱		吨	10	10	1 350.00	1	3	5	0	0	0	0 0	
					运杂费					5	0	0	0	0	
					合计			¥	1	4	0	0	0	0 0	
仓库保管员: 周星				采购业务员: 王得社								送货人: 李力			

收款收据

收款单位或交款人	王允	收款方式	现金
2022 年 04 月 01 日			第 3 号

事由 _收回上月借款_
人民币（大写）_陆佰元整_ ¥600.00
备注:
收款人: 李丽 收款单位（盖章）

3601053140 江西增值税专用发票 No 00063495

开票日期: 2022 年 05 月 20 日

购货单位	名 称: 江西汇通公司 纳税人识别号: 360106314724367 地址、电话: 南昌市兴国路 89 号 86679899 开户行及账号: 中国工商银行兴国路支行 25622145632135	密码区	440<0211+-+01913124<0676->>2-23/18 3<0602->>2/4>>4/>>>0001879666845/3 4//563<0217+-+019>302+631005200410 /1-1-09881019>990/0+8//-275+6*94>4
货物或应税劳务名称	规格型号	单位	数量	单价	金额	税率	税额
螺纹钢		吨	10	10 000.00	100 000.00	13%	13 000.00
板材		吨	20	20 000.00	400 000.00	13%	52 000.00
合 计					¥500 000.00	13%	¥65 000.00
价税合计（大写）伍拾陆万伍仟元整				（小写）¥565 000.00			
销货单位	名 称: 南昌方达公司 纳税人识别号: 360106314754225 地址、电话: 南昌市解放路 88 号 开户行及账号: 中国工商银行丁公路支行 25622145652352	备注	南昌方达公司 360180104013184 发票专用章

收款人: 张星 复核: 秦璐 开票人: 赵凯 销货单位: （盖章）

微课: 原始凭证的基本要素和种类

二、原始凭证的种类（The Kinds of Source Documents）

原始凭证可以按照不同的标准进行分类，如图 2-1-1 所示。

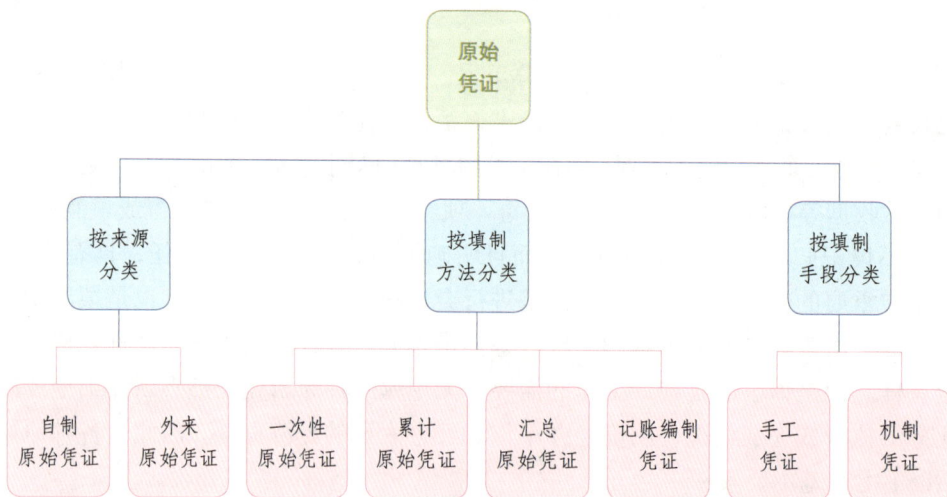

图 2-1-1 原始凭证的分类

1.原始凭证按其来源不同，可分为自制原始凭证和外来原始凭证

（1）自制原始凭证。它是指由本单位内部经办业务的部门或人员，在办理经济业务时填制的原始凭证，如材料验收入库时由仓库保管员填制的收料单，车间从仓库领用材料时由领料人填制的领料单，产品完工入库时填制入库单，销售产品时业务部门开出的提货单、仓库保管员填制的发货单，会计人员开具的发票、收款收据、付款单，支付职工工资时填制的工资单等。

（2）外来原始凭证。它是指由业务经办人员在业务发生或者完成时从其他单位和个人取得的原始凭证，如购入材料和商品时由供货单位开具的发票，供电公司开具的电费发票，支付款项给其他单位和个人取得的收款方的收款收据，银行转来的收款通知、付款通知和其他结算凭证，乘坐交通工具时取得的车船票、飞机票等。

2.原始凭证按其填制方法不同，可分为一次性原始凭证、累计原始凭证、汇总原始凭证和记账编制凭证

（1）一次性原始凭证。它是指一次记录一项或若干项同类经济业务的原始凭证。一次性原始凭证填制手续一次完成。所有的外来原始凭证和大部分的自制原始凭证都属于一次性原始凭证，如收料单、领料单、发票、收据、车船票、飞机票等。

（2）累计原始凭证。它是指在一定时期内连续记录若干项同类经济业务，并将期末累计数作为记账依据的自制原始凭证。这种凭证是把经常发生的同类业务连续登记在一张凭证上，填制手续不是一次完成的。其特点是可以随时计算发生额累计数，便于同定额、计划和预算进行比较，达到控制费用支出的目的。工业企业使用的限额领料单就是一种典型的自制累计凭证。

（3）汇总原始凭证。它是指将一定时期内反映同类经济业务的若干张同类原始凭证加以汇总而编制成的原始凭证。例如，根据一定期间反映同类经济业务的许多原始凭证，按照一定的管理要求，汇总编制的收入或发出材料汇总表；根据一定期间有关账户记录汇总整理而成的工资分配汇总表等。

（4）记账编制凭证。它是指会计人员根据账簿记录加以整理后重新编制的原始凭证。记账编制凭证属于自制原始凭证，如固定资产折旧计算表、制造费用分配表、材料费用分配表、工资费用计算表、折旧费用分配表、废品损失计算表、辅助生产费用分配表、产品成本计算单等计算表格以及更正错账记录等。记账编制凭证与上述其他原始凭证主要不同点在于，其他原始凭证一般都是依据实际发生的经济业务由业务经办人员编制的，而记账编制凭证则是由会计人员根据账簿记录加以整理后填制的。

3.原始凭证按其填制手段不同，可分为手工凭证和机制凭证

传统的原始凭证都是由业务人员或会计人员手工填制的。随着经济的发展和计算机在

经济领域的普及，越来越多的单位采用计算机制作原始凭证，例如车票、医疗费收据等。虽然现在手工凭证仍是多数，但机制凭证终将越来越多地代替手工凭证。

原始凭证是证明经济业务已经发生或完成情况的书面证明，对于那些不能证明经济业务已经实际发生或完成的文件，如材料请购单、车间的派工单、经济合同等，由于它们只反映预期的未来经济业务，而这些业务尚未实际执行，也就不属于原始凭证范畴，不能单独作为登记账簿的依据。

三、原始凭证的填制（The Methods to Fill in Source Documents）

一个单位的会计工作是从取得或填制原始凭证开始的。原始凭证填制的正确与否，直接影响整个会计核算的质量。因此，各种原始凭证不论是由业务经办人员填制，还是由会计人员填制，都应该符合规定的要求。

诚信纳税 一路畅行　微课：原始凭证的填制和审核　微课：原始凭证的填制与审核演示

1. 填制原始凭证的基本要求

填制原始凭证应符合以下基本要求：

（1）**内容的填写要真实可靠**。原始凭证是企业单位经济业务的如实写照，是具有法律效力的证明文件，不允许在原始凭证填制中弄虚作假。原始凭证要实事求是地填写经济业务的内容，原始凭证上填写经济业务发生的日期、内容、数量和金额等必须与实际情况完全相符，不能填写估计数或粗略计算的数。

（2）**原始凭证填写的内容要完整**。原始凭证中的所有项目必须填列齐全，不得遗漏和省略。特别需要注意的是年、月、日要按照填制原始凭证的实际日期填写；原始凭证的基本内容和补充内容都应逐项填列，名称要写全，不能简化；品名或用途要填写明确，不许含混不清；有关人员的签章必须齐全。项目填列不全的原始凭证，不能作为经济业务的合法证明，也不能作为编制记账凭证的附件和依据。

（3）**填制原始凭证要及时**。当每一项经济业务发生或完成时，应立即填制原始凭证，并按规定的程序及时送交会计部门，由会计部门审核后及时据以编制记账凭证。这样既可以保证会计信息的时效性，也可以防止出现差错。

（4）**填制原始凭证书写要规范**。在填制原始凭证时，书写文字说明和数字要整齐、清晰可辨，不能使用未经国务院公布的简化汉字，大小写金额要相同。数量、单价、金额的计算应正确无误。如果填写过程中出现文字或数字错误，不得任意涂改、刮擦或挖补，应按规范的更正方法予以更正。对某些重要凭证，如支票填写错误，则不能更正，更不能撕毁，应办理作废手续后重新填制，作废的原始凭证要加盖"作废"戳记，按原编号顺序与其存根联一起保存。

原始凭证的填制，除需要复写的外，必须使用钢笔或碳素笔书写，属于套写的凭证应一次套写清楚，做到不串格、不串行。阿拉伯数字应逐一书写，不得连笔。使用印有编号的原始凭证，应按编号连续使用。有关经办人员都要在原始凭证上签名或盖章，表示对该项经济业务的真实性和正确性负责，原始凭证上的签章应清晰可辨。

2. 填制原始凭证的技术要求

填制原始凭证除符合上述基本要求外，还要遵守以下一些技术要求：

（1）阿拉伯数字的填写要求。阿拉伯数字应当一个一个准确、清晰地书写，不得连笔书写。0、1、2、3、4、5、6、7、8、9这10个阿拉伯数字要严格区别，不得相互混淆，易于混淆的数字如1与7、3与5、5与8、0与6等更要特别注意。所有以"元"为单位的阿拉伯数字，除表示单价等情况外，一律在"元"位小数点后填写到角分位；无角分的，角、分位可写"00"或符号"—"；有角无分的，分位应写"0"，不得用符号"–"代替。

微课：文字及数字书写规范演示

（2）货币符号的书写要求。阿拉伯金额数字前面应当书写货币币种符号或者货币名称简写。**币种符号与阿拉伯金额数字之间不得留有空白**。凡阿拉伯数字前写有币种符号的，数字后面不再写货币单位。

（3）汉字大写数字的书写要求。汉字大写数字金额，如零、壹、贰、叁、肆、伍、陆、柒、捌、玖、拾、佰、仟、万、亿等，一律用正楷或者行书体书写，不得用0、一、二、三、四、五、六、七、八、九、十等简化字代替，不得任意自造简化字，如"廿"代替"20"，"毛"代替"角"。大写金额数字到元或角为止的，在"元"或"角"之后应写"整"或"正"字；大写金额数字有分的，分字后面不写"整"字。大写金额数字前未印有货币名称的，应当加填货币名称（如"人民币"），货币名称与金额数字之间不得留有空白。例如，¥58 622.87，大写金额应为"人民币伍万捌仟陆佰贰拾贰元捌角柒分"；又如，¥69 879.40，大写金额应为"人民币陆万玖仟捌佰柒拾玖元肆角整"。阿拉伯金额数字中间有"0"时，大写金额要写"零"字，如¥980 150.00，汉字大写金额应写成"人民币玖拾捌万零壹佰伍拾元整"。阿拉伯金额数字中间连续有几个"0"时，汉字大写金额中可以只写一个"零"字，如¥80 000 450.05，汉字大写金额应写成"人民币捌仟万零肆佰伍拾元零伍分"。阿拉伯金额数字元位为"0"，或数字中间连续有几个"0"，元位也是"0"，但角位不是"0"时，汉字大写金额可只写一个"零"字，也可不写"零"字。如¥10 090.80，汉字大写应写成"人民币壹万零玖拾元零捌角整"或"人民币壹万零玖拾元捌角整"。

3. 原始凭证的填制方法

（1）支票的填写。

一般常见的支票分为现金支票、转账支票，在支票正面上方有明确标注，转账支票只能用于转账。现金支票，如图2-1-2所示；转账支票，如图2-1-3所示。支票的填写要注意以下八点：

微课：支票的填写

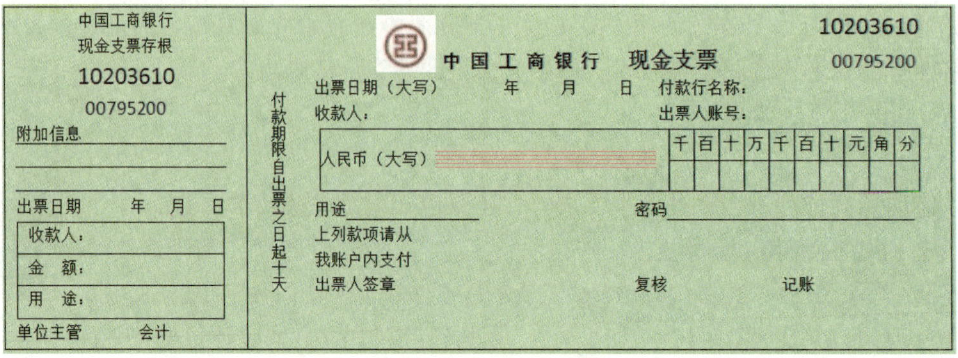
中国工商银行
现金支票存根
10203610
00795200
附加信息
出票日期 年 月 日
收款人：
金 额：
用 途：
单位主管 会计

付款期限自出票之日起十天

10203610
中国工商银行 现金支票
00795200
出票日期（大写） 年 月 日 付款行名称：
收款人： 出票人账号：
人民币（大写）

千	百	十	万	千	百	十	元	角	分

用途 密码
上列款项请从
我账户内支付
出票人签章 复核 记账

图 2-1-2 现金支票空白票样

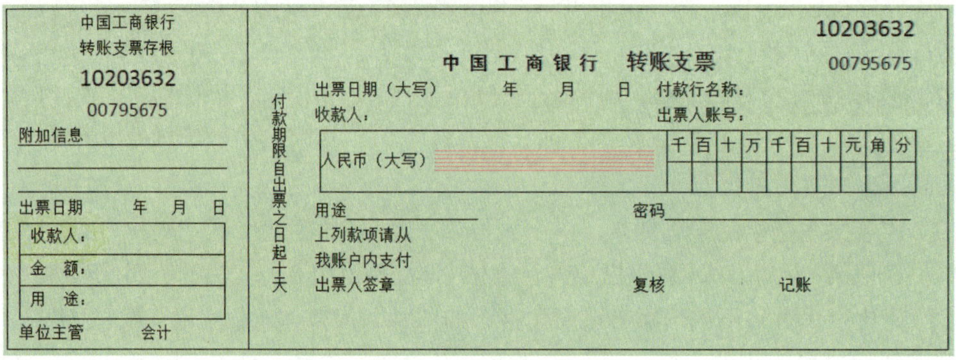
中国工商银行
转账支票存根
10203632
00795675
附加信息
出票日期 年 月 日
收款人：
金 额：
用 途：
单位主管 会计

付款期限自出票之日起十天

10203632
中国工商银行 转账支票
00795675
出票日期（大写） 年 月 日 付款行名称：
收款人： 出票人账号：
人民币（大写）

千	百	十	万	千	百	十	元	角	分

用途 密码
上列款项请从
我账户内支付
出票人签章 复核 记账

图 2-1-3 转账支票空白票样

❶ 出票日期（大写）的填写。**票据的出票日期必须使用中文大写**。为防止编造票据的出票日期，在填写月、日时，月为壹、贰和壹拾的，日为壹至玖和壹拾、贰拾、叁拾的，应在其前加“零”；日为拾壹至拾玖的，应在其前加“壹”。如 1 月 15 日，应写成零壹月壹拾伍日。再如 10 月 20 日，应写成零壹拾月零贰拾日。

❷ 收款人填写的要求包括以下三点。

❶ 现金支票收款人可写为本单位名称，此时现金支票背面被背书人栏内加盖本单位的财务专用章和法人章之后，收款人可凭现金支票直接到开户银行提取现金。

❷ 现金支票收款人可写为收款人个人姓名，此时现金支票背面不盖任何章，收款人在现金支票背面填上身份证号码和发证机关名称，凭身份证和现金支票签字领款。

❸ 转账支票收款人应填写为对方单位名称。转账支票背面本单位不盖章。收款单位取得转账支票后，在支票背面被背书栏内加盖收款单位财务专用章和法人章，填写好银行进账单后连同该支票交给收款单位的开户银行委托银行收款。银行进账单，如图 2-1-4 所示。

ICBC 中国工商银行　　进账单（回　单）1

年　月　日

出票人	全　称		收款人	全　称	
	账　号			账　号	
	开户银行			开户银行	
金额	人民币（大写）			亿千百十万千百十元角分	
票据种类		票据张数			
票据号码					
复核　记账			开户银行签章		

此联是开户银行交给持（出）票人的回单

图 2-1-4　银行进账单

❸ 付款行名称、出票人账号的填写。付款行名称、出票人即本单位开户银行名称及银行账号。

❹ 人民币大写金额的填写。数字大写方法参照以上内容。

❺ 人民币小写的填写。最高金额的前一位空白格用“¥”字头填充，数字填写要求完整清楚。

❻ 用途的填写有以下两点注意事项。

❶ 现金支票使用有一定限制，一般填写“备用金”“差旅费”“工资”“劳务费”等内容。
❷ 转账支票使用没有具体规定，可填写如“货款”“代理费”等内容。

❼ 盖章。支票正面盖财务专用章和法人章，缺一不可，印泥为红色，印章必须清晰，若印章模糊只能将该张支票作废，换一张重新填写并重新盖章。反面盖章与否见“（2）收款人填写的要求”。

❽ 有关支票的注意事项包括以下四点。

❶ 支票正面不能有涂改痕迹，否则该支票作废。
❷ 受票人如果发现支票填写不全，可以补记，但不能涂改。
❸ 支票的有效期为 10 天，日期首尾算 1 天，节假日顺延。
❹ 支票见票即付，不记名。因此，丢了支票尤其是现金支票可能就是丢了与票面金额数相同的钱，银行不承担责任。现金支票一般要素填写齐全，假如支票未被冒领，应到开户银行挂失。转账支票丢失后，假如支票要素填写齐全，应到开户银行挂失；假如要素填写不全，应到票据交换中心挂失。

支票的金额、出票或者签发日期、收款人名称不得更改，更改的票据一律无效。支票金额以中文大写和阿拉伯数字同时书写，二者必须一致，否则票据无效，银行不予受理。一旦写错或漏写了数字，必须重新填写单据，不能在原票据上改写数字，以保证所提供数字真实、准确、及时、完整。现金支票背面出票单位印章模糊的，可在模糊印章上打叉，重新再盖一次。

随学随测

（2）发票的填制。

当企业或单位从外单位购入材料物资或接受劳务时，或向外单位销售产品或提供劳务时，由销货单位开具发票，用以证明企业某项经济业务完成情况。**发票分为增值税专用发票和普通发票。**

微课：其他单据的填制

增值税专用发票是一般纳税人于销售货物时开具的销售发票，一式三联，记账联作会计机构的记账凭证，发票联作购货单位的结算凭证和记账凭证，抵扣联作购货单位的税款抵扣凭证。购货单位向一般纳税人购货，应取得增值税专用发票，因为只有增值税专用发票税款抵扣联列示的进项税才能在购货单位作为"进项税额"抵扣。

例2-1-1 2022年5月20日江西汇通公司向南昌方达公司采购了螺纹钢和板材两种原材料，由销货方南昌方达公司开具增值税专用发票如表2-1-2所示，增值税税率为13%。

表2-1-2 增值税专用发票式样

3601053140　　江西增值税专用发票　　No 00063495

发票联　　开票日期：2022 年 05 月 20 日

| 购货单位 | 名　称：江西汇通公司
纳税人识别号：360106314724367
地址、电话：南昌市兴国路89号 86679899
开户行及账号：中国工商银行兴国路支行
25622145632135 | | | | | 密码区 | 440<0211+-+01913124<0676->>2-23/18
3<0602->>2/4>>4/>>>0001879666845/3
4//563<0217+-+019>302+631005200410
/1-1-09881019>990/0+8//-275+6*94>4 | | |

货物或应税劳务名称	规格型号	单位	数量	单价	金额	税率	税额
螺纹钢		吨	10	10 000.00	100 000.00	13%	13 000.00
板材		吨	20	20 000.00	400 000.00	13%	52 000.00
合　计					¥500 000.00	13%	¥65 000.00

价税合计（大写）	伍拾陆万伍仟元整	（小写）¥565 000.00

销货单位	名　称：南昌方达公司 纳税人识别号：360106314754225 地址、电话：南昌市解放路88号 开户行及账号：中国工商银行丁公路支行 25622145652352	备注 360180104013184 发票专用章

收款人：张星　　复核：秦璐　　开票人：赵凯　　销货单位（章）

第三联 发票联 购货方记账凭证

（3）收料单的填制。

收料单也称材料入库单，是证明材料已验收入库的一种原始凭证，属于自制一次性凭证。当企业购进材料验收入库时，由仓库保管人员根据购入材料的实际验收情况，按实收材料的数量填制收料单。收料单一式三联，一联留仓库，据以登记材料物资明细账和材料卡片；一联随发票账单到会计处报账；一联交采购人员存查。

【例 2-1-2】　星达公司从南昌化纤厂购进棉纱 10 吨，每吨 1 350 元，运杂费 500 元。材料货款及运费以银行存款付讫。2022 年 2 月 1 日仓库保管员周星将棉纱验收后填制收料单，如表 2-1-3 所示。

表 2-1-3

材料入库单

供货单位：南昌化纤厂					2022 年 02 月 01 日									编号：000821		
类别	编号	名称	规格	单位	数量		金额									附注
					应收	实收	单价	总价								
								十	万	千	百	十	元	角	分	
原材料		棉纱		吨	10	10	1 350.00		1	3	5	0	0	0	0	
						运杂费					5	0	0	0	0	
						合计		¥	1	4	0	0	0	0	0	
仓库保管员：周星					采购业务员：王得社								送货人：李力			

（4）领料单的填制。

领料单是据以办理材料领用和发出的一种原始凭证，属于自制一次性凭证。企业发生材料领用业务，由领用材料的部门及经办人和保管材料的部门及经办人共同填制，以反映和控制材料发出状况，明确经济责任。为了便于分类汇总，领料单要"一料一单"填制，即一种原材料填写一张单据。领料单一般一式三联，一联由领料单位留存或领料后由发料人退回领料单位；一联由仓库发出材料后，作为登记材料明细分类账的依据；另一联交财会部门作为编制材料领用凭证的依据。

【例 2-1-3】　2022 年 5 月 14 日华胜工厂一车间从材料仓库领出 3# 角钢 300 千克，单位价格 1.50 元。仓库保管员周琳对领料单进行审核后在实发栏填写数量，领发料双方在领料单上签章。领料单的格式，如表 2-1-4 所示。

表 2-1-4

领料单

领料单位：一车间				2022 年 05 月 14 日			编号：10036	
材料类别	材料编号	材料名称及规格	计量单位	数量		单价	金额	
				请领	实发			
原材料		3# 角钢	千克	300	300	1.50	450.00	
备注：						合计：	¥450.00	
仓库保管员：周琳			领料部门负责人：简民				领料人：周回	

（5）限额领料单的填制。

限额领料单是一种一次开设、多次使用的累计原始凭证，属于自制累计凭证。在有效期间内只要领用材料不超过限额，就可以连续领发材料。它适用于经常领用，并规定限额的领用材料业务。在每月开始前，由生产计划部门根据生产作业计划和材料消耗定额，按照每种材料的用途分别编制限额领料单。通常一式两联，一联送交仓库据以发料；另一联送交领料部门据以领料。领发材料时，仓库应按单内所列材料品名、规格在限额内发放，同时把实发数量和限额结余数填写在仓库和领料单位持有的两份限额领料单内，并由领发料双方在两份限额领料单内签名盖章。月末结出实物数量和金额，交由会计部门据以记账；如有结余材料，应办理退料手续。

［例2-1-4］ 2022年6月1日，华胜工厂四车间因生产甲产品领用圆钢，填制限额领料单，其格式如表2-1-5所示。

表2-1-5

限额领料单

领料单位：四车间　　2022年06月1日　　第3号
用　途：甲产品　　　　　　　　发料仓库：2号库

材料编号	材料名称	计量单位	计划投产量	单位消耗定额	领用限额	实发数量	单价 千百十万百十元角分	金额 千百十万百十元角分
032	圆钢	千克	100	200	20 000	18 000	3 2 0 0	5 7 6 0 0 0 0 0

日期	领用 数量	领料人	发料人	退料 数量	退料人	收料人	限额结余数量
3	5 000	陈俊	王玲				15 000
6	4 000	陈俊	王玲				11 000
13	4 000	陈俊	王玲				7 000
21	5 000	陈俊	王玲				2 000
合计	18 000						2 000

生产计划部门：汪伟　　　　供销部门：　　　　仓库：周琳

（6）完工产品入库单的填制。

完工产品入库单是企业自制产品完工验收合格进入成品库时填制的自制原始凭证。当产品完工后，生产车间应将产品验收后填制完工产品入库单，由各经办人员签名或盖章，一式三联，一联留存生产车间；一联留成品库用以登记保管账；一联交会计用以会计核算。

［例2-1-5］ 2022年5月20日，装配车间将完工产品B-2-52液晶电视机200台验收入成品仓库。完工产品入库单的格式，如表2-1-6所示。

表 2-1-6

完工产品入库单

生产车间：装配车间		2022 年 05 月 20 日		编号：00819
产品类别	产品编号	产品名称及规格	计量单位	数量
液晶电视机	B-2-52	液晶电视机	台	200
备注：				
仓库保管员：张军		车间负责人：刘大民		经办人：李家辉

（7）收款收据的填制。

收款收据是用于证明公司收到其他单位和个人的款项出具的证明文件，由收款人（出纳）制作，一式三联，第一联留存；第二联交会计记账；第三联交付款人留存。

【例 2-1-6】 2022 年 4 月 1 日，公司出纳李丽收回业务员王允上月借款 600 元，双方在收款单上签字确认。收款收据的格式，如表 2-1-7 所示。

表 2-1-7

收款收据

交款单位或交款人	王允	收款方式	现金
2022 年 04 月 01 日			第 3 号

交款单位或交款人	王允	收款方式	现金
事由　收回上月借款			备注：
人民币（大写）　陆佰元整	¥600.00		
收款人：李丽	收款单位（盖章）		

此外，会计核算过程中，需要对账簿记录的结果进行计算的依据、过程、结果编制一些表格来反映，如固定资产折旧计算表、制造费用分配表、材料费用分配表、工资费用计算表、折旧费用分配表、废品损失计算表、辅助生产费用分配表、产品成本计算单等计算表格。制造费用分配表的格式如表 2-1-8 所示。

表 2-1-8

制造费用分配表

车间：		年　月　日	单位：元
产品名称	分配标准	分配率	分配金额
合计			
会计主管：		制单：	

四、原始凭证的错误更正（The Correction of Errors in Source Documents）

当填制原始凭证出现错误时，按《会计法》规定，应遵循以下原则处理：

（1）原始凭证记载的内容有错误的，应当由开具单位重开或更正，更正工作必须由原始凭证出具单位进行，并在更正处加盖出具单位印章；重新开具原始凭证也应该由原始凭证开具单位进行。

（2）原始凭证金额出现错误的不得更正，只能由原始凭证开具单位重新开具。

（3）原始凭证开具单位应当依法开具准确无误的原始凭证，对于填制有误的原始凭证，负有更正和重新开具的法律义务，不得拒绝。

任务实施

王昊应该先根据采购员提供的材料的编号、名称、规格、计量单位、数量、单价、运杂费等方面进行材料验收工作，并按相应规定填制材料入库单。具体填制如表2-1-9所示。

表2-1-9

材料入库单

供货单位：南昌纺织厂　　　　2022 年 03 月 01 日　　　　　　编号：000926

类别	编号	名称	规格	单位	数量		金额								附注
					应收	实收	单价	总价							
								十	万	千	百	十	元	角	分	
原材料		棉纱		吨	12	12	1 250.00		1	5	0	0	0	0	0	
				合计				¥	1	5	0	0	0	0	0	

仓库保管员：王昊　　　　　　采购业务员：白丽　　　　　　送货人：杜华

任务 2

审核原始凭证

任务导入

一天，销售部王维来找公司会计小丽报销 2022 年 3 月份去上海参加订货会的差旅费，并提供了许多原始发票，有火车票、住宿发票、餐饮发票、出租汽车发票等，金额共计 4 579 元。这些发票的具体情况如下：5 张出租汽车发票当中有 1 张金额为 46 元的发票是深圳某出租汽车公司的；住宿费发票（金额为 1 280 元）没有盖酒店的发票专用章；餐饮发票（金额为 370 元）上面的日期为 2022 年 1 月 20 日。

请思考：作为公司会计的小丽应该怎么处理王维拿来的发票呢？

任务分析

认真审核原始凭证，是会计的基础工作，也是会计监督的重要环节。销售部王维拿来的 2022 年 3 月份去上海参加订货会的一些原始凭证，有火车票、住宿发票、餐饮发票、出租汽车发票等，作为会计的小丽，应该审核原始凭证是否具有合法性以及这些原始凭证是否能真实反映客观经济业务。

相关知识

原始凭证的审核（The Auditing of Source Documents）

为了正确地反映和监督各项经济业务，**保证原始凭证的真实、正确和合法**，会计部门和经办业务的有关部门必须对原始凭证进行严格认真的审核。

1. 审核原始凭证所记录的经济业务是否真实

所谓真实，是指原始凭证确实是本单位经济业务的最初原始证明。要注意审核原始凭证的日期是否真实、业务内容是否真实、数据是否真实。同时，对于外来原始凭证要注意审核凭证是否有填制单位的公章和填制人员签字；对于自制的原始凭证要注意审核凭证是否有经办部门和经办人员的签名或盖章；对于通用原始凭证应审核凭证本身是否真实；对于不真实的原始凭证会计人员不予接受，并及时向单位负责人报告。

随学随测

2. 审核原始凭证所记录的经济业务是否合法

审核原始凭证所反映的经济业务是否符合国家有关法规和制度等，有无违法违规行为。对于违规的原始凭证，会计人员应拒绝受理。在审核中如发现弄虚作假、营私舞弊、伪造涂改原始凭证等违法乱纪行为，应立即扣留凭证，及时向单位负责人汇报，以便严肃查处。

3. 审核原始凭证的填写是否完整

审核原始凭证中的所有项目是否填写齐全，手续是否齐备，有关经办人员是否都已签名或盖章，主管人员是否审核、批准。在审核中如发现有原始凭证项目填写不全、手续不齐备、签名盖章有遗漏或不清晰、主管人员未批准等情况，会计人员应将该原始凭证退还经办人员，待其补办完整后再予受理。

4. 审核原始凭证填写的内容是否正确

审核原始凭证的摘要和数字及其他项目填写是否正确，数量、单价、金额、合计数的填写是否正确，大小写金额是否相符。

审核原始凭证是一项政策性很强的工作，它不但涉及能否正确处理国家、企业和个人之间的经济关系，有时还会涉及个人经济利益问题，而且财会工作的许多矛盾也会在审核原始凭证时暴露出来，因此会计人员应该特别注意做好此项工作。

经审核的原始凭证可以根据以下不同情况作出相应的处理：

（1）对于完全符合要求的原始凭证，应及时据以编制记账凭证入账。

（2）对于真实、合法、合理但内容不够完整、填写有错误的原始凭证，应退回给有关经办人员，由其负责将有关凭证补充完整、更正错误或重开后，再办理正式会计手续。

（3）对于不真实、不合法的原始凭证，会计机构、会计人员有权不予接受，并向单位负责人报告。

◀ 任 务 实 施 ▶

在王维提供的所有原始凭证合法的前提下，小丽应将住宿费发票退还给王维，提醒他发票必须盖有酒店的公章或发票专用章，只有补盖章后才能报销；同时还应告知其 46 元的出租汽车发票是深圳的出租汽车公司的，不属于上海出差费用，不予报销；餐饮发票是 2022 年 1 月 20 日开具的，不属于这次订货会的费用，不予报销。

知识链接　1

智能财务下原始凭证的填制与审核

微课：操作演示

同学们，前面学习的原始凭证的填制与审核是在手工账务处理模式下进行的操作。随着大数据、智能化飞速发展，财务工作也发生了巨大变化，原始凭证的填制与审核也变得更加智能化了。下面我们就讲一讲在智能财务下如何填制与审核原始凭证。

为了实现财务数据共享，企业必须拥有财务共享系统。财务共享系统是由计算机软件工程师和财务人员共同设计的程序，经办人员按规程进行操作就可以在电脑系统中智能填制出原始凭证。业务人员必须把供应商、客户等有关信息事先在平台中进行维护，当与供应商或客户发生经济业务以后，业务人员在系统中将供应商或客户的信息调出来，把本次业务涉及的数量、单价、金额等信息输入平台当中，系统就能自动生成发票或相关原始凭证。如果业务涉及的是一个新企业，业务人员需要将新企业的信息维护进平台，然后输入本次业务涉及的数量、单价、金额等信息，同样能自动生成原始凭证。如果有大量的发票需要开具，可以通过批量操作，生成多张原始凭证。原始凭证生成后，系统自动进入审核环节。财务人员按规定审核后，系统中自动留下审核印记，原始凭证的填制与审核就完成了。（操作演示见二维码）

项目小结

原始凭证又称单据，是在经济业务发生或完成时取得或填制的，用来记载和证明经济业务已发生和完成的书面证明。

原始凭证包括以下七个基本要素：原始凭证的名称；填制凭证的日期；填制凭证单位名称或者填制人姓名；经办人员的签名或者盖章；接受凭证单位名称；经济业务内容；数量、单价和金额。重点掌握支票、增值税专用发票、收款收据等常用原始凭证的填制方法。

为了如实、正确地反映和监督各项经济业务，保证原始凭证的真实、正确和合法，会计部门和经办业务的有关部门必须对原始凭证进行严格认真的审核。

实施效果检测

一、判断题

1. 任何会计凭证都必须经过有关人员的严格审核，确认无误后，才能作为记账的依据。
（   ）

2. 采用累计原始凭证可以减少凭证的数量和记账的次数。（   ）

3. 经济合同不属于原始凭证范畴，不能单独作为登记账簿的依据。（   ）

4. 原始凭证金额有错误的，应当由出具单位重开或更正，更正处应当加盖出具单位印章。
（   ）

5. 所有支票均可用于提现或转账。（   ）

二、单项选择题

1. 下列原始凭证属于外来原始凭证的是（   ）。

Ⓐ 入库单　　　　　Ⓑ 出库单　　　　　Ⓒ 银行收账通知单　　　Ⓓ 领料汇总表

2. 原始凭证是由（   ）取得或填制的。

Ⓐ 总账会计　　　　　　　　　　Ⓑ 业务经办单位或人员

Ⓒ 会计主管　　　　　　　　　　Ⓓ 出纳人员

3. 填制原始凭证时应做到大小写数字符合规范，填写正确。如大写金额"叁仟零壹元陆角整"，其小写应为（   ）。

Ⓐ 3 001.60 元　　　Ⓑ ￥3 001.60　　　Ⓒ ￥3 001.60 元　　　Ⓓ ￥3 001.6

4. 在一定时期内连续记录若干同类经济业务的会计凭证是（　　　）。

Ⓐ原始凭证　　　　Ⓑ记账凭证　　　　Ⓒ累计凭证　　　　Ⓓ一次凭证

5. 下列凭证中不能作为编制记账凭证依据的是（　　　）。

Ⓐ收货单　　　　Ⓑ发票　　　　Ⓒ发货单　　　　Ⓓ购销合同

三、多项选择题

1. 下列说法正确的是（　　　）。

Ⓐ阿拉伯数字不得连笔书写

Ⓑ阿拉伯数字前面应当书写货币币种符号或者货币名称简写

Ⓒ凡阿拉伯数字前写有币种符号的，数字后面不再写货币单位

Ⓓ大写金额数字有分的，分字后面不写"整"字

2. 限额领料单是（　　　）。

Ⓐ外来原始凭证　　　　　　　　Ⓑ自制原始凭证

Ⓒ一次原始凭证　　　　　　　　Ⓓ累计原始凭证

3. 下列凭证中，属于汇总原始凭证的有（　　　）。

Ⓐ发料汇总表　　　　　　　　　Ⓑ制造费用分配表

Ⓒ发票　　　　　　　　　　　　Ⓓ现金收入汇总表

4. 原始凭证按其填制的方法不同，可分为（　　　）。

Ⓐ一次原始凭证　　　　　　　　Ⓑ累计原始凭证

Ⓒ汇总原始凭证　　　　　　　　Ⓓ收款凭证

5. 对原始凭证审核的内容包括（　　　）。

Ⓐ审核真实性　　　　　　　　　Ⓑ审核合法性

Ⓒ审核正确性　　　　　　　　　Ⓓ审核完整性

四、实训练习

练习一

实训目的：练习借款及报销业务中原始凭证的填制。

实训资料：坤达有限公司采购部采购员廖颖 2022 年 4 月 25 日拟去长沙市采购原材料，经业务授权人（采购部部长）王波平签章同意，预借差旅费现金 2 500 元。廖颖填制一联借款单，出纳员徐峰付给廖颖现金 2 500 元。经财务稽核人员周平稽核，将审核后的借款单交会计何洁编制现金付款凭证。财务部经理为杜艳艳。

4 月 28 日，廖颖完成采购业务回来，经审核，实际支出差旅费及补助 1 950 元（其中往返火车费共计 480 元、住宿费 900 元、伙食补助费 400 元、其他杂费 170 元），剩余现金交回。

实训要求：填制坤达有限公司差旅费借款单（习题表 2-1）、差旅费报销单（习题表 2-2）。

习题表 2-1

借款单

年 月 日

借款 部门		姓名		财务部 经理		审核	
						记账	
项目	预付 差旅费	出差 事由		出差地点		部门经理	
	其他 借款	借款 理由					
		对方 单位		账号 开户行		付款方式	
人民币：（大写）					¥_____		

借款人签字：

习题表 2-2

出差旅费报销单

单位_____　　　　年 月 日　　　　金额单位:元

起日		止日		合计天数	各项补助费						车船与杂支费						合计金额	附件 张
					伙食补助费			公杂费包干			火车费	汽车费	轮船费	飞机费	住宿费	其他杂支		
月	日	月	日		天数	标准	金额	天数	标准	金额								
合计人民币（大写） 万 仟 佰 拾 元 角 分										¥								
原借差旅费_____元　　　报销_____元　　　剩余交回_____元																		
出差事由																		

会计主管：　　　　审核：　　　　制单：　　　　部门主管：　　　　报销人：

练习二

实训目的：练习原始凭证的填制。

实训资料：长城工贸公司是增值税一般纳税人，开户行为中国工商银行北街分行，账号为34576788011，税务登记号：257896347657998，（财务经理：张科、会计：曾丽、出纳：王小珠），2022年8月该公司发生的具体经济业务如下：

（1）8月2日，财务部出纳员王小珠开出现金支票3 000元，作为备用金。以出纳员的身份填写现金支票，格式如习题表2-3所示。

习题表 2-3

中国工商银行 现金支票存根 10203610 00795200	付款期限自出票之日起十天	中国工商银行 现金支票		10203610 00795200
附加信息 _____ _____		出票日期（大写） 年 月 日 收款人：	付款行名称： 出票人账号：	
		人民币（大写）_____	千 百 十 万 千 百 十 元 角 分	
出票日期 年 月 日		用途 上列款项请从 我账户内支付 出票人签章	密码_____	
收款人： 金 额： 用 途：			复核 记账	
单位主管 会计				

（2）8月3日，采购部采购员李新前往上海出差采购原材料，预借差旅费 2 000 元。以李新的身份填写借款单，格式如习题表 2-4 所示。

习题表 2-4

借款单
年 月 日

借款 部门		姓名		财务部 经理		审核	
						记账	
项目	预付 差旅费	出差 事由		出差地点		部门经理	
	其他 借款	借款 理由					
		对方 单位		账号 开户行		付款方式	
人民币：（大写）				¥_____			
				借款人签字：			

五、案例分析

保利达有限公司会计人员张清芳在复核原始凭证时，遇到下列情况：

（1）开出原始凭证的单位实际是东方公司，而凭证上写的却是弘达公司，并且没有加盖公司公章。

（2）销售部王小坤按规定只能坐火车，但报销的是飞机票，而且是全额报销。

要求：试分析上述情况有无问题，并说明理由。

能 力 提 升

拓展练习

拓展练习答案

项目三

记录经济业务，掌握填制与审核记账凭证的方法

1. 严格遵守国家法律法规、认真履行职业操守，养成良好的职业习惯。

2. 培养学生讲诚信、讲质量、讲原则，提高会计职业的信誉，维护和提升会计职业的社会形象。

3. 培养不怕吃苦的劳动精神和精益求精的工匠精神。

4. 提高风险防范意识，增强会计职业能力。

1. 掌握会计要素的组成及相互关系。

2. 掌握常用会计科目的内容和科目级次。

3. 掌握账户的基本结构及与会计科目的区别和联系。

4. 掌握借贷记账法的内容及运用。

5. 明确试算平衡的原理，掌握总账与明细账平行登记的内容。

1. 能根据经济业务，正确使用会计科目、设置会计账户。
2. 能熟练运用借贷记账法，并能正确编制企业从筹资、采购、生产、销售到财务成果形成业务的会计分录。
3. 能正确填制与审核会计记账凭证。
4. 能够正确登记有关账户、进行试算平衡，正确计算账户余额。
5. 掌握整理与装订会计凭证的方法。

　　我们通过已经审核了的会计原始凭证了解了企业的经济活动的情况，就应该依据原始凭证对企业的经济活动情况进行记录。会计人员可以通过填制记账凭证将企业的经济活动记录下来。

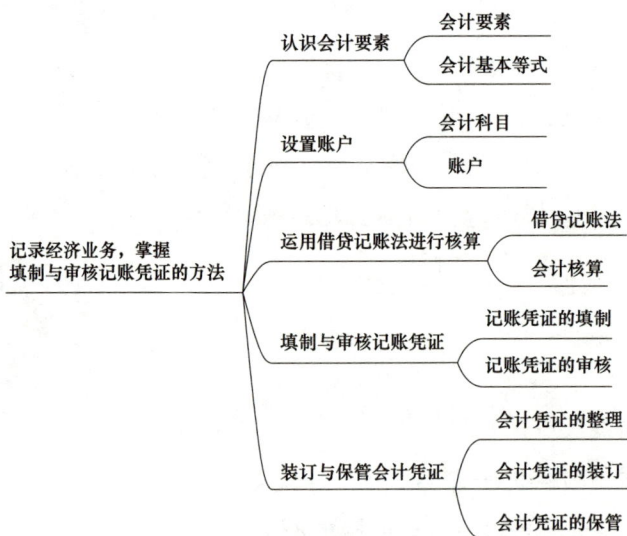

任务 1

认识会计要素

任务导入

　　王凡、刘波和李天浩三人是某高职院校酒店管理与数字化运营专业的学生。毕业后，他们想自主创业——开一家小餐馆。经过一番市场调研，他们租下了一个店面（租期三年）准备实现自己的梦想。王凡、刘波和李天浩三人每人出资 1.5 万元，共 4.5 万元存入开户银行。又以餐馆的名义向银行借款 1 万元，三年后一次还本付息。现在餐馆的银行账户上共有资金 5.5 万元。他们花 1.2 万元购置了灶具和用具，花 0.8 万元购置了餐桌、餐椅等，购进油、盐、酱、醋、鸡、鸭、鱼、肉等原材料 0.4 万元，赊账购进墨鱼等干货一批 0.2 万元。他们聘请了厨师、服务员，还聘请了本校会计专业毕业的同学王唯担任他们餐馆的会计。一切准备就绪后，餐馆开始正式经营。一年下来，餐馆对外营业总额达到 32 万元，所消耗的原材料 17.8 万元，支付员工工资 7.5 万元，支付店面租金 1.8 万元，支付水电费等 1.2 万元，支付税金 0.24 万元（当地税务局对他们实行包税），支付其他费用 0.2 万元。

　　请思考：王唯对小餐馆涉及的日常经济事项应该如何分类？

任务分析

　　王唯作为小餐馆的会计，需要将上述涉及的交易或事项进行确认、计量、记录和报告。那么，要用会计语言来对小餐馆的经济活动情况进行描述，按照会计制度的要求对小餐馆进行管理，就需要先对这些交易或事项进行分类：

第一方面 资产	小餐馆通过三个人的出资和向银行借款，共筹措了 5.5 万元资金存入自己的银行账户，这属于企业的货币资金；小餐馆花钱购置了生产经营用的灶具和用具，这属于企业的固定资产；小餐馆购置的餐桌、餐椅等日常用品，这属于企业的周转材料；小餐馆购买的鸡、鸭、鱼、肉等属于企业的原材料。这些都是小餐馆进行经营活动必须具备的物质资源，属于小餐馆的资产。
第二方面 负债	小餐馆向银行借了一笔三年期的借款 1 万元，这属于企业的长期借款；小餐馆购买的墨鱼等干货一批 0.2 万元是赊账的，也就是企业对他人的欠款，属于企业的应付账款。这两项都是企业的负债。在日常经济活动中，企业出现负债是不可避免的，甚至是必需的。
第三方面 所有者权益	小餐馆是由王凡、刘波和李天浩三人共同出资 4.5 万元组建的，这三个人就是小餐馆的投资人，这部分资金是企业的实收资本。
第四方面 收入	小餐馆一年的营业总额达到 32 万元，这就是小餐馆一年的收入。
第五方面 费用	小餐馆一年所消耗的原材料 17.8 万元，支付员工工资 7.5 万元，支付店面租金 1.8 万元，支付水电费等 1.2 万元，支付税金 0.24 万元，支付其他费用 0.2 万元，都属于小餐馆一年的费用。
第六方面 利润	当我们掌握了小餐馆的收入和费用情况后，就可以计算出小餐馆一年的利润，也就是小餐馆一年来的经营成果。

以上六个方面就是会计要素。会计要素是我们根据会计工作的需要，将会计要核算的内容，按照各对象的特点人为进行的分类。不同的国家对会计核算内容分类的粗细标准不同，划分出来的会计要素也不相同，有的划分得细一些，有的划分得粗一些。

相 关 知 识

一、会计要素（Accounting Elements）

会计要素是对会计对象所作的基本分类，是进行会计确认和计量的依据，是设定会计报表结构和内容的依据。我国《企业会计准则》将会计要素界定为六个，即资产、负债、所有者权益、收入、费用和利润。

1. 资产

资产是指由于企业过去的交易或事项形成的，由企业拥有或控制的，预期会给企业带来经济利益的资源。比如企业拥有的资金、厂房、机器设备、原材料、周转材料等，是企业从事生产经营的物质基础，都属于企业的资产。另外，还有一些

微课：资产

虽然不具有实物形态，但有助于生产经营活动进行的无形资产，如专利权、商标权、土地使用权等，也属于企业的资产。

资产具有以下基本特征：

（1）资产是由于企业过去的交易或事项所形成的。也就是说资产必须是现实的资产，而不能是预期的资产，是由于过去已经发生的交易或事项所产生的结果。比如企业与供销商签订了一个月以后付款购买一台设备的合同，那么该企业在本月就不拥有这台设备，因为这项交易还没有发生，设备还不属于企业的资产。

（2）资产是企业拥有或者控制的。能否确认一项资产，很重要的一个判断标准是看该项资源是否为本单位所拥有或能够控制，以划清自己的资产和别人的资产的界限。比如向外单位以经营租赁方式租入的资产就不是本单位的资产，因为这不是本单位所拥有的。

（3）资产能给企业带来未来经济利益。能否确认一项资产，还要看该项经济资源能否为单位带来经济利益，凡不能带来经济利益的东西不能确认为资产。比如一些已经报废的机器设备，已不能为单位带来经济利益，就不能在会计上确认为资产。

资产按流动性分类，可分为流动资产和非流动资产。

流动资产是指预计在一个正常营业周期中变现、出售或耗用，或者主要为交易目的而持有，或者预计在资产负债表日起一年内（含一年）变现的资产以及自资产负债表日起一年内交换其他资产或清偿负债的能力不受限制的现金或现金等价物。流动资产主要包括货币资金、交易性金融资产、应收票据、应收账款、预付款项、应收利息、应收股利、其他应收款、存货等。

非流动资产是指流动资产以外的资产，主要包括长期股权投资、固定资产、在建工程、工程物资、无形资产等。

2. 负债

负债是指由过去的交易或事项形成的现时义务，履行该义务预期会导致经济利益流出企业。 企业的负债主要包括短期借款、应付票据、应付账款、预收账款、应付职工薪酬、应交税费、应付利息、应付股利、其他应付款、长期借款、应付债券和长期应付款等。

微课：负债、所有者权益

负债具有以下基本特征：

（1）负债必须是由过去的交易或者事项形成的。也就是说，导致负债的交易或事项必须已经发生。只有源于已经发生的交易或事项，会计上才有可能确认为负债。例如，企业购买材料 10 000 元，还没有付款，这项交易属于已经发生了的交易，由此而形成的债务属于企业的负债。对于企业正在筹划的未来交易或事项，不应形成企业的负债。如企业准备 3 个月后向银行借入 50 000 元，该交易就不属于过去的交易或事项，不构成企业的负债。

（2）负债预期会导致经济利益流出企业。即企业的负债通常是在未来某一时日通过交付资产或提供劳务来清偿，有时候企业可以通过承诺新的负债或转化为所有者权益来

了结一项现有的负债，但最终一般都会导致企业经济利益的流出。比如企业向银行借了50 000元，到期归还时，企业要从自己的银行存款账户中转出50 000元还给银行，也就是说企业的资产减少了50 000元。

（3）负债是企业承担的现时义务。现时义务是指企业在现行条件下已承担的义务。未来发生的交易或者事项形成的义务，不属于现时义务，不应当确认为企业的负债。例如企业购买了原材料还没有付款，形成应付账款10 000元；企业向银行借款200 000元，期限3年，形成长期借款等，这些均属于企业承担的法定义务，需要依法予以偿还。

符合负债定义的义务，在同时满足下列条件时，才能确认为负债。

第一，与该义务有关的经济利益很可能流出企业。

第二，未来流出的经济利益的金额能够可靠地计量。

负债将导致企业的资产流出企业，那么企业有限的资产需要进行合理的安排，才能顺利清偿债务。企业有必要将负债按偿还期的长短进行分类，并列入资产负债表的负债栏目中。负债按偿还期限长短可分为流动负债和非流动负债。被要求一年内偿还的债务称为流动负债，如短期借款、应付账款、应付职工薪酬、应交税费等；而需要一年以上才偿还的债务则被称为非流动负债，如长期借款、应付债券、长期应付款等。

3. 所有者权益

所有者权益是指企业资产扣除负债后，由所有者享有的剩余权益。公司的所有者权益亦称股东权益。所有者权益的来源包括所有者投入的资本、直接计入所有者权益的利得和损失、留存收益等。直接计入所有者权益的利得和损失，是指不应计入当期损益、会导致所有者权益发生增减变动的、与所有者投入资本或者向所有者分配利润无关的利得或损失。其中，利得是指由企业非日常活动所形成的、会导致所有者权益增加的、与所有者投入资本无关的经济利益的流入；损失是指由企业非日常活动发生的会导致所有者权益减少的、与向所有者分配利润无关的经济利益的流出。

所有者权益具有下列特征：

（1）除非发生减资、清算，企业不需要偿还所有者权益。

（2）企业清算时，只有在清偿所有的负债后，所有者权益才返还给所有者。

（3）所有者凭借所有者权益能够参与利润分配。

所有者权益的项目主要包括实收资本、资本公积、盈余公积和未分配利润。其中盈余公积和未分配利润都属于企业净收益的积累，合称为留存收益。

所有者权益与债权权益的区别如下所示：

（1）债权人对企业资产的要求权优于所有者权益。

（2）企业的投资者可以参与企业的经营管理，而债权人往往无权参与企业的经营管理。

（3）对于所有者而言，在企业持续经营的情况下，除按法律程序减资外，一般不能提前撤回投资。而负债都有规定的偿还期限，必须在一定的时期偿还。

（4）投资者可以通过获得股利或利润的形式参与企业的利润分配，而债权人的债权只能按规定的条件得到偿付并获取利息收入。

资产、负债、所有者权益三个要素是反映企业财务状况的会计要素，它们反映企业资金价值运动的静态关系，因此被称为静态会计要素，成为编制资产负债表的要素。

4. 收入

收入是指企业在日常活动中形成的、与所有者投入资本无关的、会导致所有者权益增加的经济利益的总流入。

收入包括商品销售收入、提供劳务收入和让渡资产收入。企业代第三方收取的款项，应当作为负债处理，不应当确认为收入。

微课：收入、费用、利润

收入具有以下特征：

（1）收入应当是企业日常活动中形成的经济利益的流入。日常活动，是企业为完成其经营目标所从事的经常性活动以及与之相关的活动。比如，制造企业销售产品、商业企业销售商品、服务性企业提供服务等都属于企业的日常活动。明确日常活动是为了区分收入与利得的关系，不属于日常活动所形成的经济利益流入应作为利得处理，如企业处置固定资产、无形资产取得的经济利益流入。

（2）收入是与所有者投入资本无关的经济利益的流入。收入会导致经济利益流入企业，从而导致资产增加或负债减少，但该流入不包括所有者投入的资本。并非所有的经济利益的流入都是收入，所有者投入资本也会导致经济利益流入企业，但应计入所有者权益，而不能确认为收入。

（3）收入应当最终导致所有者权益的增加。由于收入会导致资产增加或负债减少，最终必然导致所有者权益增加。不会导致所有者权益增加的经济利益流入不能确认为收入。

当企业与客户之间的合同同时满足下列条件时，企业应当在客户取得相关商品控制权时确认收入：

（1）合同各方已批准该合同并承诺将履行各自义务；

（2）该合同明确了合同各方与所转让商品或提供劳务相关的权利和义务；

（3）该合同有明确的与所转让商品或提供劳务相关的支付条款；

（4）该合同具有商业实质，即履行该合同将改变企业未来现金流量的风险、时间分布或金额；

（5）企业因向客户转让商品或提供劳务而有权取得的对价很可能收回。

5. 费用

费用是指企业在日常活动中产生的、与所有者利润分配无关的、会导致所有者权益减少的经济利益的总流出。

费用是企业在日常活动中发生的，可能表现为资产的减少或负债的增加，或二者兼而有之。同理，费用最终导致所有者权益的减少，但所有者权益的减少并不一定是费用产生的。

费用具有以下三个方面的特征：

（1）费用是企业在日常活动中形成的。日常活动的界定与收入定义中涉及的日常活动是一致的。企业非日常活动所形成的经济利益的总流出不能确认为费用，而应计入损失。比如企业存货发生的自然灾害损失，会导致经济利益流出企业，但这是企业非正常经营活动产生的经济利益流出，应将损失净额计入"营业外支出"，而不能计入费用。明确经济利益的流出要区别费用与损失的界限。

（2）费用是与向所有者分配利润无关的经济利益的总流出。费用会导致经济利益的流出，从而导致企业资产的减少或负债的增加。但并非所有的经济利益的流出都属于费用，比如向投资者分配利润也会导致经济利益流出企业，就属于所有者权益的减少，不能确认为费用。

（3）费用会导致所有者权益减少。不会导致所有者权益减少的经济利益流出不能确认为费用。如企业偿还一笔短期借款，会导致经济利益流出企业，但负债也同时减少，不会导致所有者权益的减少，所以不能确认为费用。

费用的确认除了费用的定义外，还应当同时符合以下三个条件才可以确认：

（1）与费用相关的经济利益很可能流出企业。

（2）经济利益流出企业最终会导致企业资产减少或者负债增加。

（3）经济利益的流出额能够可靠地计量。

费用按照经济用途分为应计入产品成本的费用和不应计入产品成本的费用两大类。以工业企业为例，应计入产品成本的费用称为产品的生产成本，包括直接材料、直接人工和制造费用；不应计入产品成本而直接计入当期损益的费用称为期间费用，主要包括销售费用、管理费用和财务费用。

6. 利润

利润是指企业在一定会计期间的经营成果。利润包括收入减去费用后的净额、直接计入当期利润的利得和损失等。

利得和损失有两个去向：一个是直接计入所有者权益的利得和损失，作为资本公积直接反映在资产负债表中；另一个是直接计入当期利润的利得和损失，作为营业外收入、营业外支出反映在利润表中。

利润的构成有三个层次：营业利润、利润总额和净利润。

（1）营业利润 = 营业收入 − 营业成本 − 税金及附加 − 销售费用 − 管理费用 − 研发费用 − 财务费用 + 其他收益 + 投资收益（− 投资损失）+ 净敞口套期收益（− 净敞口套期损失）+ 公允价值变动收益（− 公允价值变动损失）− 信用减值损失 − 资产减值损失 + 资产处置收益（− 资产处置损失）

其中：

营业收入 = 主营业务收入 + 其他业务收入

营业成本 = 主营业务成本 + 其他业务成本

（2）利润总额 = 营业利润 + 营业外收入 − 营业外支出

（3）净利润 ＝ 利润总额 － 所得税费用

收入、费用和利润是反映企业经营成果的三个要素，是企业资金运动的动态表现，成为编制利润表的要素，被称为动态要素。

二、会计基本等式（Fundamental Accounting Equations）

1. 会计恒等式原理

通过以上对资产、负债、所有者权益、收入、费用、利润六个会计要素的介绍可以看出，会计六要素之间存在着十分密切的联系。

微课：会计恒等式　　随学随测

在市场经济条件下，企业要开展生产经营活动，必须有能够控制的经济资源，这些经济资源一方面表现为特定的物质实体存在形式，如库存现金、银行存款、原材料等，是企业的资产；另一方面给予这些经济资源的各方都有相应的要求权。即一个企业有多少资产，就意味着有关方对这些资产有多大的权益，资产和权益是同一资金的两个方面，即：

$$资产 ＝ 权益$$

资产说明企业拥有或控制的经济资源的运用情况，权益说明企业拥有或控制的经济资源的来源情况，二者在总额上是一种必然相等的关系。资产与权益之间存在着相互依存的关系，资产不能离开权益而存在，没有无资产的权益，也没有无权益的资产。从数量上看，有一定数额的资产就必然有一定数额的权益。

由于企业的资产主要来源于企业的债权人和投资者，所以权益由债权人权益和所有者权益两部分组成。债权人权益在会计上称为负债，即：

$$资产 ＝ 负债 ＋ 所有者权益$$

资产、负债、所有者权益间的会计平衡公式称为会计基本等式（或会计恒等式），它反映出三个会计基本要素之间的内在联系和企业资金运动的静态状况，表明了企业在某一时点（通常指会计期初或会计期末）的财务状况；它是复式记账法的理论基础，也是企业编制财务报表的理论依据。但必须指出，企业在生产经营过程中还要发生各种收入和费用，从而形成利润，则有：

$$收入 － 费用 ＝ 利润$$

根据债权人权益和所有者权益的差别，利润仅为所有者享有，当然损失也由所有者来承担。所以将上式代入会计恒等式，则有：

$$资产 = 负债 + （所有者权益 + 利润）$$
$$资产 = 负债 + 所有者权益 + 收入 - 费用$$
$$费用 + 资产 = 负债 + 所有者权益 + 收入$$

这个方程式不仅没有破坏会计基本等式的平衡关系，而且把企业的财务状况和经营成果联系起来了。无论企业发生什么经济业务，都不会破坏资产与负债及所有者权益之间的平衡关系。也就是说，在任何一个时点上，资产与负债及所有者权益之间都会保持这种数量上的平衡关系。

2. 经济业务对会计恒等式的影响

企业在生产经营过程中发生的经济业务，会引起会计要素发生增减变化。但无论企业在生产经营过程中发生什么样的经济业务，引起资产、负债和所有者权益这三个会计基本要素在数量上发生怎样的增减变化，都不会破坏会计恒等式的平衡关系，企业财务报表是依据恒等式的原理来编制的，所以会计基本等式又称为资产负债表等式。

（1）只影响资产、负债和所有者权益要素的经济业务。

下面是伽斯堡公司经过极大简化的资产负债表，目的是突出主要的部分，以元为单位，如表 3-1-1 所示。

表 3-1-1　伽斯堡公司资产负债表

2022 年 1 月 1 日　　　　　　　　　　　　　　　　单位：元

资　产		权益（负债 + 所有者权益）	
项　目	金　额	项　目	金　额
银行存款	320 000	短期借款	500 000
应收账款	180 000	应付账款	160 000
存　货	600 000	实收资本	1 200 000
固定资产	760 000		
合　计	1 860 000	合　计	1 860 000

从上表可以看出，伽斯堡公司所拥有的流动资产（银行存款、应收账款、存货）为 1 100 000 元，固定资产为 760 000 元，资产总额 1 860 000 元；债权人权益：负债（短期借款、应付账款）为 660 000 元，所有者权益：实收资本为 1 200 000 元，权益总额 1 860 000 元，双方是相等的。

伽斯堡公司 2022 年 1 月份发生以下经济业务：

【例 3-1-1】　1 月 4 日，公司接受国家投入的设备一台，价值 240 000 元。

【分析】该项业务发生后，使资产方的固定资产项目增加了 240 000 元，由原来的 760 000 元增加到了 1 000 000 元；使权益方的实收资本项目增加了 240 000 元，由原来的

微课：经济业务对会计恒等式的影响

1 200 000 元增加到了 1 440 000 元。由于资产和权益双方有关项目都以相等的金额增加，因此双方总额仍相等。这项业务所引起的变化如表 3-1-2 所示。

表 3-1-2　伽斯堡公司资产负债表

2022 年 1 月 4 日　　　　　　　　　　　　　　　单位：元

资　产		权益（负债＋所有者权益）	
项　目	金　额	项　目	金　额
银行存款	320 000	短期借款	500 000
应收账款	180 000	应付账款	160 000
存　货	600 000	实收资本	1 440 000
固定资产	1 000 000		
合　计	2 100 000	合　计	2 100 000

从上表可以看出，当一项经济业务发生后，涉及资产和权益双方的有关项目以相等的金额同时增加，双方总额相等，仍然保持平衡关系。

【例 3-1-2】　1 月 12 日，公司以银行存款 120 000 元偿还短期借款。

【分析】该项业务发生后，使资产方的银行存款项目减少了 120 000 元，由原来的 320 000 元减少到了 200 000 元；同时使权益方的短期借款减少了 120 000 元，由原来的 500 000 元减少到了 380 000 元。由于资产和权益双方有关项目都以相等的金额减少，因此双方总额仍相等，这项业务所引起的变化如表 3-1-3 所示。

表 3-1-3　伽斯堡公司资产负债表

2022 年 1 月 12 日　　　　　　　　　　　　　　单位：元

资　产		权益（负债＋所有者权益）	
项　目	金　额	项　目	金　额
银行存款	200 000	短期借款	380 000
应收账款	180 000	应付账款	160 000
存　货	600 000	实收资本	1 440 000
固定资产	1 000 000		
合　计	1 980 000	合　计	1 980 000

从上表可以看出，当一项经济业务发生后，涉及资产和权益双方的有关项目以相等的金额同时减少，双方总额相等，仍然保持平衡关系。

【例 3-1-3】　1 月 14 日，公司以银行存款购入原材料 100 000 元。

【分析】该项业务发生后，使资产方的银行存款项目减少了 100 000 元，由原来的 200 000 元减少到了 100 000 元；同时使资产方的存货增加了 100 000 元，由原来的 600 000 元增加到了 700 000 元。由于这项业务所引起的增减变化是发生在同一类项目之内的此增彼减，金额又是相等的，不会影响总的变动。这项业务所引起的变化如表 3-1-4 所示。

表 3-1-4　伽斯堡公司资产负债表

2022 年 1 月 14 日　　　　　　　　　　单位：元

资　产		权益（负债 + 所有者权益）	
项　目	金　额	项　目	金　额
银行存款	100 000	短期借款	380 000
应收账款	180 000	应付账款	160 000
存　货	700 000	实收资本	1 440 000
固定资产	1 000 000		
合　计	1 980 000	合　计	1 980 000

从上表可以看出，当一项经济业务只涉及资产方有关项目之间的金额增减变化时，其总额不会发生变动。同时，由于它不涉及权益方的项目，因而其总额也不会发生变动，所以仍然保持平衡关系。

【例 3-1-4】　1 月 21 日，公司开出商业承兑汇票一张，金额为 60 000 元，以抵前欠应付账款。

【分析】该项业务发生后，使权益方的应付票据项目增加了 60 000 元，同时使权益方的应付账款项目减少了 60 000 元，由原来的 160 000 元减少到了 100 000 元。由于这项业务所引起的增减变化是发生在同一类项目之内的此增彼减，金额又是相等的，因此不会影响总额的变动。这项业务所引起的变化如表 3-1-5 所示。

表 3-1-5　伽斯堡公司资产负债表

2022 年 1 月 21 日　　　　　　　　　　单位：元

资　产		权益（负债 + 所有者权益）	
项　目	金　额	项　目	金　额
银行存款	100 000	短期借款	380 000
应收账款	180 000	应付账款	100 000
存　货	700 000	应付票据	60 000
固定资产	1 000 000	实收资本	1 440 000
合　计	1 980 000	合　计	1 980 000

从上表可以看出，当一项经济业务只涉及权益方有关项目之间的金额增减变化时，其总额不会发生变动。同时，由于它不涉及资产方的项目，因而其总额也不会发生变动，所以仍然保持平衡关系。

上面列举的四项经济业务，代表着四种不同的业务类型。虽然经济业务的种类有多种多样，但它们对资产、负债和所有者权益增减变动的影响都可以归入这四种业务类型：

❶ 经济业务发生　引起会计恒等式左右两方项目同时增加相等的金额，即：资产与权益同时增加。

❷ 经济业务发生	引起会计恒等式左右两方项目同时减少相等的金额，即：资产与权益同时减少。
❸ 经济业务发生	引起会计恒等式左方项目之间有增有减，增减金额相等，即：资产之间有增有减。
❹ 经济业务发生	引起会计恒等式右方项目之间有增有减，增减金额相等，即：权益之间有增有减。

（2）既影响收入、费用和利润要素，也影响资产、负债和所有者权益要素的经济业务。

例 3-1-5　伽斯堡公司当月销售商品收入共计 520 000 元，货款已收到并存入银行。

【分析】该项业务发生后，使资产中的银行存款项目增加了 520 000 元，同时也使收入增加了 520 000 元，该收入可视为所有者权益增加。由于这项业务发生引起等式两边同增 520 000 元，金额又是相等的，双方总额虽然均发生变化，但仍保持平衡关系。该项业务的变化如表 3-1-6 所示。

表 3-1-6　伽斯堡公司业务变化（一）

资产	=	负债	+	所有者权益	+	收入	-	费用
1 980 000	=	540 000	+	1 440 000				
银行存款 +520 000					+	520 000		
2 500 000		540 000	+	1 440 000	+	520 000		

例 3-1-6　结转已销售商品成本 250 000 元。

【分析】该项业务发生后，使资产中的存货项目减少了 250 000 元，同时也使费用增加了 250 000 元，该费用可视为所有者权益减少。由于这项业务发生引起等式两边同减 250 000 元，金额又是相等的，双方总额虽然均发生变化，但仍保持平衡关系。该项业务的变化如表 3-1-7 所示。

表 3-1-7　伽斯堡公司业务变化（二）

资产	=	负债	+	所有者权益	+	收入	-	费用
2 500 000	=	540 000	+	1 440 000	+	520 000		
存货 -250 000							-	250 000
2 250 000	=	540 000	+	1 440 000	+	520 000	-	250 000

例 3-1-7　结算当月发生的职工工资等薪酬共 20 000 元，该笔职工薪酬尚未支付。

【分析】该项业务发生后，使负债中的应付职工薪酬项目增加了 20 000 元，同时也使费用增加了 20 000 元，该费用可视为所有者权益减少。由于这项业务发生引起等式右边两个项目之间以相等的金额一增一减的变动，因而不会引起等式右边总额发生变动，也不涉及资产项目。所以等式两边保持平衡关系。该项业务的变化如表 3-1-8 所示。

基础会计（第4版）

表 3-1-8　伽斯堡公司业务变化（三）

资产	=	负债	+	所有者权益	+	收入	-	费用
2 250 000	=	540 000	+	1 440 000	+	520 000	-	250 000
		应付职工薪酬 + 20 000					-	20 000
2 250 000	=	560 000	+	1 440 000	+	520 000	-	270 000

伽斯堡公司 2022 年 1 月份的利润计算如下：

$$利润 = 收入 - 费用 = 520\,000 - 270\,000 = 250\,000（元）$$

在月末，将本月利润 250 000 元转入所有者权益中的未分配利润项目。结转后对会计恒等式的影响如表 3-1-9 所示。

表 3-1-9　伽斯堡公司业务变化（四）

资产	=	负债	+	所有者权益
2 250 000	=	560 000	+	1 440 000
				未分配利润 + 250 000
2 250 000	=	560 000	+	1 690 000

继【例 3-1-5】之后，发生的几笔业务使得资产负债表项目金额发生了变化，编制 1 月 31 日的资产负债表如表 3-1-10 所示。

表 3-1-10　伽斯堡公司资产负债表

2022 年 1 月 31 日　　　　　　　　　　　　单位：元

资　产		权益（负债 + 所有者权益）	
项　目	金　额	项　目	金　额
银行存款	620 000	短期借款	380 000
应收账款	180 000	应付账款	100 000
存　货	450 000	应付票据	60 000
		应付职工薪酬	20 000
固定资产	1 000 000	实收资本	1 440 000
		未分配利润	250 000
合　计	2 250 000	合　计	2 250 000

上表中：

$$银行存款 = 100\,000 + 520\,000 = 620\,000（元）$$

$$存货 = 700\,000 - 250\,000 = 450\,000（元）$$

$$应付职工薪酬 = 0 + 20\,000 = 20\,000（元）$$

$$未分配利润 = 0 + 250\,000 = 250\,000（元）$$

　　综上所述，任何经济业务的发生，都不会破坏资产与负债及所有者权益的平衡关系。这一平衡关系式是复式记账、账户试算平衡和编制资产负债表的理论依据。

任务实施

　　王唯应该把小餐馆的货币资金、周转材料、原材料、固定资产等纳入小餐馆的资产范围；小餐馆向银行借的长期借款、赊账货款即企业的应付账款归为小餐馆的负债；王凡、刘波和李天浩三人的共同出资属于小餐馆的所有者权益；小餐馆一年的营业总额就是小餐馆一年的收入；一年中所消耗的原材料、支付的工资、店面租金、水电费、税金、其他费用等，都属于小餐馆一年的费用；用收入减去费用后的结余就是小餐馆一年来的利润。

任务 2 设 置 账 户

任务导入

　　唐娜为格林美服装有限公司的会计，该公司是一家刚刚成立不久的从事服装采购、生产、销售的企业。公司在建设银行、工商银行开立了账户用于办理日常结算业务；公司拥有一定量的流动资金和大量的生产、加工设备：组合裁床、气浮组合裁床、松布架、松布机、锅炉、烫台等裁剪设备及整烫设备、缝纫机等，加工厂里堆放着生产完工的服装成品和半成品、布匹。公司平时会有购进原材料、生产服装、销售服装的业务，同时，也有支付工人及管理人员的工资、产品广告费、业务招待费等活动。

请思考：唐娜应如何将该公司的各项经济事项和活动来进行合理有效的记录呢？

任务分析

格林美服装公司是一家集采购、生产、销售于一体的中小型企业，公司在经营过程中所涉及的会计科目比较少，会计核算相对简单。唐娜要想有效地记录各项内容和业务活动，应该先按会计要素进行分类，再根据具体项目的特点来命名，从而对其进行核算。我们可以看到：组合裁床、气浮组合裁床、缝纫机等裁剪设备及整烫设备（固定资产）、布匹（原材料）、服装成品（库存商品）、公司的流动资金（库存现金）、银行里的存款（银行存款）都为公司的资产，唐娜应根据企业会计准则，按照会计制度的规定设置会计科目及账户，再结合格林美服装公司的业务确定应该设置的账户。

相关知识

会计所要核算、监督的具体内容，就是企业平时发生的复杂经济业务。人们人为的对这些经济业务进行分类并命名，就是会计科目的名称。如：格林美公司的缝纫机、整烫设备等都属于劳动资料，是固定资产的实物形态，但这些设备的增加或减少只涉及资产内部不同项目的数量增减变化，且会计要素对这类经济业务不能够清晰地反映。为此，必然要对会计要素的具体内容做进一步分类，公司必须依据会计准则，按照会计制度的规定设置会计科目及账户，这是正确组织会计核算的重要条件。

一、会计科目（Accounting Subjects）

会计要素是对会计对象进行的分类，为会计核算提供了类别指标。但是会计核算不仅要求提供会计要素总括的数量变化，还要提供一系列分类指标和具体会计信息，以反映企业的财务状况和经营成果。由于会计要素反映了经济业务，如果仅仅使用资产、负债、所有者权益、收入、费用和利润这六个会计要素项目来记录经济业务，则提供的会计信息就过于综合，难以说明企业的实际情况，且难以满足会计信息使用者的需要。

1. 会计科目的概念

为了对会计要素的具体内容进行核算和监督，就需要根据其各自的不同特征，

微课：会计科目的概念

分门别类地确定具体的核算项目。为满足会计信息使用者的需要，需要更加详细地反映出企业的情况，应在会计要素指标下进一步细分指标，划分成更具体的会计科目。会计科目是对会计要素的具体内容进行分类核算的项目。设置会计科目，就是根据会计要素的具体内容和经营管理的需要，对会计要素所进行的科学分类，从而为会计信息使用者提供科学的、详细的分类指标体系，以满足会计信息使用者的需要。以格林美服装公司为例，简单列举几项经济资源及对应的会计科目，如图 3-2-1 所示。

图 3-2-1　格林美服装公司会计要素及对应的会计科目

企业为了反映和监督各项资产的增减变动，根据资产这一会计要素的特征以及经营管理的要求，可以设置"库存现金""银行存款""应收账款"等会计科目；为了反映和监督负债的增减变动，可以设置"短期借款""应付账款""长期借款"等会计科目；为了反映和监督所有者权益的增减变动，可以设置"实收资本""资本公积"等会计科目；为了反映和监督收入、费用和利润的增减变动，可以设置"主营业务收入""主营业务成本""销售费用"等会计科目。

企业在不影响会计核算的要求和财务会计报告指标的汇总，以及对外提供统一的财务会计报告的前提下，可以根据实际情况自行增设、减少或合并某些会计科目。

通过设置会计科目可以对复杂、性质不同的经济业务进行分类，并转译成有用的会计信息。设置会计科目也是设置账户、进行复式记账、建立各种会计记录和财务报告的基础，也为后续的会计核算工作做了准备，是正确组织会计核算的重要条件。

2. 会计科目设置的原则

会计科目是由国家财政部统一制定的，依据《企业会计准则》的规定，可以结合企业自身会计对象的特点，充分考虑有关各方面对会计信息的需求，符合会计工作的客观规律来设置的。

（1）既要符合会计制度的规定，又要符合企业经济业务的特点。

（2）既要符合对外提供财务报告的要求，又要满足内部经营管理的需要。

（3）既要适应经济业务发展的需要，又要保持相对的稳定，尤其在年度中间一般不得变更会计科目。

（4）既要满足企业对各项经济活动进行记录和核算的需要，又要形成一个完整和统一的单位内部核算体系。

企业常用的会计科目如表 3-2-1 所示。

微课：会计科目设置的原则及分类

表 3-2-1　企业常用的会计科目表

编号	会计科目名称	编号	会计科目名称
	一、资产类	2211	应付职工薪酬
1001	库存现金	2221	应交税费
1002	银行存款	2231	应付利息
1012	其他货币资金	2232	应付股利
1101	交易性金融资产	2241	其他应付款
1121	应收票据	2501	长期借款
1122	应收账款	2502	应付债券
1123	预付账款	2701	长期应付款
1131	应收股利	2702	未确认融资费用
1132	应收利息	2711	专项应付款
1221	其他应收款	2801	预计负债
1231	坏账准备	企业自主设置	合同负债
1401	材料采购		三、共同类
1402	在途物资	3101	衍生工具
1403	原材料	3201	套期工具
1404	材料成本差异	3202	被套期项目
1405	库存商品		四、所有者权益类
1406	发出商品	4001	实收资本
1408	委托加工物资	4002	资本公积
1411	周转材料	4101	盈余公积
1471	存货跌价准备	4103	本年利润
1501	债权投资	4104	利润分配
1502	债权投资减值准备	4201	库存股
1503	其他债权投资	4301	其他综合收益
1504	其他权益工具投资		五、成本类
1511	长期股权投资	5001	生产成本
1512	长期股权投资减值准备	5101	制造费用
1521	投资性房地产	5201	劳务成本
1531	长期应收款	5301	研发支出
1601	固定资产		六、损益类
1602	累计折旧	6001	主营业务收入
1603	固定资产减值准备	6051	其他业务收入
1604	在建工程	6101	公允价值变动损益
1605	工程物资	6111	投资收益
1606	固定资产清理	6115	资产处置损益
1701	无形资产	6117	其他收益
1702	累计摊销	6301	营业外收入
1703	无形资产减值准备	6401	主营业务成本
1711	商誉	6402	其他业务成本
1801	长期待摊费用	6403	税金及附加
1901	待处理财产损益	6601	销售费用
企业自主设置	合同资产	6602	管理费用
企业自主设置	合同资产减值准备	6603	财务费用
	二、负债类	6701	资产减值损失
2001	短期借款	6702	信用减值损失
2101	交易性金融负债	6711	营业外支出
2201	应付票据	6801	所得税费用
2202	应付账款	6901	以前年度损益调整
2203	预收账款		

会计科目的分类

　　会计科目是在遵照《企业会计准则》应用指南的基础上统一制定的。根据行业核算的需要和资金运动的特点，会计科目根据其反映的经济内容可以分为：资产类科目、负债类科目、共同类科目、所有者权益类科目、成本类科目、损益类科目六大类科目，如图 3-2-2 所示；根据其所提供信息的详细程度可以分为总账科目（或一级科目）、明细科目（或明细分类科目），如图 3-2-3 所示。

随学随测

　　资产类科目
　　负债类科目
　　共同类科目
　所有者权益类科目
　　成本类科目
　　损益类科目

图 3-2-2　六大类科目

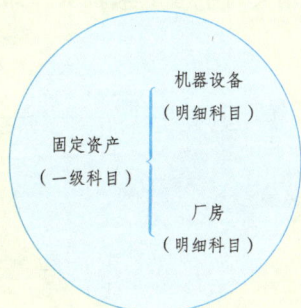

机器设备
（明细科目）

固定资产
（一级科目）

厂房
（明细科目）

图 3-2-3　总账科目和明细科目

二、账户（Accounts）

　　会计科目仅仅是按照经济业务的内容和经济管理的要求，对会计要素的具体内容进行分类核算，但还不能进行具体的会计核算。为了反映会计要素的增减变动情况及其结果，我们还需要根据会计科目开设会计账户。什么是会计账户呢？假如我们桌上堆放了一堆物品：衣服、鞋子、水果、饼干、书等，我们会将衣服放进衣橱、鞋子放进鞋柜、水果放进水果盘、饼干放进饼干盒、书放上书架。每样物品都有自己的"容身之处"，会计科目的"容身之处"就是会计账户。

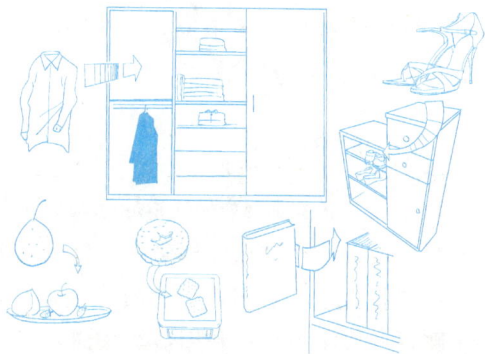

　　会计账户是根据会计科目开设的，它是为了能够连续、系统、全面地记录由于经济业务的发生而引起的会计要素的增减变动而开设的。有了账户，会计科目才有了"容身之处"。

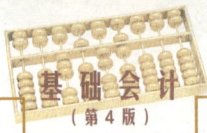

基 础 会 计
（第4版）

1. 账户的概念

账户是根据会计科目设置的，具有一定格式和结构，是用于分类反映会计要素增减变动情况及其结果的载体。 设置账户是会计核算的重要方法之一。

微课：账户的
概念及基本结构

2. 账户的基本结构

为了正确地记录和反映经济业务，账户不仅要有明确的核算内容，还要有一定的结构。账户的基本结构具体包括账户名称（会计科目）、记录经济业务的日期、所依据记账凭证编号、经济业务摘要、增减金额等。企业的经济业务复杂繁多，从数量变化来看，不外乎增加和减少两种情况，因而账户也分为左、右两个方向，一方登记增加数，另一方登记减少数，至于哪一方登记增加数，哪一方登记减少数，要根据不同的记账方法及账户的性质来决定。根据国际惯例，用大写字母 T 来表示，如图 3-2-4 所示。

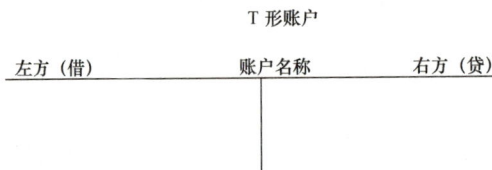

T 形账户

左方（借）	账户名称	右方（贷）

图 3-2-4　T 形账户

账户的记录应是连续的，各金额之间存在着如下的关系：

期末余额 ＝ 期初余额 ＋ 本期增加发生额 － 本期减少发生额

在实际工作中，各单位必须按照国家统一的会计制度要求使用正规的会计账户，其格式如表 3-2-2 及表 3-2-3 所示。

3. 账户的分类

企业发生的经济业务，都是通过账户来记录和反映的。而会计账户是根据会计科目开设的，有什么样的会计科目，就有什么样的会计账户。

账户按经济内容可以分为资产类账户、负债类账户、共同类账户、所有者权益类账户、成本类账户和损益类账户六大类。

微课：账户的
分类1

（1）资产类账户。资产类账户是用来反映企业各项资产的增减变化及其结存情况的账户。按照资产的流动性不同，可划分为两类。

❶ 核算流动资产的账户	如"库存现金""银行存款""应收账款""应收票据""原材料""库存商品"等账户。

表 3-2-2 原材料明细账

| 存放地点 …… | 最高存量 …… | 最低存量 …… | 名称及规格 …… | 计量单位 …… | 货号 …… |

年		凭证		摘要	收 入			发 出			结 存		
月	日	种类	号数		数量	单价	金额 千百十万千百十元角分	数量	单价	金额 千百十万千百十元角分	数量	单价	金额 千百十万千百十元角分

表 3-2-3 总分类账

账户编号及名称：……

年		凭证		摘要	借 方	贷 方	借或贷	结 余	√
月	日	号数			亿千百十万千百十元角分	亿千百十万千百十元角分		亿千百十万千百十元角分	

❷ 核算非流动资产的账户	如"固定资产""累计折旧""长期股权投资""无形资产"等账户。

（2）负债类账户。负债类账户是用来反映企业各项负债增减变动的账户。按照负债的偿还期限的长短，可划分为两类。

❶ 核算流动负债的账户	如"短期借款""应付账款""应付职工薪酬""应付票据""预收账款""应交税费"等账户。
❷ 核算非流动负债的账户	如"长期借款""应付债券""长期应付款"等账户。

（3）共同类账户。共同类账户属于《企业会计准则——应用指南》规定的会计账户中新增加的账户类别，是核算企业（金融企业）经营过程中资金往来、货币兑换和衍生金融工具资金变化情况的账户，主要包括"清算资金往来""货币兑换""衍生工具""套期工具"等账户。共同类账户具有资产或负债的双重性质。

（4）所有者权益类账户。所有者权益类账户是反映所有者权益增减变动的账户。按所有者权益的来源和构成不同，可划分为三类。

❶ 核算所有者原始投资的账户	如"实收资本""股本"账户。
❷ 核算所有者投资积累的账户	如"资本公积""盈余公积"账户。
❸ 核算未分配利润的账户	如"本年利润""利润分配"账户。

（5）成本类账户。成本类账户是用来反映企业生产经营过程中各成本计算对象的费用归集、成本计算情况的账户。成本类账户主要有生产成本、制造费用、劳务成本、研发成本等。

从一定意义上来说，成本类账户也是资产类账户，该类账户的期末余额属于企业的资产。如，生产成本的账户的期末余额表示企业尚未完工产品（也称在产品）的成本，是属于企业的流动资产。

（6）损益类账户。损益类账户是反映企业与损益计算直接相关的账户，核算企业收入和费用的账户。

❶ 核算收入的损益类账户	如"主营业务收入""其他业务收入""投资收益""营业外收入"账户。
❷ 核算支出的损益类账户	如"主营业务成本""税金及附加""其他业务成本""销售费用""管理费用""财务费用""营业外支出""所得税费用"等账户。

账户按其提供信息的详细程度可以分为总分类账户（一级账户）和明细分类账户（二、三级账户）。 总分类账户也可称为总账账户或总账，是指根据总分类科目设置的，用于对会计要素具体内容进行总括分类核算的账户；明细分类账户也可称为明细账户，是指根据明细分类科目设置的，用于对会计要素具体内容进行明细分类核算的账户。二者间的关系为：总分类账户对明细分类账户具有统驭控制作用；明细分类账户对总分类账户具有补充说明作用。

以格林美服装公司为例，其在建设银行和工商银行分别开了一个账户。因此总分类账户（一级科目）设了"银行存款"，其明细分类账户（二级科目）分别为建设银行、工商银行，如表3-2-4所示。

表3-2-4　总分类科目与明细分类科目

总分类科目（一级科目）	明细分类科目（二级科目）
银行存款	建设银行
	工商银行

账户按其反映的经济内容进行分类，明确了完整的账户体系，使我们了解了账户所核算的经济内容和经济性质，但却不能说明设置各种账户的作用及它们如何提供各种所需的核算指标。因此，在了解和掌握账户按会计要素分类的基础上，还需对账户按其用途和结构进行分类。按用途和结构进行的分类，其实质是按账户在会计核算中所起的作用和账户能够反映的什么样的经济指标进行的分类。

所谓账户的用途是指设置和运用账户的目的，即通过账户记录提供什么核算指标。所谓账户的结构是指在账户中如何登记经济业务，即账户借方登记什么；贷方登记什么；账户期末有无余额；如有余额，余额在账户的哪一方。

账户按其用途和结构分类，可分为盘存账户、结算账户、所有者权益账户、集合分配账户、成本计算账户、收入账户、费用账户、财务成果账户、计价对比账户、调整账户等十类。

（1）盘存账户。盘存账户是用来反映和监督现金、银行存款和各项实物资产的增减变动及结存额的账户，主要有"库存现金""银行存款""原材料""库存商品""固定资产"等账户。该类账户的借方登记各项货币资金和实物资产的增加数，贷方登记其减少数，且期末余额总是在借方，表示各项货币资金和实物资产的结存数。该类账户的结构如图3-2-5所示。

盘存账户的特点包括：

❶ 该类账户的结存数额，可以通过财产清查的方法（实地盘点或银行对账）来核实，检查实存数与账存数是否相符。

❷ 账户余额总是在借方。

❸ 实物资产的明细账户一般既用货币计量，又用实物计量，以提供实物数量和金额两种指标，如："原材料""库存商品""固定资产"等账户，在进行明细分类核算时，除了采用货币计量外，还需用实物计量。

（2）结算账户。结算账户是用来反映和监督企业同其他单位或个人之间的债权、债务结算情况的账户。由于结算业务性质不同，结算账户根据不同的账户结构又可分为债权结算账户和债务结算账户两类。

❶ 债权结算账户，主要用来核算企业同债务单位和个人之间的债权结算的账户，主要有"应收票据""应收账款""预付账款""其他应收款"等账户。该类账户的借方登记债权（应收款项或预付款项）的增加数，贷方登记其减少数，期末余额一般在借方，表示期末尚未收回的债权的实有数。该类账户的结构如图3-2-6所示。

左方（借）	盘存账户	右方（贷）
期初余额： 　期初货币资金或实物资产的 　结存数 发生额： 　本期货币资金或实物资产的 　增加数		发生额： 　本期货币资金或实物资产的 　减少数
期末余额： 　期末货币资金或实物资产的 　结存数		

左方（借）	债权结算账户	右方（贷）
期初余额： 　期初尚未收回的应收款项或 　预付款项的实有数 发生额： 　本期应收款项或预付款项的 　增加额		发生额： 　本期应收款项或预付款项的 　减少额
期末余额： 　期末尚未收回的应收款项或 　预付款项的实有数		

图3-2-5　盘存账户　　　　　　　　图3-2-6　债权结算账户

债权结算账户的特点包括：a. 债权人需要定期通过与有关债务单位或个人核对账目，以保证账实相符及核算资料的正确性。b. 该类账户的期末余额一般在借方，表示债权的实有数，但也有可能出现贷方余额，这时，账户的性质就具有负债的性质。c. 该类账户应按照对方单位和个人设置明细分类核算，并只进行货币计量。

❷ 债务结算账户，主要用来核算企业同债权单位和个人之间的债务结算的账户，主要有"短期借款""应付账款""应付票据""预收账款""应付职工薪酬""其他应付款"等账户。该类账户的贷方登记债务（应付及预收款项和各种借款）的增加数，借方登记其减少数，期末余额一般在贷方，表示尚未偿还债务的实有数。该类账户的结构如图3-2-7所示。

债务结算账户的特点包括：a. 需要定期通过与有关债权单位或个人核对账目，以保证账账相符及核算资料的正确性。b. 该类账户的期末余额一般在贷方，表示负债的实有数，但也有可能出现借方余额，这时账户就具有债权的性质。c. 该类账户应按照对方单位和个人设置明细分类核算，并只进行货币计量。

（3）所有者权益账户。所有者权益账户是用来反映和监督企业所有者对企业投资及内部积累的增减变动和结存情况的账户，主要有反映所有者原始投资的"实收资本"以及"资本公积""盈余公积"等账户。该类账户的贷方登记所有者权益的增加数，借方登记其减少数，期末余额总是在贷方，表示所有者权益的实有数。该类账户的结构如图3-2-8所示。

左方（借）　债务结算账户　右方（贷）	左方（借）　所有者权益账户　右方（贷）
期初余额： 　期初尚未偿还的债务实有数 发生额：　　　　发生额： 本期债务的减少数　本期债务的增加数 期末余额： 　期末尚未偿还的债务实有数	期初余额： 　期初所有者权益的实有数 发生额：　　　　发生额： 本期所有者权益的减少数　本期所有者权益的增加数 期末余额： 　期末所有者权益的实有数
图3-2-7　债务结算账户	图3-2-8　所有者权益账户

所有者权益账户的特点包括：

❶ 在企业生产经营期间，企业内部积累的账户及外部投资的账户的余额一般都在贷方。

❷ 该类账户无论是总分类核算还是明细分类核算，只需货币计量。

（4）集合分配账户。集合分配账户是用来汇集经营过程中某个阶段所发生的费用，并按一定标准分配计入有关成本计算对象的账户。主要有"制造费用"账户，该类账户的借方登记有关费用的实际发生数，贷方登记费用的分配转出数，一般情况下当期费用在当期分配完毕，期末无余额。该类账户的结构如图3-2-9所示。

集合分配账户的特点包括：

❶ 本类账户期末无余额。

❷ 该类账户一般要分项目进行明细分类核算。

❸ 只需要货币计量。

（5）成本计算账户。成本计算账户是用来反映和监督经营过程中某一阶段所发生的全部费用，取得该阶段各个成本计算对象实际成本的账户，主要有"生产成本""材料采购"账户。该类账户的借方登记应计入成本的各项费用，贷方登记转出的实际成本，期末如有余额一定在借方，表示尚未完成某一过程的成本计算对象的实际成本。该类账户的结构如图3-2-10所示。

左方（借）　集合分配账户　右方（贷）	左方（借）　成本计算账户　右方（贷）
发生额：　　　　发生额： 归集本期发生的费用数　本期分配转出的费用数	期初余额： 　期初尚未完成某一过程的成本计算对象的实际成本 发生额：　　　　发生额： 生产经营过程某一阶段发生的应计入成本的费用　结转已完成某一过程的成本计算对象的实际成本 期末余额： 　尚未完成某一过程的成本计算对象的实际成本
图3-2-9　集合分配账户	图3-2-10　成本计算账户

成本计算账户的特点包括：

❶ 该类账户的余额表示尚未完成某个阶段的成本计算对象的实际成本，如：生产成本、劳务成本、材料采购、在途物资等。其中，"生产成本"账户的期初、期末余额表示在产品成本，因而也具有盘存账户的性质。

❷ 该类账户应按成本计算对象设置明细账，并按成本项目归集费用。

❸ 该类账户既要用货币计量，又要用实物或劳动计量。

（6）收入账户。收入账户是用来反映和监督企业在一定时期内形成本期损益的各项收入的账户，主要有"主营业务收入""其他业务收入""营业外收入"和"投资收益"等账户。该类账户的贷方登记当期取得的收入数，借方登记期末转入"本年利润"账户的收入数，期间收入结转后，期末无余额。该类账户的结构如图 3-2-11 所示。

收入账户的特点包括：

❶ 期末余额为零。

❷ 无论总分类账还是明细分类账，均只提供货币信息。

（7）费用账户。费用账户主要是用来反映和监督企业在一定时期内所发生的直接影响本期损益的各项费用，并计算最终财务成果的账户，主要有"主营业务成本""税金及附加""其他业务成本""销售费用""管理费用""财务费用""营业外支出"和"所得税费用"等账户。该类账户的借方登记本期发生的费用数，贷方登记期末转入"本年利润"账户的费用数，期间费用结转后，该类账户期末无余额。该类账户的结构如图 3-2-12 所示。

左方（借）	收入账户	右方（贷）
发生额： 　本期各项收入的减少发生数额和转入"本年利润"账户的数额		发生额： 　本期各项收入的增加发生数额

图 3-2-11　收入账户

左方（借）	费用账户	右方（贷）
发生额： 　费用、支出的发生额		发生额： 　转入"本年利润"账户的费用额

图 3-2-12　费用账户

（8）财务成果账户。财务成果账户是用来反映和监督企业某一会计期间（通常是一年）的全部净收入的计算和分配情况的账户，主要有"本年利润"和"利润分配"账户。该类账户的贷方登记期末从各收入账户转入的收入数，借方登记期末从有关费用账户转入的费用数，期末贷方余额表示企业实现的净利润额，若为借方余额，则表示企业发生的亏损总额。该类账户的结构如图 3-2-13 所示。

财务成果账户的特点包括：

❶ 若期末余额在贷方，表示企业本期实现的净利润；若期末余额在借方，表示本期发生的亏损总额。年终将余额结转到"利润分配"账户，结转后无余额。

❷ 无论总分类账还是明细分类账，均只提供货币信息。

（9）计价对比账户。计价对比账户是用来对经营过程的某一阶段经济业务按照两种不同的计价标准进行核算对比，借以确定该阶段业务成果的账户。主要有"材料采购"（计划成本核算时使用）、"固定资产清理"等账户。该类账户的结构如图 3-2-14 所示。

左方（借）	财务成果账户	右方（贷）
发生额： 期末转入的各项费用、支出的数额		发生额： 期末转入的各项收入数额
期末余额： 本期发生的亏损数额		期末余额： 本期实现的利润数额

左方（借）	计价对比账户	右方（贷）
发生额： 记录业务的第一种计价、结转第二种计价大于第一种计价的差额		发生额： 记录业务的第二种计价、结转第一种计价大于第二种计价的差额

图 3-2-13　财务成果账户　　　　　　　图 3-2-14　计价对比账户

（10）调整账户。为了满足经营管理上的需要，在会计核算中对某些会计要素需同时设两个账户，即被调整账户和调整账户。调整账户是为了调整某个账户（被调整账户）的余额，以求得被调整账户的实际余额而设置的账户。调整账户按其调整方式的不同，分为备抵账户、附加账户、备抵附加账户三类。

❶ 备抵账户。它是用来抵减被调整账户的余额，以求得被调整账户实际余额的账户，其调整公式如图 3-2-15 所示，主要有"累计折旧""利润分配"等备抵调整类账户。备抵类账户与其被调整账户的余额方向相反，如："累计折旧"账户用来抵减"固定资产"账户；"坏账准备"账户用来抵减"应收账款"账户；"利润分配"账户用来抵减"本年利润"账户。固定资产由于使用发生损耗，其价值不断减少，从管理的角度考虑，需要"固定资产"账户能提供固定资产的原始价值指标，因此，固定资产价值的减少不直接计入"固定资产"账户的贷方，冲减其原始价值，而是另外开设了"累计折旧"账户，将提取的折旧记入"累计折旧"账户的贷方，用以反映固定资产由于损耗而不断减少的价值。

被调整账户的余额 − 备抵账户的余额 ＝ 被调整账户的实际余额

图 3-2-15　调整公式

❷ 附加账户。调整账户与被调整账户的余额处于同一方向时，调整账户即为被调整账户的附加账户，其调整公式如图 3-2-16 所示。但实际工作中单纯的附加账户很少设置。

被调整账户的余额 ＋ 附加账户的余额 ＝ 被调整账户的实际余额

图 3-2-16　调整公式

❸ 备抵附加账户。它是用来抵减或增加被调整账户的余额，以求得被调整账户的实际余额的账户。备抵附加账户兼有处于同一方向或不同方向的可能性，因而其兼有备抵账户

和附加账户的作用。当备抵附加账户的余额与被调整账户的余额方向相同时，该账户便起附加账户作用；当备抵附加账户的余额与被调整账户的余额方向相反时，该账户便起备抵账户的作用。备抵附加账户主要包括"材料成本差异"账户，该账户是"原材料"账户的备抵附加账户。

知识链接 2

会计科目与账户的联系与区别

会计科目与账户在会计学中是两个不同的概念，两者间存在着联系也有区别。两者的联系：会计科目与账户都是对会计对象具体内容的科学分类，两者口径一致，性质相同。会计科目所要反映的经济内容，就是账户所要登记的内容。设置账户的依据是会计科目，而会计科目又是账户的名称，账户是会计科目的具体运用。没有会计科目，账户便失去了设置的依据；没有账户，就无法发挥会计科目的作用。两者的区别：❶ 会计科目侧重对会计对象的分类，不反映特定核算内容的增减变动，不具有核算和监督会计要素的职能；账户侧重反映特定核算内容的变动情况，能够提供会计要素的动态和静态指标，具有核算和监督职能。❷ 会计科目不存在结构，账户则具有一定结构。会计科目只能界定经济业务发生变化所涉及的会计要素具体内容的项目，但不能对变化加以记录；而账户则具有一定的格式和结构，可以说账户是用来记录经济业务发生变化及其结果的载体。

任务实施

唐娜根据自己公司已经发生的经济业务应设置如下账户：

微课：账户的
分类2

1. 所有者权益类账户

公司新成立，注册资金的投入，使公司的所有者权益增加，应设置"实收资本"账户。

2. 资产类账户

公司购置布匹、裁床、整烫设备等使得企业的银行存款减少，原材料、设备增加，所以应设置"银行存款""固定资产""原材料""库存商品"等账户，而固定资产在使用过程中会发生损耗，其损耗价值通过提取折旧的形式得以补偿，所以对应设置"累计折旧"账户。

3. 负债类账户

公司在经营过程中，发生了往来账，赊欠其他单位采购材料货款，应设置"应付账款"账户，还应设置"应交税费"等账户，支付工人工资，应设置"应付职工薪酬"账户。

4. 损益类账户

公司销售服装成品取得的收入，应设置"主营业务收入"账户，同时应结转成本，设置"主营业务成本"账户等。

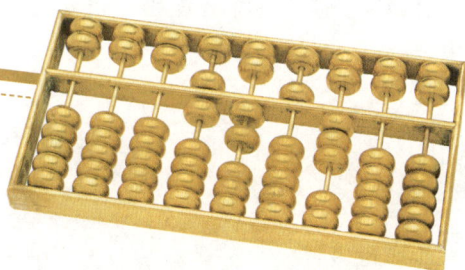

任务3 运用借贷记账法进行核算

任务导入

在上一工作流程中，唐娜已经针对格林美服装有限公司的业务特点设置好了会计科目及账户。公司从成立后至现在已经发生了很多的经济业务活动，如：收到依艾格服饰公司投入的货币资金 50 000 元及上上仟服饰公司投入的价值 10 000 元的整烫设备一套；本公司购置布匹的原材料 50 000 元，已通过银行转账支付；从工商银行取得为期三个月的贷款 15 000 元，已存入银行存款账户；由于生产经营需要向建设银行申请为期两年的长期贷款 20 000 元，款项已划入公司的银行存款账户；公司对外销售服装成品已经取得销售收入 25 000 元，款项尚未收到等。

请思考：接下来唐娜应该按什么规则、方法对公司发生的经济业务活动进行会计分录的编制及业务核算呢？

◉ 任务分析 ◉

　　格林美服装有限公司收到依艾格服饰公司的资金投入，还分别向两家银行申请了贷款以满足生产经营的需要，使公司有了资金的来源，公司有了资金便开展相关业务活动，采购原材料（布匹），进而进行生产、加工成服装成品，再推向市场进行销售，最终获得销售收入。在上一工作流程中，唐娜已经为公司设置好了会计科目及账户。接下来对于该公司已经发生的经济业务还必须依据一定的规则和方法来进行会计核算和记录。当今国际上通用的是复式记账法，而借贷记账法为其中的一种。目前我国企业、事业单位会计记账都采用借贷记账法。唐娜应根据"借贷记账法"，并按照既定的记账规则，将经济业务在账户中进行核算和记录。

◉ 相 关 知 识 ◉

　　企业通过设置账户记录经济业务，但是怎样正确地运用账户来记录，就必须了解会计的记账方法。会计记账方法是指根据一定的记账原理，选择合适的计量单位，运用一定的记账符号，依据既定的记账规则，将已经发生的经济业务在会计账户中进行记录时所采用的技术方法。会计恒等式"资产 = 负债 + 所有者权益"说明了企业的经济业务的发生不会破坏会计等式的平衡。为了体现经济业务的双重影响，会计上引入了"复式记账法"，借贷记账法为其中的一种。

一、借贷记账法（Debit-Credit Bookkeeping）

微课：借贷记账法的特点

　　复式记账法是对每一项经济业务，都以相等的金额，在两个或两个以上相互联系的账户中进行登记的记账方法。企业的每项经济业务的发生，都会引起两个或两个以上会计账户的增减变化，不是引起资产和权益同时变化，就是引起资产内部或权益内部变化。例如:格林美服装有限公司用现金购买原材料,按复式记账法的要求,对该笔经济业务应在"库存现金"与"原材料"两个账户进行登记，在记录库存现金减少的同时，记录原材料的增加，这样既反映了库存现金的减少，又反映了原材料的增加，由此使相互联系的账户之间保持相互制约的数量关系。这就使账户之间在数字上产生了一种互相核对、互相平衡的关系。因此，采用复式记账法能比较全面、客观地反映各个会计要素的增减变化和结果。同时，也可以利用复式记账的这种平衡关系及时发现账户记录中的错漏。

　　复式记账法的理论依据为"资产 = 负债 + 所有者权益"这个会计恒等式，是目前国

际上通用的记账方法。按照记账符号、记账规则、试算平衡的不同，复式记账法可分为借贷记账法、收付记账法和增减记账法。我国现行的《企业会计准则》规定，企业应当采用借贷记账法。

1. 借贷记账法的特点

借贷记账法是以"借"和"贷"作为记账符号，对每笔经济业务，在两个或两个以上相互联系的账户中，以相等的金额全面进行记录的一种复式记账方法。其主要特点体现在以下六个方面。

（1）记账符号。借贷记账法以"借"和"贷"作为记账符号，这里的"借"和"贷"（国际上通常用英文 Debit 的缩写 Dr 表示借，用英文 Credit 的缩写 Cr 表示贷）用以指明记账的增减方向、账户之间的对应关系和账户余额的性质等。"借"和"贷"都具有增加和减少的双重含义，至于"借"和"贷"何时表示增加、何时表示减少，必须结合账户的具体性质才能准确说明。但发展到今天，"借"和"贷"只是单纯的记账符号，用以表示记账的方向，账户的左方标记为"借方"，右方标记为"贷方"。

（2）账户的设置。在借贷记账法下，账户的设置分为资产类、负债类、所有者权益类、共同类、成本类和损益类六大类。

（3）借贷记账法下的账户结构，具体分为以下五种。

❶ 资产类、成本类账户的基本结构。在资产类账户中，它的借方登记增加、贷方登记减少。期末资产类账户若有余额，其余额一般在借方，表示期末（或期初）资产的实有数。从某种意义上说，成本类账户也是资产类账户，所以成本类账户与资产类账户的结构基本一致。借方登记其增加额，贷方登记其减少额。期末成本类账户若有余额，表示正处于某阶段的某项资产的成本，余额在借方。资产类、成本类账户的结构如图 3-3-1 所示。

资产类、成本类账户的期末余额可根据下列公式计算：

$$期末余额（借方） = 期初余额（借方） + 本期借方发生额 - 本期贷方发生额$$

以格林美服装有限公司的资产类"银行存款"账户为例，假定该账户期初余额为10 000 元，分别作 T 形账（见图 3-3-2）和实账（见表 3-3-1）。

借方	资产类、成本类账户		贷方
期初余额	×××		
本期增加额	×××	本期减少额	×××
本期发生额	×××	本期发生额	×××
期末余额	×××		

图 3-3-1　资产类、成本类账户结构

借方	银行存款		贷方
期初余额	10 000		
①	50 000	②	50 000
③	15 000		
④	20 000		
本期发生额	85 000	本期发生额	50 000
期末余额	45 000		

图 3-3-2　T 形账

表 3-3-1　会计科目银行存款

日　期	凭证号	摘　要	借　方	贷　方	借或贷	余　额
略		期初余额			借	10 000
	1	接受投资	50 000		借	60 000
	2	支付料款		50 000	借	10 000
	3	短期借款	15 000		借	25 000
	4	长期借款	20 000		借	45 000
		本月合计	85 000	50 000	借	45 000

❷ 负债类、所有者权益类账户的基本结构。负债类和所有者权益两类账户中，贷方登记增加，借方登记减少。期末负债类和所有者权益类账户若有余额，其一般在贷方，表示负债和所有者权益的期末（或期初）实有数。负债类、所有者权益类账户结构如图 3-3-3 所示。

负债类、所有者权益类账户的期末余额可根据下列公式计算：

期末余额（贷方）= 期初余额（贷方）＋ 本期贷方发生额 － 本期借方发生额

❸ 收入类账户的基本结构。收入类账户的结构与权益类账户基本相同，贷方登记收入的增加额，借方登记收入的减少额和结转额。因为一般期末应把收入结转到本年利润账户中，所以收入类账户期末一般没有余额。收入类账户结构如图 3-3-4 所示。

借方	负债类、所有者权益类账户		贷方
		期初余额	×××
本期减少额	×××	本期增加额	×××
本期发生额	×××	本期发生额	×××
		期末余额	×××

借方	收入类账户		贷方
本期减少额或结转额	×××	本期增加额	×××
本期发生额	×××	本期发生额	×××

图 3-3-3　负债类、所有者权益类账户结构　　　　图 3-3-4　收入类账户结构

❹ 费用类账户的基本结构。费用类账户的结构与资产类账户基本相同，借方登记费用的增加额，贷方登记费用的减少额和结转额。因为一般期末应把费用结转到本年利润账户中，所以费用类账户期末一般无余额。费用类账户结构如图 3-3-5 所示。

借方	费用类账户		贷方
本期增加额	×××	本期减少额或结转额	×××
本期发生额	×××	本期发生额	×××

图 3-3-5　费用类账户结构

❺ 共同类账户的基本结构。共同类账户的具体结构可比照资产类、负债类账户结构进行记载。共同类账户结构如图 3-3-6 所示。

借方	共同类账户		贷方	
期初余额（资产类）	×××	期初余额（负债类）	×××
本期资产类增加额	×××	本期负债类增加额	×××
本期负债类减少额	×××	本期资产类减少额	×××
本期发生额	×××	本期发生额	×××
期末余额（资产类）	×××	期末余额（负债类）	×××

图 3-3-6　共同类账户结构

各类账户结构借方和贷方所记录的经济内容归纳如表 3-3-2 所示。

随学随测

表 3-3-2　账户结构归纳

账户类别	借　方	贷　方	余额方向
资产类	+	−	借
负债类	−	+	贷
共同类（资产类）	+	−	借
共同类（负债类）	−	+	贷
所有者权益类	−	+	贷
成本类	+	−	若有余额在借方
收入类	−	+	无余额
费用类	+	−	无余额

关于各类账户借方和贷方有两点注意事项：

第一，借贷记账法下可以设置双重性质的账户，既可以反映资产又可以反映负债。登记资产增加和减少时，比照资产类账户的结构进行；登记负债的增加和减少时，比照负债类账户进行。而该账户的性质则根据某日的余额方向确定：余额在借方，表示此余额为资产性质；余额方向在贷方，表示此余额为负债性质。如"固定资产清理""待处理财产损溢"等账户。

第二，某些特殊的账户，其变化方向与其所属性质并不一致，需要单独记忆，如资产类账户中的"累计折旧"是贷方登记增加，借方登记减少，余额在贷方。

（4）记账规则。借贷记账法的记账规则是**"有借必有贷，借贷必相等"**。采用借贷记账法，对于每项经济业务，都要在记入一个账户借方的同时，记入另一个或几个账户的贷方；或者在记入一个账户贷方的同时，记入另一个或几个账户的借方。而且记入借方的金额必须等于记入贷方的金额。

（5）会计分录。在会计实际工作中，为了保证账户记录的正确性，在把经济业务记入账户之前，应先根据经济业务发生时取得的原始凭证，在记账凭证中编制会计分录。

会计分录简称分录，是指表明某项经济业务应借、应贷账户的名称以及应记入账户金

额的记录。会计分录的内容构成：一组对应的记账符号，即借方和贷方；所涉及的两个或两个以上的账户名称；借贷双方的金额相等。会计分录按所涉及账户的多少，可分为简单分录和复合分录两种。简单分录为一借一贷，复合分录为一借多贷、多借一贷或多借多贷。实际上，复合分录是由若干个简单分录合并组成的，但不能随意将不是一笔业务的几笔分录合并为一个多借多贷的分录，否则账户间的对应关系将混乱。

会计分录的一般书写要求：会计分录分上下排列，借方科目在上，贷方科目在下，借方和贷方要错开一个字；对于复合分录，只需要写一个"借"字或"贷"字，要求相同方向的科目对齐。

简单分录的一般格式如下：

借：银行存款　　　　　　　　　　　　　　　　　　100 000

　　贷：实收资本　　　　　　　　　　　　　　　　100 000

此笔分录为一借一贷的简单分录。

复合分录格式如下：

借：应付账款　　　　　　　　　　　　　　　　　　100

　　其他应付款　　　　　　　　　　　　　　　　　50

　　贷：库存现金　　　　　　　　　　　　　　　　150

此笔分录两借一贷，当然实际业务也有一借多贷、多借多贷等情况。但由于复合分录能够集中反映经济业务发生所涉及的有关账户之间的对应关系，并简化了记账手续，因此，在日常工作中出现的频率较高；但是不能单纯地为了简化手续而编制"多借多贷"的会计分录，因为"多借多贷"的会计分录不能直观地反映账户之间的对应关系。

（6）试算平衡。在借贷记账法下，对每一项经济业务都是用借、贷相等的金额来记录的，其所依据的是会计恒等式"资产 ＝ 负债 ＋ 所有者权益"的平衡原理。资产类账户的余额一般在借方，负债类、所有者权益类账户的余额一般在贷方，在某一时点上，资产总额总是等于负债总额与所有者权益总额的加总之和。因此，其全部账户的借方发生额和贷方发生额也必然相等，从而全部账户的借方余额与贷方余额也必然相等。这就形成了账户之间的一系列平衡关系，这种平衡关系概括起来主要是以下三个方面：

❶ 全部账户的期初借方余额合计数等于全部账户的期初贷方余额合计数；

❷ 全部账户的本期借方发生额合计数等于全部账户的本期贷方发生额合计数；

❸ 全部账户的期末借方余额合计数等于全部账户的期末贷方余额合计数。

通过上述三个方面的平衡关系，可以用来检查账户记录的正确性。如果三方面都保持平衡，说明记账工作基本上是正确的。但应该指出，企业通过编制试算平衡表方法来检查某一会计期间所有账户记录的正确性有其局限性：试算平衡能够查出账户记录的错误，但不能发现记账过程中的所有错误。如：借、贷双方同时漏记、重记相等的金额，错误地运用账户、应借应贷方向颠倒等，并不一定影响借贷平衡。因而，在实际工作中，会计人员除通过编制全部账户试算平衡表来检查某一会计期间所有账户记录的正确性以外，还需要对全部账户的记录进行定期复核，以保证账户记录的正确性。

实际工作流程中，对于全部账户的借、贷发生额、余额的试算平衡，通常是在月末结出各个总分类账户本期发生额、编制全部总分类账户试算平衡表来完成。（试算平衡的具体运用见下面内容）

微课：借贷记账法的应用

2. 借贷记账法的应用

（1）经济业务引起资产和所有者权益同时增加。

【例 3-3-1】　2022 年 12 月 6 日，美林公司收到德华公司投入资本金 800 000 元，存入银行。

【分析】本经济业务属于美林公司收到投资者投入资本金会计事项。收到德华公司投入资本金且存入银行，应确认"银行存款"账户增加 800 000 元；而"银行存款"账户属于资产类，因此，应在"银行存款"账户的借方记入 800 000 元。与此同时，该业务也使美林公司实收投入资本增加 800 000 元，应确认"实收资本"账户增加 800 000 元；"实收资本"账户属于所有者权益类，因此，应在"实收资本"账户的贷方记入 800 000 元。据此，美林公司用借贷记账法做账户记录如图 3-3-7 所示。

```
借：银行存款                                    800 000
    贷：实收资本                                       800 000
```

借方	实收资本	贷方		借方	银行存款	贷方
	800 000		⇔		800 000	

图 3-3-7　美林公司借贷记账记录（一）

（2）经济业务引起资产和负债同时增加。

【例 3-3-2】　2022 年 12 月 7 日，美林公司从富士公司购进材料一批 800 000 元，已验收入库，货款未付。

【分析】本经济业务属于美林公司购进材料会计事项。这里材料属于原材料的增加，应确认"原材料"账户增加 800 000 元，"原材料"账户属于资产类，因此，应在"原材料"账户的借方记入 800 000 元。同时，该业务使美林公司应付给富士公司的购货款增加 800 000 元，应确认"应付账款"账户增加 800 000 元，"应付账款"账户属于负债类，因此，应在"应付账款"账户的贷方登记 800 000 元。据此，美林公司用借贷记账法做账户记录如图 3-3-8 所示。

```
借：原材料                              800 000
    贷：应付账款                              800 000
```

借方	应付账款	贷方		借方	原材料	贷方
		800 000	⇔	800 000		

图 3-3-8　美林公司借贷记账记录（二）

（3）经济业务引起资产和负债同时减少。

【例 3-3-3】　2022 年 12 月 10 日美林公司以银行存款支付前欠富士公司货款 800 000 元。

【分析】本经济业务属于美林公司支付前欠富士公司货款的会计事项。这里是以银行存款支付前欠货款，应确认"银行存款"账户减少 800 000 元，"银行存款"账户属于资产类，因此，应在"银行存款"账户的贷方记入 800 000 元。同时，该业务使美林公司原欠给富士公司的货款现在偿还了，应确认"应付账款"账户减少 800 000 元，"应付账款"账户属于负债类，因此，应在"应付账款"账户的借方登记 800 000 元。据此，美林公司用借贷记账法做账户记录如图 3-3-9 所示。

```
借：应付账款                              800 000
    贷：银行存款                              800 000
```

借方	银行存款	贷方		借方	应付账款	贷方
		800 000	⇔	800 000		

图 3-3-9　美林公司借贷记账记录（三）

（4）经济业务引起资产和所有者权益同时减少。

【例 3-3-4】　2022 年 12 月 15 日美林公司因资本过剩，决定按规定以银行存款清退戈登公司投入的资本金 100 000 元。

【分析】本经济业务属于美林公司以银行存款清退投资者投入资本会计事项。这里是以银行存款进行清退，应确认"银行存款"账户减少 100 000 元，"银行存款"账户属于资产类，因此，应在"银行存款"账户的贷方记入 100 000 元。同时，该业务使戈登公司在美林公司投入的资本金减少了 100 000 元，应确认"实收资本"账户减少 100 000 元，"实收资本"账户属于权益类，因此，应在"实收资本"账户的借方登记 100 000 元。据此，美林公司用借贷记账法做账户记录如图 3-3-10 所示。

```
借：实收资本                                    100 000
    贷：银行存款                                    100 000
```

借方	银行存款	贷方		借方	实收资本	贷方
	100 000		⇔		100 000	

图 3-3-10　美林公司借贷记账记录（四）

（5）经济业务引起资产内部此增彼减。

【例 3-3-5】 2022 年 12 月 18 日美林公司为生产服装，车间从仓库领用布匹等材料 60 000 元。

【分析】 本经济业务属于美林公司领用材料生产产品会计事项。应确认"原材料"账户减少 60 000 元，"原材料"账户属于资产类，因此，应在"原材料"账户的贷方记入 60 000 元。同时，该业务使服装产品增加了 60 000 元，应确认"生产成本"账户增加 60 000 元，"生产成本"账户属于成本类，因此，应在"生产成本"账户的借方登记 60 000 元。据此，美林公司用借贷记账法做账户记录如图 3-3-11 所示。

```
借：生产成本                                    60 000
    贷：原材料                                    60 000
```

借方	原材料	贷方		借方	生产成本	贷方
	60 000		⇔		60 000	

图 3-3-11　美林公司借贷记账记录（五）

（6）经济业务引起负债内部此增彼减。

【例 3-3-6】 2022 年 12 月 19 日美林公司向建设银行申请了为期 3 个月的金额为 30 000 元的应付票据，用以支付前欠威斯加公司货款。

【分析】 本经济业务属于美林公司支付前欠威斯加公司货款会计事项。应确认"应付票据"账户增加 30 000 元，"应付票据"账户属于负债类，因此，应在"应付票据"账户的贷方记入 30 000 元。同时，该前欠威斯加公司购货款因偿还了 30 000 元不再欠了，应确认"应付账款"账户减少 30 000 元，"应付账款"账户属于负债类，因此，应在"应付账款"账户的借方登记 30 000 元。据此，美林公司用借贷记账法做账户记录如图 3-3-12 所示。

```
借：应付账款                                    30 000
    贷：应付票据                                    30 000
```

借方	应付票据	贷方		借方	应付账款	贷方
	30 000		⇔		30 000	

图 3-3-12　美林公司借贷记账记录（六）

（7）经济业务引起负债减少、所有者权益增加。

【例3-3-7】 2022年12月21日美林公司经与福特公司协议，前欠福特公司购货款10 000元现金现转为向本公司投资。

【分析】 本经济业务属于美林公司前欠福特公司购货款转为向本公司投资会计事项。应确认"实收资本"账户增加10 000元，"实收资本"账户属于权益类，因此，应在"实收资本"账户的贷方记入10 000元。同时，该前欠福特公司购货款因转为了对本公司的投资，不再欠了，应确认"应付账款"账户减少了10 000元，"应付账款"账户属于负债类，因此，应在"应付账款"账户的借方登记10 000元。据此，美林公司用借贷记账法做账户记录如图3-3-13所示。

```
借：应付账款                            10 000
    贷：实收资本                            10 000
```

借方	实收资本	贷方		借方	应付账款	贷方
		10 000	⇔	10 000		

图3-3-13　美林公司借贷记账记录（七）

（8）经济业务引起所有者权益内部此增彼减。

【例3-3-8】 2022年12月31日美林公司将本年获利350 000元由"本年利润"账户转入"利润分配——未分配利润"账户。

【分析】 本经济业务属于美林公司将本年获利进行年终转账的会计事项。将本年获利由"本年利润"账户转出时，应确认"本年利润"账户减少350 000元，"本年利润"账户属于权益类，因此，应在"本年利润"账户的借方记入350 000元。同时，"利润分配——未分配利润"账户因从"本年利润"转入350 000元，应确认"利润分配——未分配利润"账户增加350 000元，"利润分配——未分配利润"账户属于权益类，因此，应在"利润分配——未分配利润"账户的贷方登记350 000元。据此，美林公司用借贷记账法做账户记录如图3-3-14所示。

```
借：本年利润                            350 000
    贷：利润分配——未分配利润                350 000
```

借方	利润分配——未分配利润	贷方		借方	本年利润	贷方
		350 000	⇔	350 000		

图3-3-14　美林公司借贷记账记录（八）

（9）经济业务引起负债增加、所有者权益减少。

【例3-3-9】 2022年12月31日美林公司当年获利350 000元，经研究决定向投资者分配股利150 000元，但尚未支付。

【分析】 本经济业务属于美林公司将本年获利进行股利分配的会计事项。因决定向投资者分配股利，使已赚取尚未分配的利润减少，应确认"利润分配——应付股利"账户减少 150 000 元，"利润分配——应付股利"账户属于权益类，因此，应在"利润分配——应付股利"账户的借方记入 350 000 元。同时，"应付股利"账户增加 150 000 元，"应付股利"账户属于负债类，应确认"应付股利"账户贷方记入 150 000 元。据此，美林公司用借贷记账法做账户记录如图 3-3-15 所示。

```
借：利润分配——应付股利                        150 000
    贷：应付股利                                   150 000
   借方    应付股利    贷方          借方      利润分配——应付股利      贷方
                    150 000    ⇔    150 000
```

图 3-3-15 美林公司借贷记账记录（九）

从以上九笔经济业务可以看出：企业在生产经营过程中，会发生各种各样的经济业务，每笔经济业务的发生，都会对资产、负债、所有者权益总额产生影响，这些影响归纳起来不外乎以上九种经济业务类型，且均是有借有贷，借贷相等，这也是借贷记账法记账规则的内在规律。

3. 试算平衡

为了检查某一会计期间所有账户记录的正确性，根据试算目的不同，可编制不同格式的试算平衡表。如果只检查本期经济业务登记是否有误，可只编制本期发生额试算平衡表；如果只检查记账结果是否有误，可只编制期末余额试算平衡表。上述九笔业务，整理归纳后各账户的发生额试算平衡表如表 3-3-3 所示。

表 3-3-3 发生额试算平衡表

单位：元

账户名称	借方发生额	贷方发生额
银行存款	800 000.00	900 000.00
原材料	800 000.00	60 000.00
生产成本	60 000.00	
应付票据		30 000.00
应付账款	840 000.00	800 000.00
应付股利		150 000.00
实收资本	100 000.00	810 000.00
本年利润	350 000.00	
利润分配	150 000.00	350 000.00
合计	3 100 000.00	3 100 000.00

美林公司2022年11月30日各总分类账户余额如表3-3-4所示。

表3-3-4　美林公司总分类账户余额表

单位：元

账户名称	方　向	余　额	账户名称	方　向	余　额
库存现金	借	600.00	应付票据	贷	700 000.00
银行存款	借	300 000.00	应付账款	贷	850 600.00
原材料	借	500 000.00	应付股利	贷	0
库存商品	借	400 000.00	实收资本	贷	1 900 000.00
固定资产	借	2 000 000.00	本年利润	贷	350 000.00
生产成本	借	600 000.00			
合　计		3 800 600.00	合　计		3 800 600.00

假定美林公司2022年12月全部经济业务为上述的九笔业务，则其全部账户发生额资料如表3-3-3所示。

现根据表3-3-3及表3-3-4进行2022年年末全部总分类账期末余额试算平衡，如表3-3-5所示。

表3-3-5　试算平衡表

单位：元

账户名称	期初余额		本期发生额		期末余额	
	借方	贷方	借方	贷方	借方	贷方
库存现金	600.00				600.00	
银行存款	300 000.00		800 000.00	900 000.00	200 000.00	
原材料	500 000.00		800 000.00	60 000.00	1 240 000.00	
库存商品	400 000.00				400 000.00	
固定资产	2 000 000.00				2 000 000.00	
生产成本	600 000.00		60 000.00		660 000.00	
应付票据		700 000.00		30 000.00		730 000.00
应付账款		850 600.00	840 000.00	800 000.00		810 600.00
应付股利				150 000.00		150 000.00
实收资本		1 900 000.00	100 000.00	810 000.00		2 610 000.00
本年利润		350 000.00	350 000.00			
利润分配			150 000.00	350 000.00		200 000.00
合　计	3 800 600.00	3 800 600.00	3 100 000.00	3 100 000.00	4 500 600.00	4 500 600.00

通过试算平衡表来检查账簿记录是否正确并不是绝对的：从某种意义上讲，如果借贷不平衡，就可以肯定账户的记录或者是计算有错误，但是如果借贷平衡，我们也不能肯定

账户记录没有错误，因为有些错误并不影响借贷双方的平衡关系。如果在有关账户中重记或漏记某项经济业务，或者将经济业务的借贷方向记反，我们就不一定能通过试算平衡发现错误。

二、会计核算（Financial Accounting）

企业要开展正常的生产经营活动，首先必须要有资本金。企业有了资本，接下来的任务就是进行物资采购，储备生产需要的各项材料物资，然后进行企业的生产活动，生产社会需要的产品，把生产的最终产品推向市场进行销售。以企业的生产经营过程的核算和成本计算为例，结合前面所介绍的账户和借贷记账法的原理，阐述借贷记账法的应用及成本核算。

1. 企业筹集资金业务的核算

企业进行生产经营活动所需要的资金，其主要来源渠道是企业所有者的投资和从银行取得的借款。另外，还有临时占用其他单位或个人的资金及其他来源。对于投入的资本金，会计人员需要核算其投入资本金的入账价值；对于借入资本金既要核算借入资本金的本金，还要核算其利息。这些就构成了企业核算筹集资金业务。

（微课：企业筹集资金业务的核算）

（1）投入资本的核算。投资者投入的资本是企业在工商行政管理部门注册登记的资本金，是国家批准企业从事生产经营活动的首要条件。资本金按投资主体的不同，可分为国家资本金、法人资本金、个人资本金和外商资本金；按投入资本的物质形态不同，可分为货币投资、实物投资和无形资产投资等。

"实收资本"账户。属于所有者权益类账户，用来核算投资者投入资本的增减变动及其结果。该账户借方登记投资者投入资本金的减少数；贷方登记投资者投入资本金的增加数；期末余额在贷方，表示投资者投入资本金的实有数。同时，该账户可以按投资者设置明细分类账户，进行明细分类核算。

股份有限公司则设置"股本"账户，核算投资者投入的资本。企业收到投资者投入的资本超过其在注册资本所占份额的部分，作为资本溢价，确认为企业的资本公积，而不确认为实收资本或股本。

【例3-3-10】格林美服装公司收到依艾格服饰公司投入的50 000元货币资金，款项已存入银行。

【分析】这是一笔接受投资的业务。一方面，使企业的银行存款增加了50 000元，应记入"银行存款"账户的借方；另一方面，企业的资本金也增加了50 000元，应记入"实收资本"账户的贷方。编制会计分录如下：

借：银行存款　　　　　　　　　　　　　　　　　　　　　　50 000
　　贷：实收资本　　　　　　　　　　　　　　　　　　　　　　　50 000

（2）借入资金的核算。借入资金属于企业的负债，它是企业自有资金的重要补充，对于满足企业生产经营的资金需要、降低资金成本等有着重要意义。

为了核算各种负债，反映借入资金的增减变化，应设置"短期借款""长期借款""财务费用"账户。

❶ "短期借款"账户	该账户属于负债类账户，用来核算企业向银行或其他金融机构借入的偿还期限在一年以内（含一年）的各种借款。借方核算短期借款的减少数；贷方核算短期借款的增加数；期末余额在贷方，表示企业短期借款的实有额。本账户可按借款种类、贷款人和币种设置明细账户，进行明细分类核算。
❷ "长期借款"账户	该账户属于负债类账户，用来核算企业向银行或其他金融机构借入的期限一年以上（不含一年）的各种借款。借方登记归还的长期借款本金和利息；贷方登记企业借入的各种长期借款的本金和利息；期末余额在贷方，表示企业尚未归还的长期借款的本金和利息。本账户应按借款单位、种类设置明细账户，进行明细分类核算。
❸ "财务费用"账户	该账户属于损益类账户，用来核算企业为筹集生产经营所需资金而发生的各项费用。借方登记企业发生的各项财务费用，贷方登记期末转入"本年利润"账户的费用，结转后该账户期末一般无余额。

【例 3-3-11】 格林美服装公司从工商银行取得为期 3 个月的贷款 15 000 元，已存入银行存款账户；且由于生产经营需要向建设银行申请为期两年的长期借款 20 000 元，款项已划入公司的银行存款账户。

【分析】这是一笔取得短期借款和一笔取得长期借款的业务。一方面，使企业的银行存款总额增加了 35 000 元，应记入"银行存款"账户的借方；另一方面，使企业的"短期借款"增加了 15 000 元，"长期借款"增加了 20 000 元。编制会计分录如下：

```
借：银行存款                              15 000
    贷：短期借款                              15 000
借：银行存款                              20 000
    贷：长期借款                              20 000
```

【例 3-3-12】 上述短期借款到期，年利率7%，格林美服装公司归还借款本金15 000 元，3 个月的利息为 262.50 元（15 000×7%×3/12，到期一次还本付息）。

【分析】这是一笔归还短期借款及利息的业务。一方面，使企业的短期借款减少 15 000 元，应记入"短期借款"账户的借方，同时支付利息 262.50 元，使财务费用增加，应计入"财务费用"账户的借方；另一方面，使企业的"银行存款"减少 15 262.50 元，应记入"银行存款"账户的贷方，编制会计分录如下：

```
借：短期借款                              15 000
    财务费用                              262.50
    贷：银行存款                              15 262.50
```

● 任 务 实 施 ●

资金筹集业务核算：

2022年7月1日绿风有限公司接受白丽公司、麦达公司、明风公司三家投资者以银行存款投入的资本金，金额分别为1 100 000元、1 200 000元、1 000 000元；同时从银行借入期限为一年，利率为5%的短期借款80 000元，当月支付利息为333.33元。编制会计分录如下：

❶ 借：银行存款　　　　　　　　　　　　　　3 300 000
　　贷：实收资本——白丽公司　　　　　　　　　1 100 000
　　　　　　　　——麦达公司　　　　　　　　　1 200 000
　　　　　　　　——明风公司　　　　　　　　　1 000 000
❷ 借：银行存款　　　　　　　　　　　　　　80 000
　　贷：短期借款　　　　　　　　　　　　　　　80 000
❸ 7月31日，支付公司本月短期借款利息333.33元，编制会计分录如下：
　　借：财务费用　　　　　　　　　　　　　　333.33
　　　　贷：银行存款　　　　　　　　　　　　　　333.33

2. 企业物资采购业务的核算

企业再生产包括供应、生产和销售三个环节，物资采购属于供应环节，是生产的准备阶段。物资采购包括购置用于生产经营的固定资产和各种材料。一方面企业根据生产经营需要，从供应单位购进各种物资；另一方面企业要支付物资的买价和其他相关采购费用，并与供应单位进行货款结算。会计人员需要正确核算物资的采购成本、增值税进项税额等。

微课：企业采购业务核算

❶ "固定资产"账户	该账户属于资产类账户，核算企业固定资产原价（成本）。借方核算企业固定资产的增加额，贷方核算企业固定资产的减少额。期末余额在借方，反映企业期末固定资产的原价（成本）。该账户可按固定资产类别和项目进行明细核算。
❷ "在途物资"账户	该账户属于资产类账户，用来核算企业按实际成本（进价）计价购入材料、商品等物资、货款已付尚未验收入库的在途物资的采购成本。借方核算购入材料、商品应计入采购成本的金额；贷方核算所购材料、商品到达验收入库的金额；期末借方余额，反映企业在途材料、商品等物资的采购成本。本账户可按供应单位和物资品种设置明细账户，进行明细核算。

❸ "原材料"账户	该账户属于资产类账户，用来核算企业库存的各种材料，包括原料及主要材料、辅助材料、外购半成品（外购件）、修理用的备件（备品备件）、包装材料、燃料等的计划成本或实际成本。借方核算已经验收入库各种材料成本的增加额；贷方核算发出材料成本的减少额；期末余额在借方，反映企业库存材料的计划成本或实际成本。本账户可按材料的保管地点（仓库）、材料的类别、品种和规格等设明细分类账户，进行明细分类核算。
❹ "应付账款"账户	该账户属于负债类账户，用来核算企业因购买材料、商品和接受劳务等经营活动应支付的款项。借方核算已偿付的应付账款的减少额；贷方核算因购买材料、商品和接受劳务等应付账款的增加额；期末余额在贷方，反映企业尚未支付的应付账款余额。本账户可按债权人设置明细账户，进行明细核算。
❺ "预付账款"账户	该账户属于资产类账户，用来核算企业按照合同规定预付的款项。借方核算预付给供应单位款项时预付账款的增加额；贷方核算收到供应单位发来所购物资时预付账款的减少额；期末余额在借方，反映企业预付款项实有数。本账户可按供货单位设置明细账户，进行明细分类核算。
❻ "应交税费"账户	该账户属于负债类账户，核算企业应当依法缴纳的各项税费。借方核算已缴纳的各项税费；贷方核算应交未交的各项税费；期末余额通常在贷方，反映企业应交未交的各项税费额。本账户可按应交的税费项目设置明细账户，进行明细核算。

【例3-3-13】 格林美服装公司购入不需要安装的整烫设备一套，价值10 000元，增值税进项税额1 300元，用银行存款付讫。

【分析】该笔业务属于购买固定资产业务。一方面，使企业的固定资产增加了10 000元，应记入"固定资产"账户的借方；同时发生增值税的进项税额1 300元，它是准予从销项税额中抵扣的增值税，应记入"应交税费"账户的借方；另一方面，企业银行存款减少了11 300元，应记入"银行存款"账户的贷方。编制会计分录如下：

借：固定资产——整烫设备　　　　　　　　　　　　　10 000
　　应交税费——应交增值税（进项税额）　　　　　　　1 300
　贷：银行存款　　　　　　　　　　　　　　　　　　　　　11 300

【例3-3-14】 格林美公司从华新公司购入原料高级棉布料2 000米，每米19元，买价38 000元，增值税进项税额4 940元，运杂费2 000元，款项用银行存款支付，材料尚未到达。

【分析】这是一笔材料采购业务。一方面，使企业的在途物资成本增加了40 000元，应记入"在途物资"账户的借方；同时发生增值税的进项税额4 940元，它是准予从销项税额中抵扣的增值税，应记入"应交税费"账户的借方；另一方面，使企业银行存款减少了44 940元，应记入"银行存款"账户的贷方。编制会计分录如下：

借：在途物资　　　　　　　　　　　　　　　　　　　40 000
　　应交税费——应交增值税（进项税额）　　　　　　　4 940
　贷：银行存款　　　　　　　　　　　　　　　　　　　　　44 940

材料入库：

"原材料"的增加，应记入"原材料"账户的借方，其实际采购成本经过"在途物资"账户归集，结转时，应记入"在途物资"账户的贷方，结转后该账户没有余额。如上题中材料到达后验收入库，编制会计分录如下：

　　借：原材料——高级棉布料　　　　　　　　　　　　　　40 000
　　　　贷：在途物资　　　　　　　　　　　　　　　　　　　　40 000

【例 3-3-15】　格林美公司向维斯娜公司购入原料纤维布料 100 米，每米 29 元，支付增值税 377 元，运杂费 100 元，材料已运到企业并验收入库，但款项尚未支付。

【分析】这笔业务同样是材料采购业务。一方面，使企业库存材料成本增加了 3 000 元（100×29+100），应记入"原材料"账户的借方，同时发生了增值税的进项税额 377 元，应记入"应交税费"账户的借方；另一方面，由于材料价款、运杂费和增值税款尚未支付，致使企业的负债增加了 3 377 元，应记入"应付账款"账户的贷方。编制会计分录如下：

　　借：原材料——纤维布料　　　　　　　　　　　　　　　3 000
　　　　应交税费——应交增值税（进项税额）　　　　　　　　　377
　　　　贷：应付账款——维斯娜公司　　　　　　　　　　　　　3 377

【例 3-3-16】　格林美公司向百康公司预付货款 11 235 元，以银行存款支付。

【分析】这是笔预付货款业务。一方面，使企业的预付账款增加了 11 235 元，应记入"预付账款"账户的借方；另一方面，使银行存款减少了 11 235 元，应记入"银行存款"账户的贷方。编制会计分录如下：

　　借：预付账款——百康公司　　　　　　　　　　　　　　11 235
　　　　贷：银行存款　　　　　　　　　　　　　　　　　　　11 235

【例 3-3-17】　格林美公司收到百康公司发来的原料涤纶布料 500 米，每米 19 元，共计 9 500 元，增值税进项税额 1 235 元，运杂费 500 元，总计 11 235 元。

【分析】该笔业务同属于材料采购业务。一方面，使企业的库存材料成本增加 10 000 元，应记入"原材料"账户的借方，同时，发生增值税进项税额 1 235 元，应记入"应交税费"账户的借方；另一方面，应抵减前预付的账款 11 235 元，应记入"预付账款"账户的贷方。编制会计分录如下：

　　借：原材料——涤纶布料　　　　　　　　　　　　　　　10 000
　　　　应交税费——应交增值税（进项税额）　　　　　　　　1 235
　　　　贷：预付账款——百康公司　　　　　　　　　　　　　11 235

【例 3-3-18】　格林美公司向昌兴公司购入原料高级棉布料 4 000 米，每米 19 元，买价 76 000 元，支付增值税 9 880 元，购入原料纤维布料 300 米，每米 29 元，买价 8 700 元，支付增值税 1 131 元，购入高级棉布料、纤维布料两种原料的运杂费为 4 300 元，上述两种材料的成本和相关费用均以银行存款支付，材料尚未运到企业。

【分析】该笔业务同属于材料采购业务。一方面，使企业的在途物资成本增加了 89 000 元，应记入"在途物资"账户的借方，同时发生增值税的进项税额为 11 011 元，它是准予从销项税额中抵扣的增值税，应记入"应交税费"账户的借方；另一方面，使企业银行存款减少了 100 011 元，应记入"银行存款"账户的贷方。编制会计分录如下：

借：在途物资　　　　　　　　　　　　　　　　　　　　　　89 000
　　应交税费——应交增值税（进项税额）　　　　　　　　　　11 011
　　贷：银行存款　　　　　　　　　　　　　　　　　　　　　　100 011

【例 3-3-19】 从昌兴公司购入的两种材料已验收入库，结转其实际采购成本。

【分析】该笔经济业务同属于材料采购业务。一方面使库存原材料增加了 89 000 元，应记入"原材料"账户的借方；另一方面使在途物资的成本减少了 89 000 元，应记入"在途物资"账户的贷方。但这项经济业务同前面各例相比，其不同之处在于发生的运费 4 300 元是企业购入两种材料时共同发生的，为了正确确定每种材料的采购成本，应采用一定的方法在高级棉布料、纤维布料两种材料之间对其进行分配。

应记入材料采购成本的采购费用，能够分清材料品种的，则直接记入各种材料的采购成本；不能分清材料品种的，由各种材料共同负担的采购费用，可根据材料性质，按材料的重量、体积或买价进行分配，分配方法如下。

首先，计算采购费用的分配率。计算公式为：

采购费用分配率 = 应分配的采购费用总和 ÷ 各种材料的重量（或数量、体积、买价）之和

其次，计算各种材料应分摊的采购费用。计算公式如下：

某种材料应分配的采购费用 = 该种材料的重量（或数量、体积、买价）× 采购费用分配率

本例按数量比例分配采购费用，则：

运费分配率 =4 300÷（4 000+300）=1（元 / 米）

高级棉布料应分配的运费 =4 000×1=4 000（元）

纤维布料应分配的运费 =300×1=300（元）

在实际工作中，上述的计算过程是通过编制入库材料的采购成本计算表来反映的，如表 3-3-6 所示。

表 3-3-6　材料采购成本计算表

2022 年 6 月 30 日　　　　　　　　　　　　　　　　单位：元

项　　目	高级棉布料（4 000米）		纤维布料（300米）	
	总成本	单位成本（元／米）	总成本	单位成本（元／米）
买　价	76 000	19	8 700	29
采购费用	4 000	1	300	1
采购成本	80 000	20	9 000	30

根据上述采购成本计算表，编制会计分录如下：

借：原材料——高级棉布料　　　　　　　　　　　　　　80 000
　　　　　——纤维布料　　　　　　　　　　　　　　　9 000
　　贷：在途物资　　　　　　　　　　　　　　　　　　　　89 000

任务实施

材料采购业务核算

罗明在收到采购员李某交来的相关原始凭证后，查验并确定了所有采购材料原始凭证的真实性、有效性后，对 2022 年 7 月绿风有限公司所发生的材料采购业务编制会计分录。

❶ 7 月 6 日，采购电子配件原料的购货款共 5 000 元、增值税金额为 650 元，且通过银行转账支付了该笔款项，材料尚未入库。根据购货发票、转账支票存根，编制会计分录如下：

借：在途物资　　　　　　　　　　　　　　　　　　5 000
　　应交税费——应交增值税（进项税额）　　　　　　650
　　贷：银行存款　　　　　　　　　　　　　　　　　　5 650

❷ 7 日，小电子配件的运杂费金额为 200 元，以现金支付。根据运杂费发票，编制会计分录如下：

借：在途物资　　　　　　　　　　　　　　　　　　200
　　贷：库存现金　　　　　　　　　　　　　　　　　　200

❸ 7 日，采购的电子配件原料入库，根据验收入库单，编制会计分录如下：

借：原材料——电子配件　　　　　　　　　　　　　5 200
　　贷：在途物资　　　　　　　　　　　　　　　　　　5 200

3. 产品生产过程业务的核算

工业企业的基本任务是生产社会需要的产品，因此产品的生产过程是企业生产经营过程的中心环节。企业为了生产产品必然要发生物化劳动和活劳动的耗费，如材料的耗费、厂房和机器设备的磨损、支付职工薪酬等，这些生产耗费最终应归集分配到各种产品成本中去，构成产品的制造成本。生产费用按其经济用途的分类，称为成本项目。成本项目可分为直接材料、直接人工和制造费用。

直接材料是指企业在产品生产过程中，直接用于产品生产、构成产品实体的材料，包括原材料及辅助材料、外购半成品以及其他直接材料。直接人工是指企业中直接从事产品生产的工人的薪酬费用。其他直接费用是指其他可直接计入产品成本的费用。制造费用是指企业各个生产单位如分厂、车间为组织和管理生产所发生的各项费用，包括各生产单位管理人员薪酬费、折旧费、物料消耗、办公费、水电费、保险费等。

微课：生产过程业务核算　　《中国制造2025》

对于生产经营过程中发生的与产品生产无直接关系的各项费用，如：销售费用、管理费用、财务费用等，应当作为期间费用直接计入当期损益，不计入产品成本。因此，生产过程核算的主要内容是归集和分配各项费用，计算产品生产成本。

（1）账户设置。为了归集产品生产过程所发生的各项费用，正确计算产品成本，应设置"生产成本""制造费用""应付职工薪酬""累计折旧""库存商品""管理费用"账户。

❶ "生产成本"账户	该账户属于成本类账户，用来核算产品生产过程中发生应计入产品成本的各项费用，计算产品的生产成本。借方登记生产产品直接耗用的材料和人工费，以及月末转入的制造费用，贷方登记月末转出的完工入库产品的成本，期末借方余额表示尚未完工的在产品成本。该账户应按产品的种类设置明细分类账户，进行明细分类核算。
❷ "制造费用"账户	该账户属于成本类账户，用来核算生产车间为组织和管理生产而发生的各项间接费用。借方登记车间发生的各项间接费用，贷方登记月末分配转入"生产成本"账户的费用，该账户期末一般无余额。
❸ "应付职工薪酬"账户	该账户属于负债类账户，用来核算企业应付给职工的各种薪酬，包括各种职工工资，奖金，津贴和补贴，职工福利费，企业按照规定的基准和比例计算向社会保险经办机构缴纳的医疗保险费、养老保险费、失业保险费、工伤保险费和生育保险费，住房公积金，工会经费和职工教育经费，非货币性福利，因解除与职工的劳动关系给予的补偿等。借方登记企业实际支付的各种职工薪酬，贷方登记应支付给职工的各种薪酬，该账户月末一般无余额。若有余额在贷方，表示期末应付而未付的职工薪酬。
❹ "累计折旧"账户	该账户属于资产类账户，用来核算企业固定资产的累计损耗价值，属于资产类性质的账户，实质上是固定资产的调整账户。贷方登记本期固定资产折旧的增加额；其借方登记固定资产累计折旧的减少或冲销数额。期末余额在贷方，表示截至本期期末固定资产已计提的累积折旧额。
❺ "库存商品"账户	该账户属于资产类账户，用来核算企业已经完成生产过程并验收入库，可以对外出售的产成品的实际成本。借方登记完工入库产品的实际成本；贷方登记已经销售或已经发出产品的实际成本，期末余额在借方，表示库存产成品的实际成本。该账户应按产品的品种、规格设置明细账户，进行明细分类核算。
❻ "管理费用"账户	该账户属于损益类账户，用来核算企业行政管理部门为组织和管理生产经营活动而发生的各项费用，企业生产车间和行政管理部门等发生的固定资产修理费也计入该账户。借方登记企业发生的各项管理费用，贷方登记期末转入"本年利润"账户的费用，结转后该账户期末一般无余额。

（2）产品生产主要经济业务的核算。

❶ 材料费用的归集和分配。企业在生产经营过程中消耗的材料，应以仓储部门转来的"领料单"或"出库单"为依据，按照材料的具体用途，编制"材料费用汇总表"，并据以

进行会计处理。对于生产产品耗用的材料记入"生产成本"账户；对于生产车间一般性耗用的材料先记入"制造费用"账户，月末再分配到产品成本中去；对于管理部门、销售耗用的材料应分别记入"管理费用""销售费用"账户中。

【例3-3-20】 格林美公司财务部门根据仓库转来的领料凭证，编制6月份材料耗用汇总表，如表3-3-7所示。

表3-3-7　材料耗用汇总表

2022年6月

用途	高级棉布料		纤维布料		涤纶布料		金额合计/元
	数量/米	金额/元	数量/米	金额/元	数量/米	金额/元	
女式衬衣产品耗用	2 000	40 000	100	3 000			43 000
男式衬衣产品耗用	4 000	80 000	300	9 000			89 000
车间一般耗用					100	2 000	2 000
行政部门耗用					400	8 000	8 000
合　计	6 000	120 000	400	12 000	500	10 000	142 000

【分析】 这是一笔发出材料的业务。一方面，使企业的原材料减少了142 000元；另一方面，使企业的费用增加了142 000元。生产费用的增加，应按其用途分别归集，用于女式衬衣和男式衬衣生产，作为直接费用，记入"生产成本"账户的借方；车间发生的一般消耗性材料，属于间接费用，应记入"制造费用"账户的借方；行政管理部门消耗的材料，属于期间费用，应记入"管理费用"账户的借方；原材料的减少，应记入"原材料"账户的贷方。编制会计分录如下：

借：生产成本——女式衬衣　　　　　　　　　　　　　43 000
　　　　　　——男式衬衣　　　　　　　　　　　　　89 000
　　制造费用　　　　　　　　　　　　　　　　　　　 2 000
　　管理费用　　　　　　　　　　　　　　　　　　　 8 000
　　贷：原材料——高级棉布料　　　　　　　　　　　120 000
　　　　　　——纤维布料　　　　　　　　　　　　　 12 000
　　　　　　——涤纶布料　　　　　　　　　　　　　 10 000

❷ 人工费用的归集和分配。企业应支付的职工薪酬，作为工资费用应按职工的不同岗位记入各有关的成本、费用账户。一般来说，车间生产工人的工资费用，应直接记入"生产成本"账户；车间管理人员的工资费用，应先通过"制造费用"账户进行归集，待月末分配后再记入"生产成本"账户；企业行政管理人员的工资费用属于期间费用，应记入"管理费用"账户。

【例3-3-21】 格林美公司分配6月份应付职工工资51 000元，其中制造女式衬衣工人工资 19 000 元，制造男式衬衣工人工资 21 000 元，制造车间管理人员工资 4 000 元，企业行政管理人员工资 7 000 元。

【分析】这是一笔工资分配业务。一方面，企业的人工费用增加了 51 000 元，其中产品生产工人的工资属于直接人工费，应记入"生产成本"账户的借方，车间管理人员的工资应记入"制造费用"账户的借方，企业行政管理人员的工资属于期间费用，应记入"管理费用"账户的借方；另一方面，企业的应付职工工资增加了 51 000 元，应记入"应付职工薪酬"账户的贷方。编制会计分录如下：

借：生产成本——女式衬衣	19 000
——男式衬衣	21 000
制造费用	4 000
管理费用	7 000
贷：应付职工薪酬——工资	51 000

❸ 制造费用的归集与分配。制造费用是企业生产车间或生产部门为生产产品和提供劳务而发生的各种间接费用。当该费用发生时，不能直接记入"生产成本"账户，而是先通过"制造费用"账户进行归集，期末再按一定的方法分配记入相关产品成本。因此，制造费用的核算应包括制造费用的归集和制造费用分配两部分。

a. 制造费用的归集。企业在生产过程中所发生的各项制造费用，应根据有关凭证借记"制造费用"账户，贷记"原材料""累计折旧""应付职工薪酬""银行存款"等账户。

【例 3-3-22】 格林美公司月末计提固定资产折旧费 6 000 元，其中生产车间应提折旧费 4 000 元，行政管理部门应提折旧费 2 000 元。

【分析】这是一笔计提固定资产折旧的业务。一方面，使企业原有的固定资产价值减少 6 000 元，为了适应固定资产的特点和管理要求，企业在计提固定资产折旧时，不能直接减少"固定资产"的账面余额，而是将固定资产损耗价值记入"累计折旧"账户的贷方，以保证"固定资产"账户为原始价值；另一方面，使企业的费用增加了 6 000 元，应按其费用发生地来归集，属于生产部门发生的固定资产折旧费，是一种间接费用，应记入"制造费用"账户的借方，属于管理部门发生的固定资产折旧费应记入"管理费用"账户的借方。编制会计分录如下：

借：制造费用	4 000
管理费用	2 000
贷：累计折旧	6 000

【例 3-3-23】 格林美公司以银行存款支付生产车间水电费 3 400 元。

【分析】这是一笔支付水电费的业务。一方面，使企业的生产费用增加了 3 400 元，应记入"制造费用"账户的借方；另一方面，使企业的银行存款减少了 3 400 元，应记入"银行存款"账户的贷方。编制会计分录如下：

借：制造费用　　　　　　　　　　　　　　　　　　　　3 400
　　贷：银行存款　　　　　　　　　　　　　　　　　　　　　3 400

【例 3-3-24】　格林美公司以银行存款支付本月办公费 6 185 元，其中生产车间 5 760 元，行政管理部门 425 元。

【分析】该笔经济业务为支付办公费。一方面，使企业的费用增加了 6 185 元，生产车间发生的办公费应记入"制造费用"账户的借方，行政管理部门发生的办公费应记入"管理费用"账户的借方；另一方面，使企业的银行存款减少了 6 185 元，应记入"银行存款"账户的贷方。编制会计分录如下：

借：制造费用　　　　　　　　　　　　　　　　　　　　5 760
　　管理费用　　　　　　　　　　　　　　　　　　　　　 425
　　贷：银行存款　　　　　　　　　　　　　　　　　　　　　6 185

b.制造费用的分配。通过"制造费用"账户将日常发生的各项间接费用归集后，期末还必须按一定的方法分配记入有关产品成本，即：借记"生产成本"账户，贷记"制造费用"账户。具体分配公式如下：

制造费用分配率 = 制造费用 ÷ 各种产品生产工时（生产工人工资机器工时等）总和
某产品应分配的制造费用额 = 该产品的生产工时（生产工人工资机器工时等）× 分配率

公式中的分配标准应根据产品的生产性质及工艺特点，选择生产工时、生产工人工资、机器工时等。这些标准的选择，应比较确切地体现各承担对象制造费用的受益比例关系。

【例 3-3-25】　前各例本月生产车间共发生制造费用 19 160 元，按生产工时比例分配。女式衬衣产品生产工时 2 100 小时，男式衬衣产品生产工时 2 690 小时。

制造费用分配率 = 19 160 ÷（2 100 + 2 690）= 4（元 / 小时）
女式衬衣产品应分摊的制造费用 = 2 100 × 4 = 8 400（元）
男式衬衣产品应分摊的制造费用 = 2 690 × 4 = 10 760（元）

根据上述计算过程可编制"制造费用分配表"如表 3-3-8 所示。

表 3-3-8　制造费用分配表

2022 年 6 月 30 日

产品名称	分配标准（生产工时）	分配率	分配金额/元
女式衬衣	2 100	4	8 400
男式衬衣	2 690	4	10 760
合　计	4 790		19 160

【分析】该笔经济业务是将制造费用分配给女式衬衣、男式衬衣两种产品，一方面，应增加两种产品的生产成本，记入"生产成本"账户的借方；另一方面，应减少制造费用，记入"制造费用"账户的贷方。编制会计分录如下：

借：生产成本——女式衬衣　　　　　　　　　　　　　　8 400
　　　　　　　——男式衬衣　　　　　　　　　　　　　10 760
　　贷：制造费用　　　　　　　　　　　　　　　　　　　　19 160

❹ 完工产品制造成本的确定与结转。

a. 完工产品制造成本的确定。企业经过对上述各项经济业务的核算后，已将产品生产过程中发生的生产费用记入了生产成本明细账。同时，还要对归集到某种产品的生产费用在本月完工产品和月末在产品之间进行分配，以便确定并结转完工产品制造成本。

在月末不存在未完工产品的情况下，各种产品成本明细账上所归集的费用总额就构成了各种产品的总成本，总成本除以各种产品的当月产量，就计算出各种产品的单位成本。

在月末存在未完工产品的情况下，各产品成本明细账上所归集的费用总额需要在未完工产品和在产品之间进行分配，然后根据完工产品的总成本计算出单位产品成本（这部分内容将在"成本会计"课程中详细介绍）。

【例 3-3-26】根据【例 3-3-20】~【例 3-3-25】的资料，格林美公司 2022 年 6 月份发生的生产费用已全部登记到生产成本明细账，本月投产的女式衬衣产品全部完工，男式衬衣产品尚未完工，则完工产品成本的确定如表 3-3-9 所示，月末在产品成本的确定如表 3-3-10 所示。

表 3-3-9　生产成本明细账

产品名称：女式衬衣　　　　　　　　　　　　　　　　　　　　　　　　　　单位：元

2022年		凭证号数	摘要	借 方				贷 方	借或贷	余 额
月	日			直接材料	直接人工	制造费用	合计			
6	30	略	领用材料	43 000			43 000		借	43 000
	30		生产工人工资		19 000		19 000		借	62 000
	30		分配制造费用			8 400	8 400		借	70 400
	30		结转完工产品成本					70 400	平	0
	30		本月生产费用合计	43 000	19 000	8 400	70 400	70 400		0

表 3-3-10　生产成本明细账

产品名称：男式衬衣　　　　　　　　　　　　　　　　　　　　　　　　　　　单位：元

2022年		凭证号数	摘　要	借　方				贷　方	借或贷	余　额
月	日			直接材料	直接人工	制造费用	合计			
6	30	略	领用材料	89 000			89 000		借	89 000
	30		生产工人工资		21 000		21 000		借	110 000
	30		分配制造费用			10 760	10 760		借	120 760
	30		本月生产费用合计	89 000	21 000	10 760	120 760		借	120 760

　　b. 完工产品制造成本的结转。经过对完工产品成本的计算，应编制"产品成本计算单"，并从"生产成本"账户的贷方转入"库存商品"账户的借方。

【例 3-3-27】格林美公司本月生产的女式衬衣产品完工 500 件，并验收入库。编制产品成本计算单如表 3-3-11 所示。

表 3-3-11　产品成本计算单

产品名称：女式衬衣　　　　　　　　产品产量：500 件　　　　　　　　单位：元

项　目	本月生产费用合计	完工产品总成本	单位成本
直接材料	43 000	43 000	86
直接人工	19 000	19 000	38
制造费用	8 400	8 400	16.8
合　计	70 400	70 400	140.8

　　【分析】该笔为结转完工产品成本的业务。依据"成本计算单"和"产品入库单"，一方面，应增加企业的库存商品；另一方面，应将完工产品成本从"生产成本"账户转出。编制会计分录如下：

　　借：库存商品——女式衬衣　　　　　　　　　　　　　　70 400
　　　　贷：生产成本——女式衬衣　　　　　　　　　　　　　70 400

任 务 实 施

产品生产过程业务核算：

❶ 7月31日，恒大实业有限公司根据当月编制的材料耗用汇总表，生产螺旋式灯泡所耗的成本共为3 600元，生产挂口式灯泡所耗用的成本共为3 600元，结转本月产品生产所耗材料费用螺旋接口材料共耗用4 200元，挂口接口材料共耗用3 000元。编制会计分录如下：

借：生产成本——螺旋式灯泡	3 600
——挂口式灯泡	3 600
贷：原材料——螺旋接口材料	4 200
——挂口接口材料	3 000

❷ 7月31日，恒大实业有限公司根据当月编制的职工薪酬分配表得出生产部门生产螺旋式灯泡产品的工人工资1 400元，生产挂口式灯泡产品的工人工资1 500元，管理部门人员工资600元，车间管理人员工资500元，车间结转本月产品生产应分配的职工薪酬。编制会计分录如下：

借：生产成本——螺旋式灯泡	1 400
——挂口式灯泡	1 500
管理费用	600
制造费用	500
贷：应付职工薪酬	4 000

❸ 7月31日，恒大实业有限公司根据当月固定资产折旧计算表得出管理部门提取320元折旧，生产车间固定资产提取310元折旧。编制会计分录如下：

借：制造费用	310
管理费用	320
贷：累计折旧	630

❹ 7月31日，恒大实业有限公司根据当月制造费用分配表得出，生产螺旋式灯泡产品相应承担的制造费用为400元，生产挂口式灯泡产品相应承担的制造费用为410元。编制相应会计分录如下：

借：生产成本——螺旋式灯泡	400
——挂口式灯泡	410
贷：制造费用	810

❺ 7月31日本月生产的10件螺旋式灯泡产品已全部完工；挂口式灯泡产品尚处在继续生产阶段中。根据两种产品成本的计算清单（图3-3-16），编制螺旋式灯泡产品完工入库的会计分录：

螺旋式灯泡产品的成本
计算单
（完工产品）
直接材料：3 600.00
直接人工：1 400.00
制造费用：400.00

合计：5 400.00

挂口式灯泡产品的成本
计算单
（在产品）
直接材料：3 600.00
直接人工：1 500.00
制造费用：410.00

合计：5 510.00

图 3-3-16　两种产品成本计算清单

借：库存商品——螺旋式灯泡　　　　　　　　　　　　　　　　　　5 400
　　贷：生产成本——螺旋式灯泡　　　　　　　　　　　　　　　　　　5 400

4. 产品销售过程业务的核算

企业产品销售是指企业通过货币结算出销售商品产品的行为。企业销售过程是企业整个经营过程的最后阶段，主要任务是将生产的产品销售出去满足社会需要，取得销售收入，并实现企业的经营目标。因此，销售过程核算的主要内容是：售出产品确认实现的销售收入、与购货单位办理价款结算、支付各项销售费用、结转产品的销售成本、计算应向国家交纳的税金及附加费、确定其销售的业务成果。

微课：销售过程
业务核算

《新冠肺炎疫情
防控税收优惠政
策指引》

（1）账户设置。为了全面核算企业在销售过程中发生的经济业务，应设置"主营业务收入""主营业务成本""销售费用""税金及附加""应收账款"等账户。

❶"主营业务收入"账户	该账户属于损益类账户，用来核算企业销售产品所实现的收入。贷方登记售出产品实现的销售收入，借方登记期末转入"本年利润"账户的收入，期末结转后无余额。该账户应按商品种类设置明细分类账户，进行明细分类核算。
❷"主营业务成本"账户	该账户属于损益类账户，用来核算企业已销售产品的生产成本。借方登记从"库存商品"账户转入的已销产品的生产成本，贷方登记期末转入"本年利润"账户的销售成本，期末结转后无余额。该账户应按商品种类设置明细分类账户，进行明细分类核算。
❸"销售费用"账户	该账户属于损益类账户，用来核算企业在销售商品、提供劳务的过程中所发生的各种费用，包括包装费、保险费、广告费、展览费、商品维修费、运输费、装卸费以及专设销售机构的职工薪酬、业务费、折旧费等经营费用。借方登记本期发生的各项销售费用额，贷方登记期末转入"本年利润"账户借方的销售费用额，该账户期末结转后应无余额。该账户应按费用项目设置明细账户，进行明细分类核算。

④ "税金及附加" 账户	该账户属于损益类账户，用来核算企业营业活动发生的消费税、城市维护建设税、资源税、教育费附加及房产税、土地使用税、车船使用税、印花税等相关税费。借方登记企业按规定应缴的税金及附加额；贷方登记期末转入"本年利润"账户的税金及附加额。期末结转后本账户应无余额。该账户应按销售产品的类别或品种设置明细账户，进行明细分类核算。
⑤ "应收账款" 账户	该账户属于资产类账户，用来核算企业因销售商品、提供劳务等应向购货单位或接受劳务单位收取的款项。借方登记取得经营收入而发生的应收账款以及为购货单位代垫的款项，贷方登记实际收到的款项等。该账户应按债务单位或个人设置明细账户，进行明细核算。
⑥ "其他业务收入" 账户	该账户属于损益类账户，用来核算企业除产品销售以外的其他销售或其他业务。贷方登记实现的其他业务收入，借方登记期末转入"本年利润"账户的收入，期末结转后无余额。
⑦ "其他业务成本" 账户	该账户属于损益类账户，用来核算企业其他销售或其他业务发生的支出，包括销售成本和发生的相关费用等。借方登记发生的其他业务支出，贷方登记期末转入"本年利润"账户的支出，期末结转后该账户无余额。

（2）产品销售主要业务的核算。

❶ 营业收入的核算。企业的营业收入，包括主营业务收入和其他业务收入。主营业务收入是指企业主要经营业务所取得的收入，如工业企业的产品销售收入，它占企业整体收入的绝大部分；其他业务收入是指主营业务收入以外的收入，如销售材料取得的收入，它占企业整体收入的很小部分。通常情况，企业应当在客户取得相关商品控制权时确认收入。销售商品的收入，应当按销售合同、协议或销售发票的金额确定。

脱贫地区农副产品网络销售平台上线

【例3-3-28】格林美公司对外销售上衣180件，每件售价480元，开出增值税专用发票货款86 400元，增值税款11 232元。货款及增值税款已收到并存入银行。

【分析】该笔为产品销售业务。一方面，对企业销售服装成品增加的收入，应记入"主营业务收入"账户的贷方；增值税应记入"应交税费——应交增值税"账户的贷方。另一方面，对存入银行的销货款，应记入"银行存款"账户的借方。编制会计分录如下：

借：银行存款　　　　　　　　　　　　　　　　97 632
　　贷：主营业务收入——上衣　　　　　　　　　　86 400
　　　　应交税费——应交增值税（销项税额）　　　　　11 232

【例3-3-29】　格林美公司销售给普天公司上衣90件，每件售价480元，西裤60条，每条售价420元，货款共68 400元，增值税专用发票上注明的增值税款为8 892元。货已发出，货款及增值税款尚未收到。

【分析】该笔为产品销售业务。一方面，对企业销售产品已实现的收入，应记入"主营业务收入"账户的贷方；增值税应记入"应交税费——应交增值税"账户的贷方。另一方面，由于销售产品的价税款尚未收到，应记入"应收账款"账户的借方。编制会计分录如下：

借：应收账款——普天公司　　　　　　　　77 292
　　贷：主营业务收入——上衣　　　　　　　43 200
　　　　　　　　　　——西裤　　　　　　　25 200
　　　　应交税费——应交增值税（销项税额）　8 892

【例3-3-30】　格林美公司对外销售一批不需用的布匹原料，增值税专用发票上注明价款28 000元，增值税款3 640元，货款及增值税款存入银行。

【分析】这是一笔销售材料的业务，一方面，使企业因销售布匹原料获得收入，实现了其他业务收入，应记入"其他业务收入"账户的贷方；应收取的增值税，应记入"应交税费——应交增值税"账户的贷方。另一方面，银行存款增加，应记入"银行存款"账户的借方。编制会计分录如下：

借：银行存款　　　　　　　　　　　　　　31 640
　　贷：其他业务收入　　　　　　　　　　　28 000
　　　　应交税费——应交增值税（销项税额）　3 640

❷ 营业成本的核算。企业在销售商品取得收入的同时，要计算并结转主营业务成本，以便与当期的主营业务收入进行配比，正确计算销售利润。主营业务成本的计算公式为：

当期应结转的主营业务成本 = 商品的单位销售成本 × 本期销售商品的数量

【例3-3-31】　格林美公司6月30日，结转销售上衣、西裤两种产品的实际生产成本，上衣成品销售数量为270件，单位成本246.70元，共计66 609元；西裤销售数量60条，单位成本262.80元，共计15 768元。

【分析】该项经济业务的发生，一方面使库存商品减少，应记入"库存商品"账户的贷方；另一方面主营业务成本增加，应记入"主营业务成本"账户的借方。编制会计分录如下：

借：主营业务成本——上衣　　　　　　　　　　　　　　66 609
　　　　　　　　——西裤　　　　　　　　　　　　　　15 768
　　贷：库存商品——上衣　　　　　　　　　　　　　　66 609
　　　　　　　　——西裤　　　　　　　　　　　　　　15 768

【例 3-3-32】 所售布匹原料的成本为 16 000 元，结转材料的销售成本。

【分析】 该项属于结转销售成本的会计事项，一方面，企业销售布匹将引起其他业务成本的增加，应记入"其他业务成本"账户的借方；另一方面，对企业材料的减少，应记入"原材料"账户的贷方。编制会计分录如下：

借：其他业务成本　　　　　　　　　　　　　　　　　　16 000
　　贷：原材料　　　　　　　　　　　　　　　　　　　16 000

❸ 税金及附加的核算。按照我国税法的规定，企业在销售商品过程中实现了销售收入，就应计算缴纳有关税金，主要包括消费税、城市维护建设税（简称城建税）、教育费附加、资源税、房产税、城镇土地使用税、车船税、印花税等。

【例 3-3-33】 假设格林美公司本月销售的甲产品，属于消费税的征收范围，按规定应交消费税 10 000 元，应交城建税 700 元、教育费附加 300 元。

【分析】 这是一笔计算应交税费的业务。一方面，企业因销售产品而缴纳的消费税、城建税及教育费附加，应记入"税金及附加"账户的借方；另一方面，由于税金和教育费附加计算出来后尚未交纳构成负债，因此，应记入"应交税费"账户贷方。编制会计分录如下：

借：税金及附加　　　　　　　　　　　　　　　　　　　11 000
　　贷：应交税费——应交消费税　　　　　　　　　　　10 000
　　　　　　　　——应交城建税　　　　　　　　　　　　700
　　　　　　　　——应交教育费附加　　　　　　　　　　300

❹ 销售费用。企业在销售商品过程中发生的各项费用称为销售费用。它包括企业销售商品过程中发生的运输费、装卸费、包装费、保管费、展览费和广告费，以及为销售本企业商品而专设的销售机构（含销售网点、售后服务网点等）的职工薪酬、业务经费等经营费用。

【例 3-3-34】 格林美公司以银行存款支付广告费 800 元。

【分析】 这是一笔支付广告费业务。一方面，企业的销售费用增加了 800 元，应记入"销售费用"账户的借方；另一方面，企业的银行存款减少了 800 元，应记入"银行存款"账户的贷方。编制会计分录如下：

借：销售费用　　　　　　　　　　　　　　　　　　　　800
　　贷：银行存款　　　　　　　　　　　　　　　　　　800

【例 3-3-35】　格林美公司以银行存款支付销售机构水电费 228.60 元。

【分析】这是一笔支付水电费的业务。一方面，企业的销售费用增加了 228.60 元，应记入"销售费用"账户的借方；另一方面，企业的银行存款减少了 228.60 元，应记入"银行存款"账户的贷方。编制会计分录如下：

借：销售费用　　　　　　　　　　　　　　　　　　　　228.60

贷：银行存款　　　　　　　　　　　　　　　　　　　　228.60

任务实施

产品销售核算：

❶ 2022 年 7 月 16 日，五星电子配件厂销售小型电子产品 8 件给敏信公司，售价每件 1 000 元，增值税金额为 1 040 元，款项尚未收到。编制会计分录如下：

借：应收账款——敏信公司　　　　　　　　　　　　　9 040

贷：主营业务收入——小型电子产品　　　　　　　　8 000

应交税费——应交增值税（销项税额）　　　　1 040

❷ 7 月 21 日，五星电子配件厂销售电子零配件价款 3 000 元，增值税 390 元，款项已收，并存入银行。编制会计分录如下：

借：银行存款　　　　　　　　　　　　　　　　　　　3 390

贷：其他业务收入——电子零配件　　　　　　　　　3 000

应交税费——应交增值税（销项税额）　　　　390

❸ 7 月 23 日，五星电子配件厂收到银行转来的敏信公司的转账支票金额为 9 040 元，编制会计分录如下：

借：银行存款　　　　　　　　　　　　　　　　　　　9 040

贷：应收账款——敏信公司　　　　　　　　　　　　9 040

❹ 7 月 24 日，五星电子配件厂以现金支付小型电子产品的广告宣传费 400 元，编制会计分录如下：

借：销售费用　　　　　　　　　　　　　　　　　　　400

贷：库存现金　　　　　　　　　　　　　　　　　　400

❺ 7 月 31 日，五星电子配件厂根据已销 8 件小型电子产品的销售成本计算单所列金额 4 496.8 元，编制会计分录如下：

借：主营业务成本——小型电子产品　　　　　　　　　4 496.8

贷：库存商品——小型电子产品　　　　　　　　　　4 496.8

同时，根据已销电子零配件材料的销售成本计算单所列金额 1 500 元，编制会计分录如下：

借：其他业务成本　　　　　　　　　　　　　　　　　　　1 500
　　贷：原材料——电子零配件　　　　　　　　　　　　　　　1 500

❻ 7 月 31 日，五星电子配件厂假定城市维护建设税为 140 元，应交教育费附加为 60 元，根据税金及附加计算单编制会计分录如下：

借：税金及附加——城市维护建设税　　　　　　　　　　　140
　　　　　　　　——教育费附加　　　　　　　　　　　　　　60
　　贷：应交税费——应交城市维护建设税　　　　　　　　　140
　　　　　　　　——应交教育费附加　　　　　　　　　　　　60

5.财务成果的核算

（1）利润总额的构成。企业最终的经营成果是企业一定时期实现的利润，是收入与费用相抵后的差额，差额为正数表现为企业的利润，差额为负数表现为企业的亏损。企业实现的利润总额包括营业利润、利润总额和净利润，其中营业利润指由于生产经营活动所取得的利润，是企业利润的主要来源；净利润是企业一定期间的利润总额扣除所得税后的财务成果。

微课：财务成果的核算

（2）利润形成的核算。

❶"营业外收入"账户	用来核算企业发生的那些与生产经营活动无直接关系的各项收入，属于损益类账户。其贷方登记企业发生的各项营业外收入额；其借方登记期末转入"本年利润"账户的营业外收入额；期末结转后该账户应没有余额。"营业外收入"账户应按收入项目设置明细账户，进行明细分类核算。
❷"营业外支出"账户	用来核算企业发生的那些与生产经营活动没有直接关系的各项支出，属于损益类账户。其借方登记企业发生的各项营业外支出额；其贷方登记期末转入"本年利润"账户的营业外支出额；期末结转后该账户应没有余额。"营业外支出"账户应按项目设置明细账户，进行明细分类核算。
❸"投资收益"账户	用来核算企业对外投资取得的收入或发生的损失，属于损益类账户。其贷方登记取得的投资收益或期末转入"本年利润"的净损失数额；其借方登记投资损失额或期末转入"本年利润"的净收益数额；期末结转后该账户无余额。该账户应按投资收益的性质设置明细账户，进行明细分类核算。
❹"所得税费用"账户	用于核算企业按规定从本期损益中减去的所得税费用，属于损益类账户。其借方登记本期应计入损益的应交所得税；其贷方登记期末应转入"本年利润"账户的所得税费用；期末结转后应无余额。
❺"本年利润"账户	用来核算企业在一定时期内发生净利润的形成或亏损的发生情况，属于所有者权益类账户。其贷方登记期末由各收入类账户转入的当期实现或取得的收入、收益以及年末结转的本年度发生的净亏损；借方登记期末由各成本费用类账户转入的各种费用开支，以及年末结转的本年度实现的净利润。年度终了结转后，本账户应无余额。

【例 3-3-36】 格林美公司取得一笔因职工李伟违纪的罚款收入 3 000 元，已存入银行。

【分析】 该笔业务是企业罚款收入业务。一方面，对企业取得的罚款收入，应记入"营业外收入"账户的贷方；另一方面，对存入银行的款项，应记入"银行存款"账户的借方。编制会计分录如下：

借：银行存款　　　　　　　　　　　　　　　　　　　　　3 000
　　贷：营业外收入　　　　　　　　　　　　　　　　　　　　　　3 000

【例 3-3-37】 格林美公司以银行存款 2 000 元，捐赠给希望工程。

【分析】 该笔业务是对外捐赠业务。一方面，对企业的捐赠支出，应记入"营业外支出"账户的借方；另一方面，以银行存款支付的款项，应记入"银行存款"账户的贷方。编制会计分录如下：

借：营业外支出　　　　　　　　　　　　　　　　　　　　2 000
　　贷：银行存款　　　　　　　　　　　　　　　　　　　　　　2 000

【例 3-3-38】 格林美公司收到大华公司违约金 15 000 元，存入银行。

【分析】 该笔业务是收到其他单位的违约金业务。一方面，企业收到因其他单位违约而交纳的违约金，应增加本企业的营业外收入，记入"营业外收入"账户的贷方；另一方面，对银行存款的增加，应记入"银行存款"账户的借方。编制会计分录如下：

借：银行存款　　　　　　　　　　　　　　　　　　　　　15 000
　　贷：营业外收入　　　　　　　　　　　　　　　　　　　　　　15 000

【例 3-3-39】 假定格林美公司本月各收支账户净发生额如下：

主营业务收入	154 800	主营业务成本	82 377
其他业务收入	28 000	税金及附加	11 000
营业外收入	18 000	销售费用	1 028.6
		管理费用	17 425
		财务费用	262.5
		其他业务成本	16 000
		营业外支出	2 000

要求：期末将上述损益类账户净发生额转入"本年利润"账户。

【分析】 该笔业务属于期末结账业务，企业各项收入的实现，会增加企业的本年利润，应记入"本年利润"账户的贷方；企业各项费用支出的发生，会抵减企业的本年利润，应记入"本年利润"账户的借方。编制会计分录如下：

❶ 期末将本期发生的各项收入转入"本年利润"账户时：

借：主营业务收入　　　　　　　　　　　　　　　　　　　154 800
　　其他业务收入　　　　　　　　　　　　　　　　　　　　　28 000

营业外收入	18 000
贷：本年利润	200 800

❷ 期末将本期发生的各项成本费用转入"本年利润"账户时：

借：本年利润	130 093.1
贷：主营业务成本	82 377
税金及附加	11 000
销售费用	1 028.6
管理费用	17 425
财务费用	262.5
其他业务成本	16 000
营业外支出	2 000

结转后，"本年利润"账户的贷方发生额与借方发生额相比较，可计算出格林美公司本期实现的利润总额为：200 800 - 130 093.1 = 70 706.9（元）。

【例3-3-40】 依据【例3-3-39】资料中格林美公司本期实现利润总额为70 706.9元，所得税税率为25%，计算应交所得税。

$$应交所得税 = 70\ 706.9 \times 25\% = 17\ 676.73（元）$$

【分析】该笔业务属于计提应交所得税的业务。一方面，应反映所得税费用的增加，记入"所得税费用"账户的借方；另一方面，企业在未缴纳前应作为一项流动负债处理，记入"应交税费"账户的贷方。编制会计分录如下：

借：所得税费用	17 676.73
贷：应交税费——应交所得税	17 676.73

将所得税费用结转到"本年利润"账户时，应编制如下会计分录：

借：本年利润	17 676.73
贷：所得税费用	17 676.73

结转当期所得税费用后，该公司本期"本年利润"账户的贷方余额为53 030.17元，反映为该公司实现的税后净利。

$$税后净利 = 70\ 706.9 - 17\ 676.73 = 53\ 030.17（元）$$

（3）利润分配的核算。利润分配是将企业实现的净利润，按照国家财务制度规定的分配形式和分配顺序，在国家、企业和投资者之间进行的分配。利润分配的过程与结果，是关系到所有者的合法权益能否得到保护，企业能否长期、稳定发展的重要保障，为此，企业必须加强利润分配的管理和核算。

企业利润分配的主体一般有国家、投资者、企业和企业内部职工；利润分配的对象主要是企业实现的净利润；利润分配的时间是利润分配义务发生的时间和企业作出决定向内向外分配的时间。企业对实现的可供分配的利润在企业和投资者之间进行分配。企业可供分配的利润是当期实现的净利润，加上年初未分配利润（或减去年初未弥补亏损）后的余额。

❶ 企业的利润按照下列顺序分配：

a. 提取法定盈余公积金。法定盈余公积金按照税后净利润的 10% 提取。法定盈余公积金已达注册资本的 50% 时可不再提取。提取的法定盈余公积金用于弥补以前年度亏损或转增资本金。但转增资本金后留存的法定盈余公积金不得低于注册资本的 25%。

b. 提取任意盈余公积金。任意盈余公积金一般要经股东大会决议提取。其他企业也可根据需要提取任意盈余公积金。

c. 向投资者分配利润。可供分配的利润减去提取的法定盈余公积金，为可供向投资者分配的利润。有限责任公司按固定的出资比例向股东分配利润；股份有限公司按股东持有的股份比例向股东分配股利。

可供分配利润经上述分配后为未分配利润，未分配利润可留待以后年度进行分配。若企业发生亏损，可按规定用以后年度利润进行弥补。

❷ 账户设置。企业一般应设置"利润分配""盈余公积""应付股利"等账户进行会计核算。

"利润分配"账户，用来核算企业利润分配（或亏损弥补）以及历年结存的未分配利润额，属于所有者权益账户。其借方登记企业实际分配的利润额或从"本年利润"账户转入的全年亏损额；其贷方登记从"本年利润"账户转入的全年实现的净利润额或已弥补的亏损额。年终结转后，若为贷方余额表示历年积存的未分配利润；若为借方余额表示历年积存的未弥补亏损。为了提供企业利润分配的详细情况，应设置"提取法定盈余公积""提取任意盈余公积""应付现金股利或利润""未分配利润"等明细账户，进行明细分类核算。

"盈余公积"账户，用来核算企业从净利润中提取的法定盈余公积和任意盈余公积及其使用情况，属于所有者权益类账户。其贷方登记盈余公积的提取数；其借方登记盈余公积转增资本以及弥补亏损等使用数。期末余额在贷方，表示盈余公积的实际结存数。该账户可按"法定盈余公积""任意盈余公积"设置明细账户，进行明细分类核算。

"应付股利"账户，用来核算企业经董事会或股东大会，或类似机构决议确定分配的现金股利或利润，属于负债类账户。其贷方登记企业应支付的现金股利或利润数；其借方登记实际支付的现金股利或利润数。期末余额在贷方，反映企业尚未支付的现金股利或利润数。

❸ 结转本年利润业务的核算。年度结束，企业应将当年实现的净利润或亏损，转入"利润分配——未分配利润"账户。结转净利润时，按实际的净利润额，借记"本年利润"账户，贷记"利润分配——未分配利润"账户；结转亏损时，则按实际产生的亏损额，借记"利润分配——未分配利润"账户，贷记"本年利润"账户。

【例 3-3-41】 假定格林美公司年初未分配利润为 0，全年实现净利润为 600 000 元。年终将本年度实现的净利润 600 000 元转入"利润分配——未分配利润"账户。

【分析】该笔业务属于年终结转，结转后"本年利润"账户无余额。

借：本年利润   600 000

  贷：利润分配——未分配利润   600 000

❹ 利润分配业务的核算。进行利润分配业务的核算时，通过"利润分配——提取法定盈余公积、提取任意盈余公积、应付现金股利或利润等"账户，按提取法定盈余公积金、提取任意盈余公积金和向投资者分配利润的顺序进行分配。

【例 3-3-42】 根据公司分配方案，按净利润的 10% 提取法定盈余公积，按 5% 提取任意余公积，按 50% 分配给投资者。

提取法定盈余公积 = 600 000 × 10% = 60 000（元）

提取任意盈余公积 = 600 000 × 5% = 30 000（元）

分配利润 = 600 000 × 50% = 300 000（元）

借：利润分配——提取法定盈余公积   60 000

    ——提取任意盈余公积   30 000

  贷：盈余公积——法定盈余公积   60 000

    ——任意盈余公积   30 000

借：利润分配——应付现金股利   300 000

  贷：应付股利   300 000

❺ 年终结转利润分配的核算。将"利润分配"账户的其他明细账户的余额转入"利润分配——未分配利润"账户。结转时，借记"利润分配——未分配利润"账户，贷记"利润分配——提取法定盈余公积、提取任意盈余公积、应付现金股利或利润等"账户。

【例 3-3-43】 格林美公司年终将"利润分配"账户的其他明细账户的余额转入"利润分配——未分配利润"账户。依据【例 3-3-42】所列。

这项经济业务，应根据上述要求编制会计分录如下：

借：利润分配——未分配利润   390 000

  贷：利润分配——提取法定盈余公积   60 000

    ——提取任意盈余公积   30 000

    ——应付现金股利   300 000

通过以上结转未分配利润后，"利润分配——未分配利润"账户的贷方余额为 210 000（600 000 – 390 000）元。

任 务 实 施

财务成果业务：

2022 年 12 月 31 日，绿风有限公司各损益类账户本年发生额如表 3-3-12 所示。

表 3-3-12　损益类账户发生额

单位：元

账户名称	借方金额	贷方金额
主营业务收入		731 000
主营业务成本	431 000	
税金及附加	16 000	
销售费用	50 000	
管理费用	40 000	
财务费用	12 000	
营业外收入		4 000
营业外支出	6 200	

❶ 结转各项收入、利得：

借：主营业务收入　　　　　　　　　　　　　　　731 000

　　营业外收入　　　　　　　　　　　　　　　　　4 000

　　贷：本年利润　　　　　　　　　　　　　　　735 000

❷ 结转各项费用、损失：

借：本年利润　　　　　　　　　　　　　　　　555 200

　　贷：主营业务成本　　　　　　　　　　　　　431 000

　　　　税金及附加　　　　　　　　　　　　　　16 000

　　　　销售费用　　　　　　　　　　　　　　　50 000

　　　　管理费用　　　　　　　　　　　　　　　40 000

　　　　财务费用　　　　　　　　　　　　　　　12 000

　　　　营业外支出　　　　　　　　　　　　　　6 200

❸ 计算并结转所得税费用：

利润总额 = 735 000 – 555 200 = 179 800（元）

应缴所得税费用 = 179 800 × 25% = 44 950（元）

借：所得税费用   44 950

    贷：应交税费——应交所得税   44 950

❹ 将所得税费用转入本年利润：

借：本年利润   44 950

    贷：所得税费用   44 950

❺ 将"本年利润"账户余额转入"利润分配——未分配利润"账户：

本年利润账户余额 = 179 800 - 44 950 = 134 850（元）

借：本年利润   134 850

    贷：利润分配——未分配利润   134 850

❻ 按实现净利润的 10%、5% 分别提取法定盈余公积、任意盈余公积：

提取的法定盈余公积 = 134 850 × 10% = 13 485（元）

提取的任意盈余公积 = 134 850 × 5% = 6 742.50（元）

借：利润分配——提取法定盈余公积   13 485

          ——提取任意盈余公积   6 742.50

    贷：盈余公积——法定盈余公积   13 485

              ——任意盈余公积   6 742.50

❼ 向投资者按净利润的 20% 分配利润：

分配给投资者的利润 = 134 850 × 20% = 26 970（元）

借：利润分配——应付现金股利   26 970

    贷：应付股利   26 970

❽ 确定年末未分配利润：2022 年 12 月 31 日"利润分配——未分配利润"账户余额：

借：利润分配——未分配利润   47 197.50

    贷：利润分配——提取法定盈余公积   13 485

              ——提取任意盈余公积   6 742.50

              ——应付现金股利   26 970

未分配利润 = 134 850 - 13 485 - 6 742.50 - 26 970 = 87 652.50（元）

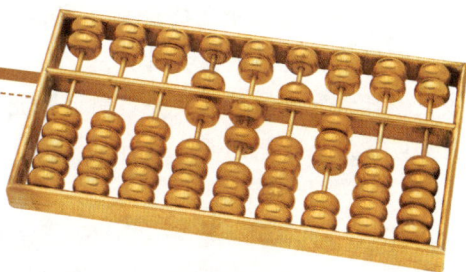

任务 **4** 填制与审核记账凭证

微课：记账凭证的填制与审核演示

任 务 导 入

王平为达丽公司会计，专门负责日常会计凭证的填制工作，左芳也为公司会计，专门负责日常会计凭证的审核工作。达丽公司 2022 年 5 月份发生以下经济业务：

（1）3 日，企业收到国家投入资本金人民币 200 000 元，存入银行。

（2）4 日，用银行存款偿还上月欠麦肯斯公司货款 70 000 元。

（3）5 日，向红光公司购入甲材料 1 000 千克，单价 20 元，计 20 000 元，增值税 2 600 元。货款及税额以支票支付，材料未到。

（4）6 日，上述甲材料验收入库，结转其实际采购成本。

（5）6 日，公司王强经理出差，预借差旅费 2 000 元，以现金支付。

（6）7 日，销售给威力公司 A 产品 300 件，每件 100 元，计货款 30 000 元，增值税 3 900 元，货款及增值税尚未收到。

（7）9 日，公司王强经理报销差旅费时退回余额 200 元。

（8）10 日，用银行存款 25 000 元支付广告费。

（9）11 日，收到南方公司以银行存款预付设备租金 22 600 元。

（10）12 日，收到威力公司货款及增值税 33 900 元，存入银行。

（11）15 日，结转销售 A 产品 300 件成本，每件成本 60 元。

请思考：王平作为公司的会计，应该怎样填制会计凭证？左芳作为公司的会计应该怎样审核会计凭证？

任 务 分 析

达丽公司 2022 年 5 月发生了一些日常的经济业务，从收到国家资本金的投入日常的生产经营活动等。作为企业的会计，应该通过填制记账凭证将企业发生的这些经济活动记录下来，将经济信息转换为会计信息。作为专门负责公司日常记账凭证填写工作的会计王平，应该根据日常发生的经济业务填制记账凭证；而作为专门负责公司日常记账凭证审核的会计左芳，应该对记账凭证逐笔进行审核。

相 关 知 识

一、记账凭证的填制（The Methods to Fill in Accounting Vouchers）

1. 记账凭证的基本要素

记账凭证是会计人员根据审核无误的原始凭证或原始凭证汇总表的经济内容，应用会计科目和复式记账法加以归纳整理编制而成的、直接作为记账依据的会计凭证。记账凭证的基本内容是会计分录。在实际工作中，会计分录是通过填制记账凭证来完成的。

记账凭证有很多种类，同一种类的记账凭证又有不同的格式，但所有的记账凭证都应该具备一些基本内容，这些内容称为记账凭证的基本要素。记账凭证的基本要素包括以下内容：

（1）记账凭证的名称。

（2）填制凭证的日期。

（3）记账凭证的编号。

（4）有关经济业务内容摘要。

（5）有关账户的名称（包括总账、明细分类账）、方向和金额。

（6）记账标记。

（7）有关原始凭证张数和其他有关资料份数。

（8）有关人员的签名或盖章。

微课：记账凭证的基本要素及分类

知识链接 3

原始凭证与记账凭证的区别

由于原始凭证来自不同的单位，种类繁多，数量庞大，格式不一，不能清楚地表明应记入的会计科目的名称和方向。为了便于登记账簿，需要根据原始凭证反映的不同经济业务，加以归类和整理，填制具有统一格式的记账凭证，确定会计分录，并将相关的原始凭证附在后面。这样不仅可以简化记账工作、减少差错，而且有利于原始凭证的保管，便于对账和查账，提高会计工作质量。原始凭证与记账凭证的区别主要有：

（1）填制依据不同。原始凭证是根据已经发生或完成的经济业务填制的，记账凭证是根据审核无误的原始凭证填制的。

（2）填制人员不同。原始凭证大都是业务经办人员填制的，记账凭证则是由会计人员填制的。

（3）作用不同。原始凭证是填制记账凭证的依据，记账凭证则是登记账簿的直接依据。

2. 记账凭证的填制方法

记账凭证按其适用的经济业务不同，可分为专用记账凭证和通用记账凭证。

（1）专用记账凭证的填制方法。专用记账凭证是专门记录某一类经济业务的记账凭证。专用凭证按其所记录的经济业务与货币资金的收付关系，又分为收款凭证、付款凭证和转账凭证三种。

微课：记账凭证的填制与审核　　随学随测

❶ 收款凭证的填制方法。收款凭证是用来记录现金和银行存款等货币资金收款业务的记账凭证，如表 3-4-1 所示。它根据加盖"收讫"戳记的收款原始凭证编制，作为登记库存现金、银行存款日记账以及有关账簿的依据。收款凭证的左上方为"借方科目"，应按收款的性质填列"库存现金"或"银行存款"科目；日期填写的是编制本凭证的日期；右上角填写编制收款凭证的顺序号和记账凭证所附原始凭证的张数；"摘要"栏填写对所记录的经济业务的简要说明；凭证内所反映的"贷方科目"，应填写与"库存现金"或"银行存款"相对应的会计科目；"金额"栏填列经济业务实际发生的数额；"记账"栏供记账员在登记有关账簿以后做记号"√"用，表示该项金额已经记入有关账户，避免重记或漏记。最下边分别由出纳及有关人员签名或盖章。

表 3-4-1　收款凭证

借方科目：　　　　　　　　　　　　年　月　日　　　　　　　　　　收字第　号　附件　张

摘　要	贷方科目		金　额									记账
	总账科目	明细科目	百	十	万	千	百	十	元	角	分	
合　计												

会计主管：　　　记账：　　　　复核：　　　　　出纳：　　　　制单：

❷ 付款凭证的填制方法。付款凭证是用来记录库存现金和银行存款等货币资金付款业务的凭证，如表 3-4-2 所示。它根据加盖"付讫"戳记的付款原始凭证编制，作为登记库

存现金、银行存款日记账和其他有关账簿的依据。付款凭证的左上方为"贷方科目"，应填列"库存现金"或"银行存款"科目；凭证的"借方科目"，应填列与"库存现金"或"银行存款"相对应的科目；其他内容的填制与收款凭证相同。

表3-4-2　付款凭证

贷方科目：　　　　　　　　　　　年　月　日　　　　　　付字第　号　附件　张

摘　要	借方科目		金　额									记账
	总账科目	明细科目	百	十	万	千	百	十	元	角	分	
合　计												

会计主管：　　　记账：　　　　复核：　　　　　出纳：　　　　制单：

注意事项：使用收款凭证和付款凭证时，如果发生的经济业务同时涉及库存现金与银行存款的收付，为了避免重复记录，则只填制付款凭证。例如，从银行提取现金时，只填制一张银行存款付款凭证（借：库存现金，贷：银行存款）。把现金存入银行时，只填制一张现金付款凭证（借：银行存款，贷：库存现金）。

❸ 转账凭证的填制方法。转账凭证是用来记录不涉及库存现金、银行存款收付款业务的凭证，它根据库存现金和银行存款收付以外的其他原始凭证填制，如表3-4-3所示。它依据一项经济业务所涉及的全部会计科目，按照借方科目在先、贷方科目在后的顺序填列在"总账科目"和"明细科目"栏中，将各会计科目应借应贷的金额填列在"借方金额"或"贷方金额"栏内。其他内容的填制与收、付款凭证相同。

表3-4-3　转账凭证式样

　　　　　　　　　　　　　　年　月　日　　　　　　字第　号　附件　张

摘　要	会计科目		借方金额								记账	贷方金额								记账
	总账科目	明细科目	十	万	千	百	十	元	角	分		十	万	千	百	十	元	角	分	
合　计																				

会计主管：　　　记账：　　　　复核：　　　　　出纳：　　　　制单：

（2）通用记账凭证的填制方法。通用记账凭证不再区分收款、付款和转账业务，而是将所有经济业务统一编号，在统一格式的凭证中进行记录，如表3-4-4所示。采用通用记账凭证，应将经济业务所涉及的全部会计科目，按照借方科目在先、贷方科目在后的顺序填列在凭证内的"总账科目"和"明细科目"栏中，将各会计科目的金额填列在"金额"栏中。其他内容的填制与专用记账凭证相同。

表3-4-4　通用记账凭证

年　月　日　　　　　　　字第　号 附件　张

摘　要	会计科目		借方金额								记账	贷方金额							
	总账科目	明细科目	十	万	千	百	十	元	角	分		十	万	千	百	十	元	角	分
合　计																			

会计主管：　　　记账：　　　复核：　　　出纳：　　　制单：

知识链接 4

记账凭证的填制要求

（1）记账凭证各项内容必须完整。

（2）填制记账凭证的依据，必须是经审核无误的原始凭证或汇总原始凭证。

（3）记账凭证的日期。记账凭证的日期一般为编制记账凭证当天的日期，但不同的会计事项，其编制日期也有区别。现金收付记账凭证的日期以办理收付现金的日期填写；银行付款业务的记账凭证，一般以财会部门开出付款单据的日期或承付的日期填写；银行收款业务的记账凭证，一般按银行进账单或银行受理回执的戳记日期填写；月末结转的业务，按当月最后一天的日期填制。

（4）正确填写摘要。记账凭证的摘要既是对经济业务的简要说明，又是登记账簿的需要。要真实准确，简明扼要，书写整洁。

（5）会计科目的填写。应填写会计科目的全称或会计科目的名称和编号，不得简写或只填会计科目的编号而不填名称。需填明细科目的，应在"明细科目"栏填写明细科目的名称。

（6）金额的填写。记账凭证的金额必须与原始凭证的金额相符。在记账凭证的"合计"行填列合计金额；阿拉伯数字的填写要规范；在合计数字前应填写货币符号，不是合计数字前不应填写货币符号。一笔经济业务因涉及会计科目较多，需填写多张记账凭证的，只在最末一张记账凭证的"合计"行填写合计金额。

（7）记账凭证附件张数的计算。记账凭证必须附有原始凭证，并注明所附原始凭证张数，以便核查。附件张数的计算方法有两种：一种是按构成记账凭证金额的原始凭证计算张数，如转账业务原始凭证的张数。另一种是以所附原始凭证的自然张数为准，即凡与经济业务内容相关的每一张凭证，都作为记账凭证的附件。凡属收付款业务的，原始凭证张数计算均以自然张数为准。但对差旅费、市内交通费、医疗费等报销单，可贴在一张纸上，作为一张原始凭证附件。

当一张或几张原始凭证涉及几张记账凭证时，可将原始凭证附在一张主要的记账凭证后面，在摘要栏说明"本凭证附件包括××号记账凭证业务"的字样，在其他记账凭证上注明"原始凭证在××号记账凭证后面"的字样。如果根据同一原始凭证填制数张记账凭证，则应在未附原始凭证的记账凭证上注明"附件××张，见第×号记账凭证"。如果原始凭证需要另行保管，则应在附件栏目内加以注明，但更正错账和结账的记账凭证可以不附原始凭证。

（8）记账凭证的编号。会计人员应及时对记账凭证予以编号。记账凭证应按月从"1"开始顺序编号，不得跳号、重号。记账凭证的编号方法主要有三种：

❶ 统一编号	即不分收款、付款、转账业务，把全部记账凭证作为一类进行统一编号。
❷ 分三类编号	即区别库存现金和银行存款收入、库存现金和银行存款付出、转账业务，分别按"收字第×号""付字第×号""转字第×号"三类进行编号。
❸ 分五类编号	即区别现金收入、银行存款收入、现金付出、银行存款付出、转账业务，分别用"现收字第×号""银收字第×号""现付字第×号""银付字第×号""转字第×号"进行编号。

一笔经济业务如涉及科目较多，就有可能需要填制两张以上的记账凭证，可以采用"分数编号法"编号。如一笔经济业务需填制两张转账凭证，凭证的顺序号为15时，这两张转账凭证的编号分别为转字 $15\frac{1}{2}$、转字 $15\frac{2}{2}$。

记账凭证的编号，可以在填写凭证的当日填写，也可以在月末记账时填写。

（9）对空行的要求。记账凭证不准跳行或留有余行。填制完毕的记账凭证如有空行的，应在金额栏画一斜线或S形线注销。画线应从金额栏最后一笔金额数字下面的空行画到合计数行的上面一行，并注意斜线或S形线两端都不能画到有金额数字的行次上。

（10）记账凭证填写完毕，应进行复核与检查，并按所使用的记账方法进行试算平衡，有关人员均要签名盖章。

二、记账凭证的审核（The Auditing of Accounting Vouchers）

记账凭证是登记账簿的直接依据，为了保证账簿记录的质量，在登记账簿前必须认真审核记账凭证，保证其正确无误。除记账凭证填制人员应对编制的记账凭证自审外，还应在会计部门建立必要的专人审核制度。记账凭证审核的内容主要包括内容是否真实、项目是否齐全、科目是否正确、金额是否正确、书写是否正确、附件是否齐全。

如前所述，记账凭证是根据审核后的合法原始凭证填制的。因此，记账凭证的审核，除了要对原始凭证进行复审外，还应注意以下四点：

（1）真实性审核。记账凭证是否附原始凭证；记账凭证反映的内容是否与原始凭证反映的内容一致。

（2）正确性审核。审核记账凭证的借贷科目是否正确；金额是否正确；日期、凭证编号、摘要、附件张数、有关人员签章是否正确。

（3）完整性审核。审核记账凭证的各项内容是否填写完整，有关人员的签章是否完备。

（4）规范性审核。审核记账凭证的数字是否清晰，文字书写是否公正规范，摘要是否简明扼要。审核中发现错误，如果尚未登记账簿，需要重新填制凭证；如果已经登记入账，则按照规定方法进行更正。

任 务 实 施

王平根据达丽公司 2022 年 5 月份发生的经济业务填制了记账凭证，左芳对王平填制的会计凭证进行了审核。

（1）3 日，企业收到国家投入资本金人民币 200 000 元，存入银行。

王平根据这项业务填制了第 1 号银行收款凭证，左芳进行了审核，如表 3-4-5 所示。

表 3-4-5　收款凭证

借方科目：银行存款　　　　　　2022 年 5 月 3 日　　　　　　银收字第 1 号　附件 2 张

摘　要	贷方科目		金　额									记账
	总账科目	明细科目	百	十	万	千	百	十	元	角	分	
接受国家投资	实收资本	国家投资	2	0	0	0	0	0	0	0	0	
合　计			¥	2	0	0	0	0	0	0	0	0

会计主管：　　　　记账：　　　　复核：左芳　　　　出纳：李凡　　　　制单：王平

（2）4日，用银行存款偿还上月欠麦肯斯公司货款70 000元。

王平根据这项业务填制了第1号银行付款凭证，左芳进行了审核，如表3-4-6所示。

表3-4-6　付款凭证

贷方科目：银行存款　　　　　　　　　2022年5月4日　　　　　　　　银付字第1号　附件1张

摘　要	借方科目		金　额									记账
	总账科目	明细科目	百	十	万	千	百	十	元	角	分	
偿还货款	应付账款	麦肯斯公司			7	0	0	0	0	0	0	
合　计			¥	7	0	0	0	0	0	0		

会计主管：　　　记账：　　　　复核：左芳　　　　　　出纳：李凡　　　　制单：王平

（3）5日，向红光公司购入原材料1 000千克，单价20元，计20 000元，增值税2 600元。货款及税额以支票支付，材料未到。

王平根据这项业务填制了第2号银行付款凭证，左芳进行了审核，如表3-4-7所示。

表3-4-7　付款凭证

贷方科目：银行存款　　　　　　　　　2022年5月5日　　　　　　　　银付字第2号　附件4张

摘　要	借方科目		金　额									记账
	总账科目	明细科目	百	十	万	千	百	十	元	角	分	
购原材料	在途物资				2	0	0	0	0	0	0	
	应交税费	应交增值税				2	6	0	0	0	0	
合　计			¥	2	2	6	0	0	0	0		

会计主管：　　　记账：　　　　复核：左芳　　　　　　出纳：李凡　　　　制单：王平

（4）6日，上述甲材料验收入库，结转其实际采购成本。

王平根据这项业务填制了第1号转账凭证，左芳进行了审核，如表3-4-8所示。

（5）6日，公司王强经理出差，预借差旅费2 000元，以现金支付。

王平根据这项业务填制了第1号现金付款凭证，左芳进行了审核，如表3-4-9所示。

（6）7日，销售给威力公司A产品300件，每件100元，计货款30 000元，增值税3 900元，款项尚未收到。

王平根据这项业务填制了第2号转账凭证，左芳进行了审核，如表3-4-10所示。

表 3-4-8　转账凭证

2022 年 5 月 6 日　　　　转字第 1 号　附件 3 张

摘要	会计科目		借方金额								记账	贷方金额								记账
	总账科目	明细科目	十	万	千	百	十	元	角	分		十	万	千	百	十	元	角	分	
材料入库	原材料	甲材料		2	0	0	0	0	0	0										
		在途物资											2	0	0	0	0	0	0	
合　计			¥	2	0	0	0	0	0	0		¥	2	0	0	0	0	0	0	

会计主管：　　记账：　　　　复核：左芳　　　　出纳：　　　制单：王平

表 3-4-9　付款凭证

贷方科目：库存现金　　　2022 年 5 月 6 日　　　现付字第 1 号　附件 2 张

摘　要	借方科目		金　额								记账
	总账科目	明细科目	百	十	万	千	百	十	元	角	分	
预借差旅费	其他应收款	王强				2	0	0	0	0	0	
合　计						¥	2	0	0	0	0	0	

会计主管：　　记账：　　　　复核：左芳　　　　出纳：李凡　　　制单：王平

表 3-4-10　转账凭证

2022 年 5 月 7 日　　　　转字第 2 号　附件 3 张

摘要	会计科目		借方金额								记账	贷方金额								记账
	总账科目	明细科目	十	万	千	百	十	元	角	分		十	万	千	百	十	元	角	分	
销售A产品	应收账款	威力公司	3	3	9	0	0	0	0	0										
	主营业务收入											3	0	0	0	0	0	0	0	
	应交税费	应交增值税											3	9	0	0	0	0	0	
合　计			¥	3	3	9	0	0	0	0		¥	3	3	9	0	0	0	0	

会计主管：　　记账：　　　　复核：左芳　　　　出纳：　　　制单：王平

（7）9日，公司王强经理报销差旅费时退回余额200元。

王平根据这项业务填制了第1号现金收款凭证，左芳进行了审核，如表3-4-11所示。

表3-4-11　收款凭证

借方科目：库存现金　　　　　　　　2022年5月9日　　　　　　　现收字第1号　附件2张

摘　要	贷方科目		金　额									记账
	总账科目	明细科目	百	十	万	千	百	十	元	角	分	
退回余款	其他应收款	王强					2	0	0	0	0	
合　计						¥	2	0	0	0	0	

会计主管：　　　记账：　　　　复核：左芳　　　　　出纳：李凡　　　　制单：王平

（8）10日，用银行存款25 000元支付广告费。

王平根据这项业务填制了第3号付款凭证，左芳进行了审核，如表3-4-12所示。

表3-4-12　付款凭证

贷方科目：银行存款　　　　　　　　2022年5月10日　　　　　　银付字第3号　附件2张

摘　要	借方科目		金　额									记账
	总账科目	明细科目	百	十	万	千	百	十	元	角	分	
支付广告费	销售费用	广告费			2	5	0	0	0	0	0	
合　计					¥	2	5	0	0	0	0	0	

会计主管：　　　记账：　　　　复核：左芳　　　　　出纳：李凡　　　　制单：王平

（9）11日，收到南方公司以银行存款预付设备租金22 600元。

王平根据这项业务填制了第2号银行收款凭证，左芳进行了审核，如表3-4-13所示。

表3-4-13　收款凭证

借方科目：银行存款　　　　　　　　2022年5月11日　　　　　　银收字第2号　附件1张

摘　要	贷方科目		金　额									记账
	总账科目	明细科目	百	十	万	千	百	十	元	角	分	
预收设备租金	预收账款	南方公司			2	2	6	0	0	0	0	√
合　计					¥	2	2	6	0	0	0	0	

会计主管：　　　记账：　　　　复核：左芳　　　　　出纳：李凡　　　　制单：王平

（10）12日，收到威力公司货款及增值税33 900元，且存入银行。

王平根据这项业务填制了第3号银行收款凭证，左芳进行了审核，如表3-4-14所示。

表3-4-14　收款凭证

借方科目：银行存款　　　　　　　　　2022年5月12日　　　　　　　　银收字第3号　附件1张

摘　要	贷方科目		金　额									记账
	总账科目	明细科目	百	十	万	千	百	十	元	角	分	
收回货款	应收账款	威力公司			3	3	9	0	0	0	0	
合　计			¥	3	3	9	0	0	0	0		

会计主管：　　　记账：　　　复核：左芳　　　　出纳：李凡　　　制单：王平

（11）15日，结转销售A产品300件成本，每件成本60元。

王平根据这项业务填制了第3号转账凭证，左芳进行了审核，如表3-4-15所示。

表3-4-15　转账凭证

　　　　　　　　　　2022年5月15日　　　　　　　　　转字第3号　附件3张

摘　要	会计科目		借方金额							记账	贷方金额							记账
	总账科目	明细科目	十	万	千	百	十	元	角	分		十	万	千	百	十	元	角	分	
结转成本	主营业务成本		1	8	0	0	0	0	0										
	库存商品	A产品										1	8	0	0	0	0	0	
合　计			¥	1	8	0	0	0	0	0		¥	1	8	0	0	0	0	0	

会计主管：　　　记账：　　　复核：左芳　　　　出纳：　　　制单：王平

任务 5 装订与保管会计凭证

任务导入

2023 年 1 月 3 日，达丽公司的会计人员已经完成了 2022 年 12 月份所有会计凭证的填制与审核工作。面对一张张分散的会计凭证，会计人员王平接下来要完成的一项工作便是对会计凭证进行装订与归档。

请思考：王平应如何装订公司的会计凭证？会计凭证应如何保管？

任务分析

正确地进行会计凭证的装订与保管，能及时、真实地反映和监督经济业务的发生和完成情况，提高工作效率，更好地发挥会计的监督作用。达丽公司的会计人员应该了解会计凭证的装订与保管的要求及注意事项，对已经填制与审核完毕的会计凭证进行有序地装订与保管。

相关知识

一、会计凭证的整理（The Ordering of Accounting Vouchers）

会计凭证装订前的整理，是指对会计凭证进行排序、粘贴和折叠。

原始凭证的纸张面积与记账凭证的纸张面积不可能全部一样，有时前者大于后者，有时前者小于后者，这就需要会计人员在制作会计凭证时对原始凭证加以适当整理，以便下一步装订成册。

微课：会计凭证的整理

对于纸张面积大于记账凭证的原始凭证，可按记账凭证的面积尺寸，先自右向左，再自下向上折叠。注意应把凭证的左上角或左侧面让出来，以便装订后，还可以展开查阅。对于纸张面积过小的原始凭证，一般不能直接装订，可先按一定次序和类别排列，再粘在一张同记账凭证大小相同的白纸上。同类、同金额的单据尽量粘在一起，在一旁注明张数和合计金额。

有的原始凭证不仅面积大，而且数量多，可以单独装订，如工资单、耗料单等，但在记账凭证上应注明保管地点。

原始凭证附在记账凭证后面的顺序应与记账凭证所记载的内容顺序一致，不应按原始凭证的面积大小来排序。会计凭证经过上述的加工整理之后，就可以装订了。

二、会计凭证的装订（The Binding of Accounting Documents）

会计凭证的装订是把定期整理完毕的会计凭证按照编号顺序，外加封面、封底，装订成册，并在装订线上加贴封签。

微课：会计凭证的装订与保管　微课：装订会计凭证演示

在封面上，应写明单位名称、年度、月份、记账凭证的种类、起讫日期、起讫号数，以及记账凭证和原始凭证的张数，并在封签处加盖会计主管的骑缝图章。

对各种重要的原始单据，以及各种需要随时查阅和退回的单据，应另编目录，单独登记保管，并在有关的记账凭证和原始凭证上相互注明日期和编号。汇总装订后的会计凭证封面如表3-5-1所示：

表3-5-1　会计凭证的封面

年 月 份 第 册	（企业名称）
	年　月份　共　　册第　　册
	收款
	付款　　凭证　第　号至第　号共　张
	转账
	附：原始凭证共　　张
	会计主管：（签章）　　　　保管：（签章）

会计凭证装订的要求是要既美观大方又便于翻阅，所以在装订时要先设计好装订册数及每册的厚度。一般来说，一本凭证厚度以 2 厘米左右为宜。凭证装订册数可根据凭证的多少来定，原则上以月份为单位装订，每月订成一册或若干册。因此，凭证装订工作不一定非得在月底所有凭证都填制完毕后再进行，平时在凭证达到一定数量时就可以装订成册，这样可以避免出现月底、月初工作量太集中的情况。有些单位业务量小，凭证不多，把若干个月份的凭证合并订成一册就可以，只要在凭证封面注明本册所含的凭证月份即可。

三、会计凭证的保管（The Custody of Accounting Documents）

会计凭证的保管，是指会计凭证登账后的整理、装订和归档存查。会计凭证是记账的依据，是重要的经济档案和历史资料，所以对会计凭证必须妥善整理和保管，不得丢失或任意销毁。

会计凭证的保管，既要做到会计凭证的安全和完整无缺，又要便于凭证的事后调阅和查找。会计凭证归档保管的主要方法和要求包括以下五个方面内容：

（1）会计凭证封面应注明单位名称、凭证总类、凭证张数、起讫号数、年度、月份、会计主管人员、装订人员等有关事项，会计主管人员和保管人员应在封面上签章。

（2）每月记账完毕后，要将本月各种记账凭证加以整理，检查有无缺号和附件是否齐全。然后按顺序号排列，装订成册。为了便于事后查阅，应加具封面，并由有关人员签章。为了防止人为拆分，在装订线上要加贴封签，应有会计主管人员盖章。

随学随测

（3）如果在一个月内，凭证数量过多，可分装若干册，在封面上加注"共计　册"字样。

（4）装订成册的会计凭证应集中保管，并指定专人负责。查阅时，要有一定的手续制度。

（5）会计凭证的保管期限和销毁手续，必须严格遵守会计制度的规定，任何人无权自行随意销毁。

任务实施

王平采用角订法装订会计凭证。装订会计凭证的具体操作步骤如下：

第一步	将凭证封面和封底裁开，分别附在凭证前面和后面，再拿一张质地相同的纸放在封面左上角，做护角。
第二步	在凭证的左上角画一边长为 5 厘米的等腰三角形，用夹子夹住，用凭证装订机在底线上分布均匀地打两个孔。
第三步	用大针引线穿过两个孔和凭证的两端，用线将凭证订牢，如果凭证较厚，可以多穿几次线。
第四步	在凭证的背面打线结，线结最好系在凭证中端上。
第五步	将护角向左上侧折，并将一侧剪开至凭证的左上角，然后抹上胶水。

| 第六步 | 向后折叠，并将侧面和背面的线结粘死，将凭证角包好。 |
| 第七步 | 待晾干后，在凭证本的脊背上面写上"某年某月第几册共几册"的字样。在装订线封签处签名或盖章。现金凭证、银行凭证和转账凭证最好依次顺序编号，一个月从头编一次序号，如果单位的凭证少，可以全年顺序编号。 |

　　王平将凭证装订整齐、美观后，按规定填写了凭证封面和脊背，在装订线封签处盖上了自己的私章，请主管审核并盖章。完成这些工作后，王平将会计凭证交于财务部专门负责会计档案保管的张丽华，并在会计档案登记簿上进行了登记。

项 目 小 结

　　会计的基本特点之一是分门别类地核算经济业务，因此，首先需要对会计核算和监督的内容进行分类。将会计对象的具体内容按其经济特征，划分为资产、负债、所有者权益、收入、费用和利润六个要素，这是对资金运动的第一层次分类，其中，资产、负债、所有者权益是设定资产负债表的依据；收入、费用、利润是经营成果要素，是设定利润表的依据。

　　资产、负债、所有者权益、收入、费用、利润六项会计要素，无论如何转化，最终都要回到资产、负债与所有者权益之间的平衡关系上来。"资产 = 负债 + 所有者权益"是会计恒等式，任何方式的经济业务都不会破坏这一平衡关系。会计恒等式是设置会计科目与账户、进行复式记账和编制会计报表的理论基础和依据。

　　会计科目是对会计要素的内容进行具体分类的类别名称。账户是根据会计科目开设的，用来对会计科目所反映的内容连续、系统地记录的一种工具。会计科目仅仅是类别名称，而账户是记账实体，账户是根据会计科目设置的。科目和账户按所反映的经济内容分为六类：资产类、负债类、所有者权益类、共同类、成本类、损益类；按照反映经济内容的详细程度分为总分类科目、明细分类科目，相应设置总账和明细账，并遵循依据相同、方向相同、期间相同、金额相同的平行登记要求登记总账和明细账，以检查总账与明细账登记的正确性。

　　借贷记账法是以"借""贷"二字作为记账符号的一种复式记账方法。会计恒等式为借贷记账法提供了理论依据。在借贷记账法下，资产类账户的借方登记增加额，贷方登记减少额；负债和所有者权益类账户的借方登记减少额，贷方登记增加额。

　　会计分录是分别指明每笔经济业务应使用的账户名称、应借应贷的方向及其金额的一种记录形式。为了检查账户记录的正确性，需要对经济业务进行试算平衡。

　　为了更好地掌握借贷记账法，以企业的主要经济业务所组成的生产经营过程和结果为基础，根据各项经济业务的具体内容和管理要求设置账户，并运用借贷记账法对发生的业务进行会计处理。

　　会计凭证是记录经济业务事项发生或完成的书面证明，是会计主体进行任何一项经济业务都必须填制的、具有法律效力的真凭实据。填制和审核会计凭证，是会计的基本方法之一，也是会计核算的基础工作。

　　会计凭证按照填制程序和用途的不同，可以分为原始凭证和记账凭证两种。两者同属于会计凭证，但他们在填制目的、依据、用途以及填制的人员方面又有区别。原始凭证必须客观地、如实地反映经济业务的发生或完成情况，并明确有关单位或人员的经济责任。记账凭证是会计人员根据审核无误的原始凭证或原始凭证汇总表，按记账的要求归类整理而编制的。记账凭证按照使用单位选择和适用的经济业务不同，分为通用记账凭证和专用记账凭证。会计人员要熟悉记账凭证的基本内容，掌握两种记账凭证的编制方法，确认会计科目，便于登记账簿和日后查阅。

　　会计凭证填制完毕要按一定程序在相应部门传递，从编制、办理业务手续、审核、整理、记账，到装订成册、归档保管。会计凭证保管期满前，任何人不得随意销毁。会计凭证保管期满后需要销毁的，必须履行相关手续。会计人员需要熟悉并掌握会计凭证的审核、整理、装订的基本技能。

实施效果检测

一、判断题

1. 资产是指由于过去、现在、未来的事项和交易形成并由企业拥有或控制的经济资源，该资源预期会给企业带来经济利益。（　　）

2. 资产与权益恒等式关系是复式记账法的理论基础，也是企业编制资产负债表的依据。（　　）

3. 会计科目是对会计要素的具体内容进行分类核算的项目。（　　）

4. 借贷记账法中，借方表示增加，贷方表示减少。（　　）

5. 通过编制试算平衡表，可以检查记账中的所有错误。（　　）

二、单项选择题

1. 下列不属于企业会计要素的是（　　）。

Ⓐ资产　　　　　Ⓑ收入　　　　　Ⓒ净资产　　　　　Ⓓ负债

2. 某企业接受外单位投资 500 000 元，所引起的变动为（　　）。

Ⓐ一项资产减少，另一项资产增加

Ⓑ一项资产减少，另一项负债增加

Ⓒ一项资产增加，另一项所有者权益增加

Ⓓ一项资产减少，另一项负债减少

3. 对每个账户而言，期末余额只能在（　　　）。

Ⓐ借方　　　　　　　Ⓑ贷方　　　　　　　Ⓒ借方和贷方　　　Ⓓ账户的一方

4. 借贷记账法下，账户的借方登记（　　　）。

Ⓐ资产的增加　　　　　　　　　　Ⓑ收入的增加

Ⓒ所有者权益的增加　　　　　　　Ⓓ负债的增加

5. 下列记账凭证中，只用于记录不涉及现金和银行存款业务的记账凭证是（　　　）。

Ⓐ收款凭证　　　Ⓑ付款凭证　　　Ⓒ转账凭证　　　Ⓓ累计凭证

6. "应收账款"账户的期初余额为8 000元，本期增加额为12 000元，期末余额为6 000元，则该账户的本期减少额为（　　　）。

Ⓐ10 000元　　　Ⓑ4 000元　　　Ⓒ2 000元　　　Ⓓ14 000元

7. 在借贷记账法下，负债类账户的结构特点是（　　　）。

Ⓐ借方记增加，贷方记减少，余额在借方

Ⓑ贷方记增加，借方记减少，余额在贷方

Ⓒ借方记增加，贷方记减少，一般无余额

Ⓓ贷方记增加，借方记减少，一般无余额

8. 下列经济业务发生不会使会计等式两边总额发生变化的有（　　　）。

Ⓐ用银行存款支付前欠购料款　　　Ⓑ从银行提取现金

Ⓒ从银行取得借款存入银行　　　　Ⓓ收到预收账款存入银行

9. 下列项目中属于流动资产的是（　　　）。

Ⓐ预付账款　　　Ⓑ应付账款　　　Ⓒ预收账款　　　Ⓓ短期借款

10. 下列经济业务发生后，使资产和权益总额不变的项目有（　　　）。

Ⓐ以银行存款5 000元，偿还前欠货款

Ⓑ从银行取得借款20 000元，存入银行

Ⓒ以接受外单位投资300 000元，并送存银行

Ⓓ从银行提取现金800元

三、多项选择题

1. 以下选项中，属于资产基本特征的是（　　　）。

Ⓐ是由过去交易或事项形成的　　　Ⓑ是有形的

Ⓒ是企业拥有或控制　　　　　　　Ⓓ未来能够给企业带来经济利益

2. 下列经济业务的发生会引起资产总额变化的是（　　　）。

Ⓐ收回前欠货款存入银行存款户　　　Ⓑ以银行存款购买轿车一辆

C 以银行存款偿还应付账款 D 收到投资者投入的无形资产

3. 会计科目设置的原则（   ）。

A 既符合会计制度规定，又符合企业经济业务的特点

B 既满足对外提供财务报告的要求，又要符合内部经营管理的需要

C 既要适应经济业务发展的需要，又要保持相对的稳定

D 既要满足企业对各项经济活动进行记录和核算的需要，又要形成一个完整和统一的单位内部核算体系

4. 下列项目中属于流动负债的有（   ）。

A 预付账款   B 应付账款   C 应付利息   D 应付职工薪酬

5. 记账凭证的基本内容有（   ）。

A 凭证的名称   B 经济业务摘要   C 经济业务金额   D 所附原始凭证张数

6. 下列对账户余额的表述，正确的是（   ）。

A 资产类账户的期末余额 = 期初余额 + 本期借方发生额 − 本期贷方发生额

B 资产类账户的期末余额 = 期初余额 + 本期贷方发生额 − 本期借方发生额

C 负债类账户的期末余额 = 期初余额 + 本期借方发生额 − 本期贷方发生额

D 负债类账户的期末余额 = 期初余额 + 本期贷方发生额 − 本期借方发生额

7. 以下会计分录中，属于复合会计分录的有（   ）。

A 借：原材料   5 000
    贷：银行存款   5 000

B 借：生产成本   5 000
      制造费用   1 500
    贷：原材料   6 500

C 借：生产成本   7 200
      制造费用   1 200
    贷：累计折旧   8 400

D 借：银行存款   1 000
    贷：现金   1 000

8. 借贷记账法下，账户的借方登记（   ）。

A 资产的增加   B 费用的增加

C 所有者权益的减少   D 负债的增加

四、实训练习

练习一

实训目的： 练习资产、负债、所有者权益的分类。

实训资料： 康奇工厂 2022 年 4 月 30 日资产、负债及所有者权益的状况如习题表 3-1 所示。

习题表 3-1　2022 年 4 月 30 日资产、负债、所有者权益的状况

单位：元

序　号	内　容	金　额	资　产	负　债	所有者权益
1	厂部行政楼	320 000			
2	生产用厂房	1 100 000			
3	车间设备	260 000			
4	管理人使用轿车	120 000			
5	生产用原材料	290 000			
6	尚未完工产品	1 700 000			
7	现金	70 000			
8	银行里的存款	320 000			
9	尚未收回的账款	60 000			
10	投资者投入资本	3 654 000			
11	尚未归还的借款	346 000			
12	尚未支付的货款	120 000			
13	应交未交的税费	60 000			
14	未分配的利润	60 000			
		合　计			

实训要求：根据习题表 3-1 的内容进行要素归类，并将其金额填入三要素中的正确一栏；且计算出资产、负债、所有者权益的总额，填入合计栏内，说明结果之间存在着什么关系？

练习二

实训目的：掌握经济业务对会计恒等式的影响。

实训资料：巨人公司 2022 年 5 月 1 日资产、负债及所有者权益各项目如习题表 3-2 所示。该公司 5 月份发生下列经济业务：

（1）3 日，向银行取得 6 个月的借款 15 000 元，转入企业存款户。

（2）14 日，收回华强公司所欠货款 30 000 元，存入银行。

（3）25 日，用银行存款偿还前欠 B 公司货款 12 000 元。

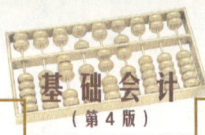

（4）26 日，收到 C 公司投资存款 36 000 元。

实训要求：根据上述资料，编制该公司在 5 月份的会计分录，说明各要素的增减变化是否对恒等式产生影响？编制该公司 5 月份的资产负债表并填入习题表 3-3。

习题表 3-2　资产负债表（一）

2022 年 5 月 1 日　　　　　　　　单位：元

资　产	金　额	负债及所有者权益	金　额
库存现金	400	短期借款	30 000
银行存款	35 000	应付账款	16 000
应收账款	62 000	实收资本	140 000
存　货	18 000	资本公积	9 400
固定资产	120 000	本年利润	40 000
合　计	235 400	合　计	235 400

习题表 3-3　资产负债表（二）

2022 年 5 月 31 日　　　　　　　　单位：元

资　产	金　额	负债及所有者权益	金　额
库存现金		短期借款	
银行存款		应付账款	
应收账款		实收资本	
存　货		资本公积	
固定资产		本年利润	
合　计		合　计	

练习三

实训目的：练习各账户期初余额、本期发生额、期末余额的计算方法。

实训资料：如习题表 3-4 所示。

习题表 3-4　计算练习

单位：元

科目名称	期初余额		发生额		余　额	
	借方	贷方	借方	贷方	借方	贷方
库存现金	20 000		12 000	9 000	（　）	
银行存款	70 000		（　）	90 000	100 000	
应收账款	（　）		40 000	60 000	30 000	
应付账款		70 000	60 000	80 000		（　）
短期借款		35 000	（　）	12 000		26 000
实收资本		38 000		（　）		76 000
本年利润		18 700	3 600	（　）		21 000

实训要求：填列表中打括号部分。

〔 练习四 〕

实训目的：通过编制会计分录，登记 T 字账户及编制试算平衡表，进一步掌握借贷复式记账法。

实训资料：

（1）索妮公司 2022 年 5 月份有关账户的期初余额如习题表 3-5 所示。

习题表 3-5　索妮公司账户

2022 年 5 月 1 日　　　　　　　　　　　　单位：元

资　产	借方余额	负债及所有者权益	贷方余额
库存现金	8 000	短期借款	120 000
银行存款	248 000	应付账款	109 200
应收账款	300 000	应付职工薪酬	19 800
原材料	68 000	应交税费	8 900
生产成本	184 000	实收资本	600 000
固定资产	759 000	本年利润	709 100
合　计	1 567 000	合　计	1 567 000

（2）该公司 2022 年 5 月份发生下列业务：

❶ 购进材料一批，计价 52 000 元，材料已验收入库，货款通过银行转账支付（假定不考虑增值税）。

❷ 用银行存款支付上月应交未交的税费 8 900 元。

❸ 从银行提取现金 32 000 元。

❹ 收到 M 公司投资款 180 000 元，存入银行。

❺ 以银行存款支付生产工人工资 40 000 元。

❻ 收到前欠销货款 290 000 元，存入银行。

❼ 将支付给生产工人的 40 000 元工资计入产品生产成本。

实训要求：

（1）根据 5 月份发生的经济业务，编制会计分录。

（2）写出 T 形账户登记期初余额、本期发生额，结出期末余额。

（3）编制总分类账户本期发生额及期末余额试算平衡表，如习题表 3-6 所示。

习题表 3-6　总分类账户本期发生额及期末余额试算平衡表

单位：元

账户名称	期初余额		本期发生额		期末余额	
	借方	贷方	借方	贷方	借方	贷方
库存现金						
银行存款						
应收账款						
原材料						
固定资产						
生产成本						
短期借款						
应付账款						
应交税费						
应付职工薪酬						
实收资本						
本年利润						
合　计						

练习五

实训目的： 掌握资金筹集业务的核算。

实训资料： 某企业发生如下的资金筹集业务：

（1）企业收到国家的投资 1 000 000 元，存入银行。

（2）企业从工商银行借入为期 3 个月的短期借款 100 000 元，已存入银行。

（3）企业与开发银行达成协议借入为期两年的长期借款 500 000 元，已存入银行。

（4）企业以银行存款支付银行办理短期借款业务的手续费 150 元。

实训要求： 根据上面所给的经济业务编制会计分录。

练习六

实训目的： 掌握材料采购业务的核算。

实训资料： 某企业发生如下的材料采购业务：

（1）企业向日升工厂购买甲材料，收到日升工厂开来的增值税专用发票，载明数量 2 000 千克，单价 1.90 元，价款 3 800 元；增值税额为 494 元；价税合计 4 294 元，材料尚未到达，款项以银行存款支付。

（2）企业向日升工厂购买乙材料，收到日升工厂开来的增值税专用发票，载明数量 6 000 千克，每千克 1.00 元，价款 6 000 元，增值税额为 780 元，价税合计 6 780 元，材料尚未到达，款项以银行存款支付。

（3）企业以银行存款 480 元支付上述甲、乙两种材料的打包的运杂费，以甲、乙两种材料的重量比例作为分配标准分摊运费。

（4）企业向日升工厂购买乙材料，发票账单已到，数量 3 000 千克，单价 1.00 元，打包的运杂费 180 元，增值税额 390 元，材料已到并入库，但货款尚未支付。

（5）企业以银行存款 3 570 元偿还前欠日升工厂货款。

（6）甲、乙两种材料已验收入库，结转其实际采购成本。

实训要求：根据上面所给的经济业务编制会计分录。

【 **练习七** 】

实训目的：掌握产品生产过程业务的核算。

实训资料：某单位发生如下产品生产过程的业务：

（1）本月仓库共发出 A 材料 42 000 元，其中生产甲产品领用 18 000 元，生产乙产品领用 12 000 元，车间管理部门耗用 2 000 元，行政管理部门耗用 5 000 元，销售部门领用 5 000 元。

（2）分配本月职工工资 60 000 元，其中甲产品生产工人工资 18 000 元，乙产品生产工人工资 22 000 元，车间管理人员工资 2 600 元，行政管理人员工资 3 400 元，销售部门人员工资 14 000 元。

（3）以银行存款 60 000 发放本月职工工资。

（4）计提本月固定资产折旧 8 240 元，其中，车间应提折旧费 4 200 元，行政管理部门应提折旧费 4 040 元。

（5）以银行存款支付本月水电费 4 860 元，其中，车间用水电费 2 560 元，管理部门用水电费 2 300 元。

（6）归集并分配本月制造费用，按生产工时比例分配。甲产品生产工时 2 000 小时，乙产品生产工时 2 200 小时。

（7）本月甲产品生产全部完工入库，结转完工产品成本。

实训要求：根据上面的经济业务编制会计分录。

【 **练习八** 】

实训目的：掌握产品销售过程业务的核算。

实训资料：某单位发生如下的产品销售业务：

（1）1 月 5 日企业销售 A 产品 20 件，每件售价 300 元，增值税 780 元，价税合计 6 780 元，商品已发出，款项已收到存入银行。

（2）1 月 8 日企业销售 B 产品 40 件，每件售价 250 元，增值税 1 300 元，商品已发出，款项已收到存入银行。

（3）1 月 20 日企业又销售 A 产品 30 件，每件售价 300 元，增值税 1 170 元，商品已经发出，款项尚未收到。

（4）企业以银行存款支付销售产品的广告费 300 元，装卸费 200 元。

（5）假设该企业销售的 A、B 两种商品属于消费税征收范围，按规定计算应交消费税（税率 40%） 10 000 元。

（6）月末计算并结转已售商品的销售成本（假设该企业按全月一次加权平均法计算A、B两种产品的平均单位成本）A、B产品的销售成本为：

A产品销售成本＝50×100＝5 000（元）

B产品销售成本＝40×90＝3 600（元）

（7）企业售出甲材料10吨，价款10 000元，增值税1 300元，价税合计11 300元存入银行。

（8）结转出售甲材料的成本9 000元。

实训要求：根据以上业务编制会计分录。

练习九

实训目的：掌握财务成果业务的核算。

实训资料：某企业财务成果核算过程的经济业务如下：

（1）取得罚款收入2 000元，已存入银行。

（2）以银行存款2 500元，捐赠给希望小学。

（3）本年损益类账户发生额为：管理费用32 000元；财务费用8 000元；销售费用12 000元；主营业务收入824 500元；其他业务收入4 500元；主营业务成本420 000元；其他业务成本2 200元；税金及附加5 100元。

（4）结转各项收入、利得。

（5）结转各项费用、损失。

（6）该企业所得税税率为25%，计算并结转所得税费用。

（7）分别按公司净利润的10%和5%提取法定盈余公积和任意盈余公积，按30%给投资者分配利润。

实训要求：根据上面所给的经济业务编制会计分录。

五、案例分析

李恩斯刚从会计专业毕业，被聘任为百富达公司的会计，今天是第一天上班。财务科的同事忙得不可开交（大家正在忙于月末结账）。财务科长为了检验一下李恩斯的工作能力，就问："试算平衡表的编制方法在学校学过吧？""学过。"李恩斯很自然地回答。

科长便说："那好吧，你先编一下我们公司这个月的试算平衡表"。科长便叫另一会计帮他找出了本公司所有的总账账簿，接过账簿后，李恩斯便在他的办公桌前开始工作。不到一个小时，一张"总分类账户发生额及余额试算平衡表"就完整的编制出来了。看到表格上那相互平衡的三组数字，李恩斯兴冲冲地向科长交了差。

"呀，昨天车间领材料的单据还没记到账上去呢，这也是这个月的业务啊！"会计员王丽华说道。还没等李恩斯缓过神来，会计员小陈手里又拿着一些会计凭证凑了过来，对科长说："这笔账我核对过了，应当记入'原材料'和'生产成本'的是10 000元，而不是9 000元。已经入账的那部分数字还得改一下。"

"试算平衡表不是已经平衡了吗？怎么还有错账呢？"李恩斯不解地问。

要求：请你运用所学知识解释李恩斯的问题。

能 力 提 升

拓展练习　　　　　拓展练习答案

项目四

汇总经济业务，掌握登记账簿的方法

2. 能正确登记库存现金日记账和银行存款日记账。

3. 能正确登记总账和各种明细账。

4. 能进行对账和结账。

5. 能选择适当的方法进行错账更正。

6. 能编制银行存款余额调节表。

7. 能正确更换新账。

　　当我们通过填制记账凭证将企业的经济活动记录下来后，我们会感到每一张凭证所记录的仅仅是某一笔业务发生的情况，不能全面、系统地反映企业的经济活动情况，需要将分散在每一张会计凭证上的信息进行汇总。我们可以利用会计账簿对企业的经济业务进行集中和分类汇总。

思维导图 ▶

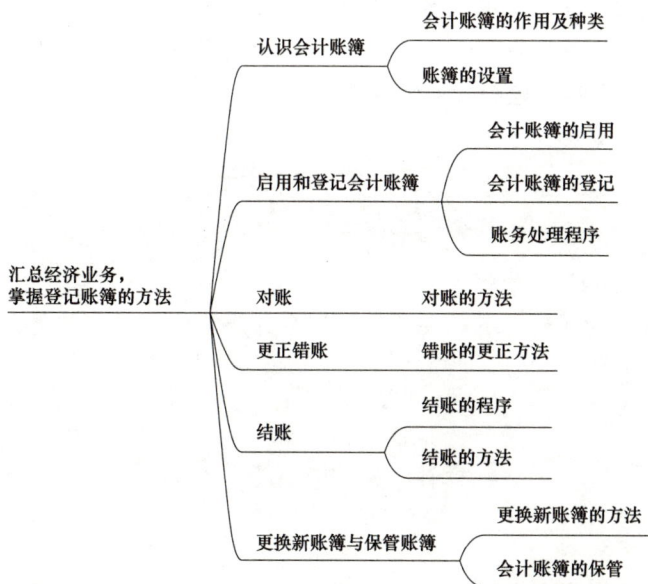

基础会计
（第4版）

任务 1

认识会计账簿

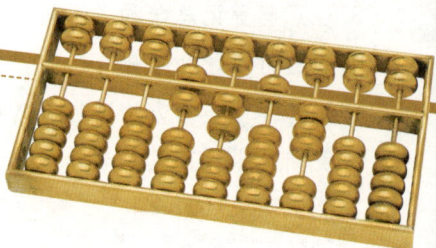

裴咏俊根据公司所发生的经济业务填制了相应的记账凭证，接下来的工作是根据记账凭证登记账簿。公司老会计曾姐给了他几本账簿，有库存现金日记账、银行存款日记账和总分类账三本订本式的账簿，还有几种不同格式的活页账。裴咏俊有点摸不着头脑了，通过编制记账凭证已经将经济业务进行了记录，为什么还需要登记账簿呢？账簿到底有几种？分别适用于登记哪些账呢？曾姐耐心地给他进行了讲解。

任 务 分 析

裴咏俊要弄明白这些问题，首先要让他知道会计账簿的作用和种类，然后要了解各种账簿的特点和适用的账户。

相 关 知 识

一、会计账簿的作用与种类（The Classification and Role of Account Books）

同学们从小到大用过很多的本子，有练习本、作文本、英语抄、硬皮抄和各种各样的笔记本，大家用本子来做作业、记笔记、做摘抄等。会计也有自己的本子，用来记录会计语言、登记企业的经济活动情况。下面我们就来学习会计账簿。

会计账簿是由具有一定格式而又互相联系的账页所组成，用以全面、系统、连续记录各项经济业务的簿籍。 它是编制财务报表的依据，也是保存会计资料的重要工具。

1. 会计账簿的作用

在会计核算工作中，对每一项经济业务，都必须填制记账凭证，以便及时反映和监督企业所发生的每一笔经济业务情况。由于记账凭证的数量很多，又很分散，而且每一张凭证所记录的仅仅是某一笔业务发生的情况，不能全面、连续、系统、综合地反映和监督企业发生的经济活动的全过程及其结果，更不能提供每一个账户的变动情况及结果，而这些会计信息恰恰又是会计信息使用者所必需的。因此，为了满足会计信息使用者对会计信息的要求，在会计核算中，除了取得和填制会计凭证外，还需要运用账簿这一载体，把分散在会计凭证上的全部会计信息，加以集中和分类汇总，从而及时地、系统地反映会计单位经济活动和财务收支状况，为编制会计报表和企业内部管理提供必要的、有用的会计信息。各单位应当按照国家统一的会计制度的规定和会计业务的需要设置会计账簿。

2. 会计账簿的种类

会计账簿可以按照它的用途、外表形式和账页格式的不同来进行分类。

（1）按照用途分类，如图 4-1-1 所示。

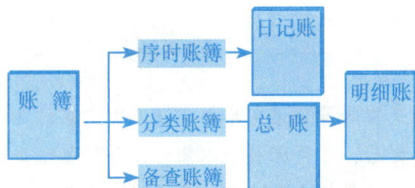

微课：认识会计账簿

被珍藏的家庭账簿

微课：会计物品演示

图 4-1-1　账簿按照用途分类

❶ 序时账簿　　序时账簿也称为日记账，是按照经济业务发生时间的先后顺序进行登记的账簿。序时账有两种形式：一种是把全部经济业务按照时间顺序记录在账簿中，称为普通日记账；一种是把性质相同的经济业务分别登记下来，称为特种日记账。我国要求企业必须设置的特种日记账是现金日记账和银行存款日记账。

续表

❷分类账簿	分类账簿是按照账户分类登记经济业务的账簿。由于账户有总分类账户和明细分类账户之分，因此，分类账簿又可分为总分类账簿和明细分类账簿。前者按照总分类账户进行分类登记，简称总账；后者按照明细分类账户进行分类登记，简称明细账。
❸备查账簿	备查账簿是对某些在序时账和分类账等主要账簿中未能记录或记载不全的经济业务进行补充登记的账簿，是一种辅助性的账簿，它可以为经营管理者提供必要的参考资料，如委托加工材料登记簿、租入固定资产登记簿等。它没有固定格式，与其他账簿之间不存在依存和勾稽关系。

（2）按照外表形式分类，如图4-1-2所示。

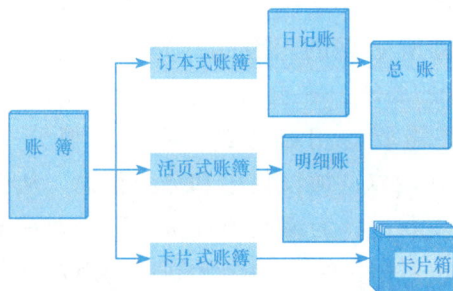

图4-1-2　账簿按照外表形式分类

❶订本式账簿	订本式账簿是启用之前就已将账页装订在一起，并对账页进行了连续编号的账簿。它的优点是能够避免账页散失和人为的抽换账页，保证账簿记录资料的安全性；它的缺点是必须事先估计每个账户所需要的账页张数，预留账页过多，会造成浪费，而预留太少又会影响账户的连续登记。比较重要的账簿，如总分类账、库存现金日记账、银行存款日记账均采用订本账。
❷活页式账簿	活页式账簿是在账簿登记完毕之前并不固定装订在一起，而是装在活页账夹中。当账簿登记完毕之后，才将账页予以装订，并给各账页连续编号。其优点是便于记账分工，节省账页，且登记方便；其缺点是账页容易散失和被人为抽换。各种明细分类账一般采用活页账形式。
❸卡片式账簿	卡片式账簿是将账户所需格式印刷在硬卡上。严格地说，卡片账簿也是一种活页账，只不过它不是装在活页账夹中，而是装在卡片箱内。

（3）按照账页格式分类，如图4-1-3所示。

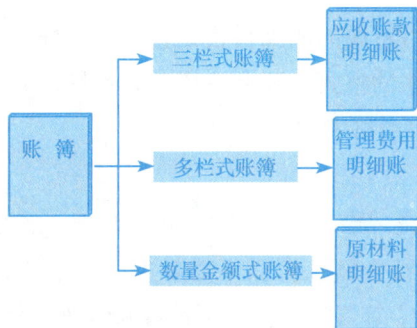

图 4-1-3　账簿按照账页格式分类

❶ 三栏式账簿	三栏式账簿是设有"借方""贷方"和"余额"三个基本栏目的账簿。这种格式适用于只提供价值信息，不需要提供数量信息的账簿，如总账、库存现金日记账、银行存款日记账、债权债务类明细账等。
❷ 多栏式账簿	多栏式账簿是在账簿的两个基本栏目"借方"和"贷方"按需要分设若干专栏的账簿。这种格式适用于核算项目较多，且管理上要求提供各核算项目详细信息的账簿，如成本、费用等明细账。
❸ 数量金额式账簿	数量金额式账簿的"借方""贷方"和"余额"三个栏目内，都分设"数量""单价"和"金额"三小栏，以反映财产物资的实物数量和价值量。这种格式适用于既需要提供价值信息，又需要提供数量信息的账簿，如原材料明细账和库存商品明细账等。

二、账簿的设置（The Setting Up of Account Books）

账簿的设置必须按照《会计法》和国家统一会计制度的规定来进行，设置的账簿包括总账、明细账、日记账和其他辅助性账簿。

1. 设置总账

总账是根据一级会计科目（也称总账科目）开设的账簿，用来分类登记企业的全部经济业务，提供资产、负债、所有者权益、费用、收入和利润等总括的核算资料。总账的格式采用三栏式，外表形式一般应采用订本式账簿。总账格式如表4-1-1所示。

2. 设置明细账

明细账通常根据总账科目所属的明细科目设置，用来分类登记某一类经济业务，提供有关的明细核算资料。明细账的格式主要有三栏式、数量金额式和多栏式，企业应根据财产物资管理的需要选择明细账的格式。

（1）三栏式。

三栏式明细账的账页只设"借方""贷方"和"余额"三个金额栏，不设数量栏。这种格式适用于那些只需要进行金额核算而不需要进行数量核算的明细核算，如"应收账款""应付账款""其他应收款"等债权债务结算科目的明细分类核算。账页格式如表4-1-2所示。

（2）多栏式。

多栏式明细账的账页按照明细科目或明细项目分设若干专栏，以在同一账页上集中反映各有关明细科目或某明细科目各明细项目的金额。这种格式适用于费用、成本、收入和成果的明细核算，如"制造费用""管理费用""营业外收入"等科目的明细分类核算。账页格式如表4-1-3所示。

（3）数量金额式。

数量金额式明细账的账页按"借方（收入）""贷方（发出）"和"余额（结存）"，再分别设"数量""单价"和"金额"三小栏。这种格式适用于既需要进行金额核算，又需要进行实物数量核算的各种财产物资的明细核算，如"原材料""库存商品"等财产物资科目的明细分类核算。账页格式如表4-1-4所示。

3. 设置日记账

根据财政部《会计基础工作规范》的规定，各单位应设置库存现金日记账和银行存款日记账，以便逐日核算、监督现金和银行存款的收入、支出和结存情况。库存现金日记账和银行存款日记账的账页一般采用三栏式，即"借方""贷方"和"余额"三栏。由于库存现金和银行存款是企业流动性最强的资产，为保证账簿资料的安全、完整，账簿外表形式应采用订本式。库存现金日记账和银行存款日记账的格式如表4-1-5、表4-1-6所示。

4. 设置备查账

备查账作为一种辅助账簿，并不是每个企业都要设置备查账簿，而应根据管理的需要来确定。备查账的格式由企业自行确定。备查账没有固定的格式，与其他账簿之间也不存

表 4-1-1　总账

账户编号及名称：＿＿＿＿＿＿＿＿

年		凭证		摘要	借方	贷方	借或贷	余额
月	日	种类	号数		亿千百十万千百十元角分	亿千百十万千百十元角分	√	亿千百十万千百十元角分

表 4-1-2　三栏式明细账

二级科目编号及名称：＿＿＿＿＿＿＿＿

年		凭证		页	摘要	借方	贷方	借或贷	余额
月	日	种类	号数			千百十万千百十元角分	千百十万千百十元角分	√	千百十万千百十元角分

表 4-1-3　多栏式明细账

二级科目或名称：⋯⋯⋯⋯⋯⋯
三级科目或名称：⋯⋯⋯⋯⋯⋯

年		记账凭证	摘要	借方金额		贷方金额		余额方向	余额	√	（　）方分析		⋯
月	日	种类 编号		千百十万千百十元角分	√	千百十万千百十元角分	√		千百十万千百十元角分		百十万千百十元角分	百十万千百十元角分	百十万千百十元角分

表 4-1-4　数量金额式明细账

存放地点　　　　最高存量　　　　最低存量　　　　名称及规格　　　　计量单位　　　　货号⋯⋯⋯⋯

年		凭证	摘要	收入			发出			结存		
月	日	种类 号数		数量	单价	金额 千百十万千百十元角分	数量	单价	金额 千百十万千百十元角分	数量	单价	金额 千百十万千百十元角分

表 4-1-5　库存现金日记账

年		凭证		摘要	对方科目	借方金额											√	贷方金额											√	余　额											√
月	日	种类	号数			十	亿	千	百	十	万	千	百	十	元	角	分		十	亿	千	百	十	万	千	百	十	元	角	分		十	亿	千	百	十	万	千	百	十	元	角	分	

表 4-1-6　银行存款日记账

年		凭证		摘要	对方科目	借方金额											√	贷方金额											√	余　额											√
月	日	种类	号数			十	亿	千	百	十	万	千	百	十	元	角	分		十	亿	千	百	十	万	千	百	十	元	角	分		十	亿	千	百	十	万	千	百	十	元	角	分	

在严密的勾稽关系，其格式可由企业根据内部管理的需要自行确定。备查账的外表形式一般采用活页式。

任务实施

裴咏俊通过老会计曾姐的讲解后，解决了他开始关于账簿所存在的疑问。他明白账簿的作用是：通过账簿的设置和登记，记载、储存会计信息。将会计凭证所记录的经济业务——记入有关账簿，可以完全反映公司在一定时期内所发生的各项资金运动，储存所需要的各项会计信息。账簿从外表形式进行分类一般可分为订本式、活页式、卡片式。还有，银行存款日记账、库存现金日记账、总账应当选择订本式，明细分类账一般选择活页式。因此他准备用订本式账簿登记总分类账、银行存款日记账、库存现金日记账，用活页式账簿登记明细账。

任务 2 启用和登记会计账簿

任务导入

王菲菲去年底刚从美国留学回来，主修会计学专业。回国后，她迅速找到了一份会计工作，她自信满满地去上班了。可是当她第一天上班，见到一大堆账簿的时候，她有点傻眼了，一直在美国学习的她对这些东西并不是很熟悉，对于这些账簿的登记方法更是不清楚，于是谦虚好学的她立马找到有丰富经验的周经理，请她指导一下，到底账簿应该如何登记，有哪些需要特别注意的地方。

任 务 分 析

案例中王菲菲要想很好地解决她所遇到的问题，就必须了解会计账簿的启用方法，各种账簿的登记方法，以及本公司采用何种账务处理程序。

相 关 知 识

一、会计账簿的启用（The Use of Accounting Books）

同学们在用新作业本做作业以前，都要先在作业本的封面上写上姓名、班级、课程名称等。会计人员在启用新的会计账簿时，也要把封面上的内容填上。

启用新的会计账簿时，会计人员应当在账簿封面上写明单位名称和账簿名称，并填写账簿扉页上的"账簿启用及交接登记表"，如表4-2-1所示，注明启用日期、账簿起止页数（如果是活页式账簿，可在装订时填写起止页数）、记账人员和会计机构负责人、会计主管人员姓名等，并加盖名章和单位公章。当记账人员或者会计机构负责人、会计主管人员调动工作时，也要在"账簿启用及交接登记表"上注明交接日期、接办人员和监交人员姓名，并由交接双方签字或者盖章。这样做可以明确有关人员的责任，加强有关人员的责任感，维护会计账簿记录的严肃性。

微课：会计账簿的启用与登记

微课：会计建账演示　随学随测

表 4-2-1　账簿启用及交接登记表

单位名称				粘贴印花
账簿名称				
册次及起讫页数	自　　页起至　　页止共　　页			
启用日期				
停用日期				
经管人姓名	接管日期	交出日期	经管人盖章	会计主管盖章
	年　月　日	年　月　日		
	年　月　日	年　月　日		
	年　月　日	年　月　日		
备注				单位公章

二、会计账簿的登记（The Registration of Accounting Books）

1. 登记会计账簿的具体要求

（1）内容准确完整。登记会计账簿时，应当将会计凭证日期、编号、业务内容摘要、金额和其他有关资料逐项记入账簿内，做到数字准确、摘要清楚、登记及时、字迹工整。登记完毕后，记账人员要在记账凭证上签名或者盖章，并注明已经登账的符号（如打"√"）。

（2）登记顺序。各种账簿要按页次顺序连续登记，不得跳行、隔页。如果发生跳行、隔页，应当将空行、空页画线注销，或者注明"此行空白""此页空白"字样，并由记账人员签名或盖章。

（3）正常记账使用蓝黑墨水。登记账簿要用蓝黑墨水或者碳素墨水书写，不得用圆珠笔（除银行的复写账簿外）或者铅笔书写。

（4）特殊记账使用红色墨水。

> **下列情况，可以用红色墨水记账：**
>
> ❶ 按照红字冲账的记账凭证，冲销错误记录；
> ❷ 在不设借贷等栏的多栏式账页中，登记减少数；
> ❸ 在三栏式账户的余额栏前，如未印明余额方向的，在余额栏内登记负数余额；
> ❹ 根据国家统一会计制度的规定可以用红字登记的其他会计记录。

（5）书写留空，不能满格。账簿中书写的文字和数字紧靠下线书写，不要写满格，一般应占格距的二分之一，以便留有改错的空间，也方便查账。阿拉伯数字书写排列要有序，且字体要自右上方向左下方倾斜60°，如图4-2-1所示。

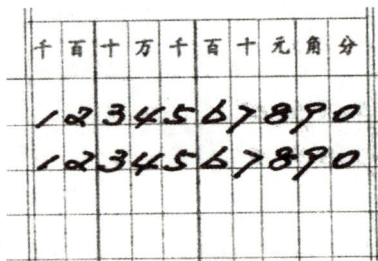

图4-2-1 阿拉伯数字规范书写

（6）结出余额。凡需要结出余额的账户，结出余额后，应当在"借或贷"等栏内写明"借"或者"贷"字样。没有余额的账户，应当在"借或贷"等栏内写"平"字，并在余额栏内用"0"或"0"上加上波浪线"θ"表示。现金日记账和银行存款日记账必须逐日结出余额。一般来说，对于没有余额的账户，在余额内标注的"0"应当放在"元"位。

（7）转页手续。每一账页登记完毕结转下页时，应当结出本页合计数及余额，写在本页最后一行和下页第一行有关栏内，并在摘要栏内注明"过次页"和"承前页"字样。

（8）定期打印。对于实行会计电算化的单位，总账和明细账应当定期打印。发生收款和付款业务的，在输入收款凭证和付款凭证的当天必须打印出现金日记账和银行存款日记账，并与库存现金核对无误。

2. 账簿的登记方法

（1）日记账的登记方法。出纳必须根据审核无误的会计凭证登记。登账时，应将会计凭证的日期、种类和编号、业务的内容摘要、金额等逐项记入账簿内，同时要在会计凭证上注明账簿的页数，或画"√"符号，表示已经登记入账，防止漏记、重记和错记情况发生。出纳人员对认为有问题的会计凭证，应提交会计主管人员进一步审核，在审核结果未出来前，出纳人员可以拒绝入账。库存现金日记账的登记如表 4-2-2 所示。

表 4-2-2　库存现金日记账

2022年 月	日	凭证 种类	号数	摘要	对方科目	借方金额	√	贷方金额	余额	√
1	1			上年结转					8 2 0 0 0 0	
	3	银付	1	提取备用金		6 0 0 0 0 0			1 4 2 0 0 0 0	
	6	现付	1	支付劳务费				8 4 0 0 0	1 3 3 6 0 0 0	
	9	现付	2	行政科报销				1 0 0 0 0 0	1 2 3 6 0 0 0	
	9	现收	1	退回差旅费		8 0 0 0			1 2 4 4 0 0 0	

注意： 在同一账页上，连续登记相同月份的凭证，日期中月份栏除第一行外其余的可以省略不写，在表 4-2-2 中，从第二行开始可省略"1 月"的填写。

每日结束，应分别计算现金收入和付出的合计数，结出余额，同时将余额与实有库存现金核对，即通常说的"日清"。如账款不符，应查明原因，并记录备案。月终，同样要计算现金收付和结存合计数并与实有库存现金核对相符，通常称为"月结"。

（2）总分类账的登记方法。总分类账是按照总分类账户分类登记以提供总括会计信息的账簿。总分类账最常用的格式为三栏式，其外表形式一般要求采用订本式账簿，如表 4-2-3 所示。

表 4-2-3　原材料总账

2022年 月	日	凭证 种类	号数	摘要	借方	√	贷方	√	借或贷	余额	√
8	1			上月结转					借	1 1 8 0 0 0 0	
	3	银付	1	购料	3 0 0 0 0 0				借	1 4 8 0 0 0 0	
	5	转	1	领料			1 6 0 0 0 0		借	1 3 2 0 0 0 0	

（3）明细分类账的登记方法。明细分类账是根据二级账户或明细账户开设账簿，分类、连续地登记经济业务以提供明细核算资料的账簿，其格式有三栏式、多栏式、数量金额式等多种。

❶ 三栏式明细分类账。三栏式明细分类账是设有"借方""贷方""余额"三个栏目，用以分类核算各项经济业务，提供详细核算资料的账簿，其格式与三栏式总账格式相同，适用于只进行金额核算的账户，如表4-2-4所示。

表4-2-4　应付账款明细账

记账凭证的日期	简要说明经济业务	根据记账凭证同方向、同金额填写	余额为0时，元位上写0，或0上加波浪线	计算后填写

2022年		凭证		摘　要	借　方			贷　方			借或贷	余　额		
月	日	种类	号数		千百十万千百十元角分√			千百十万千百十元角分√				千百十万千百十元角分√		
1	1			上年结转							贷	5 0 0 0 0 0 0
	3	银付	1	偿还欠款	5 0 0 0 0 0 0						平	0
	8	转	1	欠货款				1 2 0 0 0 0 0			贷	1 2 0 0 0 0 0
	9	银付	1	偿还欠款	3 0 0 0 0 0						贷	9 0 0 0 0 0

余额为0，此栏写"平"　　注明余额的方向

❷ 数量金额式明细分类账。数量金额式明细分类账的借方（收入）、贷方（发出）和余额（结存）都分别设有数量、单价和金额三个专栏，适用于既要进行金额核算又要进行数量核算的账户，如"原材料"明细分类账、"库存商品"明细分类账等，如表4-2-5所示。

表4-2-5　原材料明细账

记账凭证的日期		根据明细分类账户的具体信息填写

存放地点 2号库　最高存量（略）　最低存量（略）　计量单位 千克　名称及规格 A材料　货号　　026

2022年		凭证		摘　要	收　入			发　出			结　存		
月	日	种类	号数		数量	单价	金额 千百十万千百十元角分	数量	单价	金额 千百十万千百十元角分	数量	单价	金额 千百十万千百十元角分
3	1			月初余额							200	12	2 4 0 0 0 0
	3	银付	1	购入	300	12	3 6 0 0 0 0				500	12	6 0 0 0 0 0
	8	转	1	领用				400	12	4 8 0 0 0 0	100	12	1 2 0 0 0 0

简要说明经济业务　　根据记账凭证同方向、同金额填列　　计算后填写

❸ 多栏式明细分类账。多栏式明细分类账是将属于同一个总账科目的各个明细科目合并在一张账页上进行登记，适用于成本费用类科目的明细核算，如"制造费用"明细分类账、"管理费用"明细分类账等，如表4-2-6所示。

表 4-2-6　管理费用明细账

记账凭证				摘要	借方金额	贷方金额	余额方向	余额	借方分析					
2022年		凭证							职工薪酬	办公费	差旅费	水电费	折旧费用	…
月	日	种类	编号											
3	1	转	3	李达报销差旅费	120000		借	120000			120000			
	3	现付	1	购买办公用品	8000		借	128000		8000				
	6	转	4	冲销2022年2月错账		20000	借	108000			20000			

（批注）
- 记账凭证的时间
- 简要说明经济业务
- 根据记账凭证同方向、同金额填列
- 用红字冲销错误记录

（4）总分类账户与明细分类账户的平行登记。

会计上同时设置总分类账户和明细分类账户，是为了确保核算资料的正确完整，满足经济管理对会计资料的不同要求。平行登记指对发生的每一笔经济业务，都要根据相同的会计凭证，一方面记入总分类账户；另一方面还要记入总分类账户所属的明细分类账户的一种记账方法。

总分类账户是按照总账科目开设，提供资产、权益、收入和费用的总括资料；明细分类账户是按照明细科目开设，提供资产、权益、收入和费用的详细资料。

总分类账户与明细分类账户之间的关系是：总分类账户对其所属的明细分类账户起着控制、统驭的作用；明细分类账户对其归属的总分类账户则起着补充、具体说明的作用。总分类账户与明细分类账户平行登记的要点，可以概括为以下四点。

❶ 依据相同	对发生的经济业务，都要以相关的会计凭证为依据，既要登记有关总分类账户，又要登记其所属明细分类账户。
❷ 方向相同	将经济业务记入总分类账和明细分类账时，记账方向必须相同。即总分类账户记入借方，明细分类账户也记入借方；总分类账户记入贷方，明细分类账户也记入贷方。
❸ 期间相同	对每项经济业务在记入总分类账和明细分类账户的过程中，可以有先有后，但必须在同一会计期间全部登记入账。
❹ 金额相等	记入总分类账户的金额，应与记入其所属明细分类账户的金额合计相等。通过平行登记，总分类账与明细分类账之间在登记金额上就形成了如下关系：

> 总分类账户借方（贷方）发生额 = 所属各明细分类账户借方（贷方）发生额之和
> 总分类账户借方（贷方）余额 = 所属各明细分类账户借方（贷方）余额之和

下面以"原材料"和"应付账款"两个账户为例，说明总分类账户与明细分类账户平行登记的方法。

假设宏发公司"原材料"和"应付账款"的总分类账户和所属明细分类账户期初结存额如表4-2-7所示。

本月材料收发及应付账款业务如下。

【例4-2-1】 宏发公司用银行存款偿还上月欠红星公司货款3 000元、华丰公司货款1 000元。编制会计分录如下：

借：应付账款——红星公司　　　　　　　　　　3 000
　　　　　——华丰公司　　　　　　　　　　1 000
　贷：银行存款　　　　　　　　　　　　　　4 000

表 4-2-7   宏发公司账户期初结存额

账户名称		数 量	计量单位	单价(元/千克)	金额(元)	
总账	明细账				总账	明细账
原材料					14 000.00	
	螺丝	400	千克	15		6 000.00
	钉子	500	千克	16		8 000.00
应付账款					6 000.00	
	红星公司					3 000.00
	华丰公司					1 000.00
	童仁公司					2 000.00

【例 4-2-2】   宏发公司向红星公司购入螺丝 600 千克，每千克 15 元，价款 9 000 元；购入螺帽 1 000 千克，每千克 3 元，价款 3 000 元。材料验收入库，货款尚未支付。

编制会计分录如下：

借：原材料——螺丝   9 000

　　　　——螺帽   3 000

　　贷：应付账款——红星公司   12 000

【例 4-2-3】   宏发公司向童仁公司购入螺丝 5 000 千克，每千克 15 元，价款 75 000 元；向华丰公司购入钉子 2 000 千克，每千克 16 元，价款 32 000 元。材料验收入库，货款尚未支付。

编制会计分录如下：

借：原材料——螺丝   75 000

　　　　——钉子   32 000

　　贷：应付账款——童仁公司   75 000

　　　　——华丰公司   32 000

【例 4-2-4】   宏发公司用银行存款偿还上月欠童仁公司货款 2 000 元，偿还本月欠红星公司部分货款 7 000 元。

编制会计分录如下：

借：应付账款——童仁公司   2 000

　　　　——红星公司   7 000

　　贷：银行存款   9 000

【例 4-2-5】   宏发公司仓库发出下列材料（表 4-2-8），投入产品生产。编制会计分录如下：

表4-2-8　仓库材料表

材料名称	数　量	计量单位	单价（元／千克）	金额（元）
螺丝	4 500	千克	15	67 500
钉子	2 000	千克	16	32 000
螺帽	500	千克	3	1 500

借：生产成本　　　　　　　　　　　　　　　　　　　　　　101 000

　　贷：原材料——螺丝　　　　　　　　　　　　　　　　67 500

　　　　　　——钉子　　　　　　　　　　　　　　　　32 000

　　　　　　——螺帽　　　　　　　　　　　　　　　　 1 500

根据上述材料，进行平行登记：

（1）"原材料"总分类账户与所属明细分类账户的平行登记如表 4-2-9 ~ 表 4-2-12 所示。

（2）"应付账款"总分类账户与所属明细分类账户的平行登记如表 4-2-13 ~ 表 4-2-16 所示。

从上述平行登记的结果可以看出，"原材料"和"应付账款"总分类账户的期初、期末余额及本期借、贷方发生额，与其所属明细分类账户的期初、期末余额之和及本期借、贷方发生额之和都是相等的。利用这种相等的关系，可以核对总分类账和明细分类账的登记是否正确。如有不等，则表明记账出现差错，应该检查，予以更正。

知识链接 1

账务处理程序

账务处理程序也称会计核算组织程序，是指对会计数据的记录、归类、汇总、报告的步骤和方法，即从原始凭证的整理、汇总，记账凭证的填制、汇总，日记账、明细分类账的登记，到会计报表编制的步骤和方法。

微课：账务处理程序

会计账务处理程序有多种形式，各单位应采用何种账务处理程序，由各单位自主选用或设计。目前，我国各经济单位通常采用的主要账务处理程序有四种：记账凭证账务处理程序、汇总记账凭证账务处理程序、科目汇总表账务处理程序和多栏式日记账账务处理程序。现介绍其中最常见的两种。

（1）记账凭证账务处理程序。记账凭证账务处理程序是指对发生的经济业务事项，都要根据原始凭证或汇总原始凭证编制记账凭证，然后直接根据记账凭证逐笔登记总分类账的一种账务处理程序。它是基本的账务处理程序，其操作流程如图 4-2-2 所示。

表4-2-9　原材料总分类账

账户名称：原材料　　　　　　　　　　　　　　　　　　　　　　　单位：元

年		凭证		摘　要	借方金额	√	贷方金额	√	借或贷	余　额	√
月	日	种类	号数								
×	1			期初余额					借	140000.00	
		略		购入（例4-2-2）	120000.00				借	260000.00	
			略	购入（例4-2-3）	107000.00				借	367000.00	
				领用（例4-2-5）			47000.00		借	320000.00	
				本期发生额及余额	227000.00		47000.00		借	320000.00	

表4-2-10　原材料明细分类账

名称及规格：螺丝　　计量单位：千克　　货号：（略）

最高存量（略）　最低存量（略）　存放地点（略）

年		凭证		摘　要	收　入			发　出			结　存		
月	日	种类	号数		数量	单价	金额	数量	单价	金额	数量	单价	金额
×	1			期初余额							400	15	6000.00
		略		购入（例4-2-2）	600	15	9000.00				1000	15	15000.00
			略	购入（例4-2-3）	5000	15	75000.00				6000	15	90000.00
				领用（例4-2-5）				4500	15	67500.00	1500	15	22500.00
				本期发生额及余额	5600	15	84000.00	4500	15	67500.00	1500	15	22500.00

表4-2-11 原材料明细分类账

存放地点 (略)　最高存量 (略)　最低存量 (略)　计量单位 千克　名称及规格 钉子　货号 (略)

月	日	凭证 种类	凭证 号数	摘要	收入 数量	收入 单价	收入 金额	发出 数量	发出 单价	发出 金额	结存 数量	结存 单价	结存 金额
×	×		1	期初余额							500	16	8000.00
				购入 (例4-2-3)	2000	16	32000.00				2500	16	40000.00
		略	略	领用 (例4-2-5)				2000	16	32000.00	500	16	8000.00
				本期发生额及余额	2000	16	32000.00	2000	16	32000.00	500	16	8000.00

表4-2-12 原材料明细分类账

存放地点 (略)　最高存量 (略)　最低存量 (略)　计量单位 千克　名称及规格 螺帽　货号 (略)

月	日	凭证 种类	凭证 号数	摘要	收入 数量	收入 单价	收入 金额	发出 数量	发出 单价	发出 金额	结存 数量	结存 单价	结存 金额
×		略	略	购入 (例4-2-2)	1000	3	3000.00				1000	3	3000.00
				领用 (例4-2-5)				500	3	1500.00	500	3	1500.00
				本期发生额及余额	1000	3	3000.00	500	3	1500.00	500	3	1500.00

账户名称：应付账款

表 4-2-13　应付账款总分类账

月	日	凭证种类	凭证号数	摘　要	借方金额	√	贷方金额	√	借或贷	余　额	√
×	1			期初余额					贷	6 000 00	
		略	略	还前欠货款（例4-2-1）	4 000 00				贷	2 000 00	
				欠货款（例4-2-2）			12 000 00		贷	14 000 00	
				欠货款（例4-2-3）			107 000 00		贷	121 000 00	
				还前欠货款（例4-2-4）	9 000 00				贷	112 000 00	
				本期发生额及余额	13 000 00		119 000 00		贷	112 000 00	

账户名称：红星公司

表 4-2-14　应付账款明细分类账

月	日	凭证种类	凭证号数	摘　要	借方金额	√	贷方金额	√	借或贷	余　额	√
×	1			期初余额					贷	3 000 00	
		略	略	还前欠货款（例4-2-1）	3 000 00				平		
				欠货款（例4-2-2）			12 000 00		贷	12 000 00	
				还前欠货款（例4-2-4）	7 000 00				贷	5 000 00	
				本期发生额及余额	10 000 00		12 000 00		贷	5 000 00	

表4-2-15　应付账款明细分类账

账户名称：华丰公司

×年 月	日	凭证 种类	号数	摘要	借方金额 十亿千百十万千百十元角分	√	贷方金额 十亿千百十万千百十元角分	√	借或贷	余额 十亿千百十万千百十元角分	√
×	1			期初余额					贷	1 0 0 0 0 0 0 0	
		略	略	还前欠货款（例4-2-1）	1 0 0 0 0 0 0 0				平	0	
			略	欠货款（例4-2-2）			3 2 0 0 0 0 0 0		贷	3 2 0 0 0 0 0 0	
				本期发生额及余额	1 0 0 0 0 0 0 0		3 2 0 0 0 0 0 0		贷	3 2 0 0 0 0 0 0	

表4-2-16　应付账款明细分类账

账户名称：童仁公司

×年 月	日	凭证 种类	号数	摘要	借方金额 十亿千百十万千百十元角分	√	贷方金额 十亿千百十万千百十元角分	√	借或贷	余额 十亿千百十万千百十元角分	√
×	1			期初余额					贷	2 0 0 0 0 0 0 0	
		略		欠货款（例4-2-2）			7 5 0 0 0 0 0 0		贷	7 7 0 0 0 0 0 0	
			略	还前欠货款（例4-2-3）	2 0 0 0 0 0 0 0				贷	7 5 0 0 0 0 0 0	
				本期发生额及余额	2 0 0 0 0 0 0 0		7 5 0 0 0 0 0 0		贷	7 5 0 0 0 0 0 0	

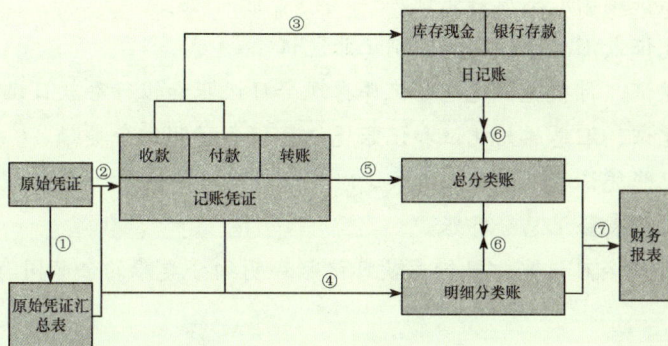

图4-2-2　记账凭证账务处理程序

❶根据原始凭证编制汇总原始凭证。

❷根据原始凭证或汇总原始凭证，编制记账凭证。

❸根据收款凭证、付款凭证逐笔登记库存现金日记账和银行存款日记账。

❹根据原始凭证、汇总原始凭证和记账凭证，登记各种明细分类账。

❺根据记账凭证逐笔登记总分类账。

❻期末，库存现金日记账、银行存款日记账和明细分类账的余额同有关总分类账的余额核对相符。

❼期末，根据总分类账和明细分类账的记录编制财务报表。

记账凭证账务处理程序简单明了，易于理解，总分类账可以较详细地反映经济业务的发生情况。其缺点是：登记总分类账的工作量较大。该账处理程序适用于规模较小、经济业务量较少的单位。

（2）科目汇总表账务处理程序。科目汇总表账务处理程序是根据记账凭证定期编制科目汇总表，再根据科目汇总表登记总分类账的一种账务处理程序。其操作流程见图4-2-3。

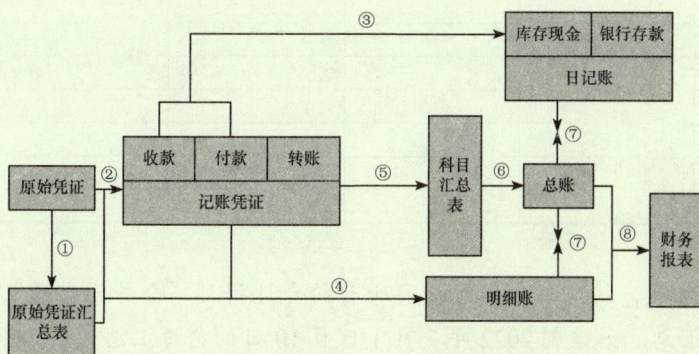

图4-2-3　科目汇总表账务处理程序

❶ 根据原始凭证编制汇总原始凭证。

❷ 根据原始凭证或汇总原始凭证编制记账凭证。

❸ 根据收款凭证、付款凭证逐笔登记库存现金日记账和银行存款日记账。

❹ 根据原始凭证、汇总原始凭证和记账凭证登记各种明细分类账。

❺ 根据各种记账凭证编制科目汇总表。

❻ 根据科目汇总表登记总分类账。

❼ 期末，库存现金日记账、银行存款日记账和明细分类账的余额同有关总分类账的余额核对相符。

❽ 期末，根据总分类账和明细分类账的记录，编制财务报表。

科目汇总表也称记账凭证汇总表，它是将一定时期的全部记账凭证按会计科目进行汇总编制的汇总记账凭证。它集中反映了一定时期经济业务的发生情况，便于进行分析和集中登记总账。规模较大、经济业务较多的单位采用科目汇总表方式，其格式如表4-2-17所示。

表 4-2-17　科目汇总表

年　月　日至　月　日　　　　　　　凭证号：第　号至　号共　张　汇字第　号

会计科目	借方金额	贷方金额	会计科目	借方金额	贷方金额
合计			合计		
		借贷方平衡总计			

财会主管：　　　　　记账：　　　　　复核：　　　　　制表：

编制科目汇总表，就是将一定时期内所有的会计科目"合并同类项"，即对相同的会计科目进行金额汇总。如编制2022年3月1日至10日的科目汇总表，就应该将这10天内涉及的会计科目填入汇总表中，然后分别将每个科目的借方和贷方金额加总，填入科目汇总表中的借方金额和贷方金额，再将所有会计科目本期借方发生额与贷方发生额进行合计，形成一张 2022 年 3 月 1 日至 10 日的所有会计科目汇总的平衡表。经审核无误后，可用于登记总账。在实际工作中，可以通过编制 T 字形账户对本期各个会计科目的发生额进行汇总，也可以直接对每个会计科目进行加总计算填列。

科目汇总表账务处理程序减轻了登记总分类账的工作量，并可做到试算平衡，简明易懂，方便易学。其缺点是：科目汇总表不能反映账户对应关系，不便于查对账目。它适用于经济业务较多的单位。

两种账务处理程序的区别关键在于登记总账的依据和方法不同：记账凭证账务处理程序是依据记账凭证逐笔登记总分类账；科目汇总表账务处理程序是依据科目汇总表汇总登记总账。

任 务 实 施

资料： 华晨公司 2022 年 2 月"库存现金"借方余额 5 000 元，"银行存款"借方余额 90 000 元。2 月份发生如下经济业务：

（1）6 日，以银行存款 18 000 元偿还前欠伍星公司货款。

（2）10 日，用库存现金支付 3 日所购原材料的运费 600 元。

（3）11 日，从银行提取现金 14 000 元备用。

（4）15 日，销售商品 40 吨，单价 800 元，货款已存入银行（不考虑增值税）。

（5）19 日，用银行存款支付向金星公司购进的原材料 50 吨，单价 400 元 / 吨，共计 20 000 元（不考虑增值税）。

要求：

（1）编制相关会计分录并说明应在哪种记账凭证上记录。

（2）填制三栏式库存现金及银行存款日记账如表 4-2-18、表 4-2-19 所示。

王菲菲在填制完了记账凭证（此处略）后，接着进行了下列登记账簿的工作。

表 4-2-18　库存现金日记账

2022年		凭证		摘要	对方科目	借方金额												√	贷方金额												√	余额												√
月	日	种类	号数			十	亿	千	百	十	万	千	百	十	元	角	分		十	亿	千	百	十	万	千	百	十	元	角	分		十	亿	千	百	十	万	千	百	十	元	角	分	
2	1			上月转入																																		5	0	0	0	0	0	
	10	现付	1	支付原材料运费	应付账款																					6	0	0	0	0								4	4	0	0	0	0	
	11	银付	2	提现备用	银行存款						1	4	0	0	0	0	0																				1	8	4	0	0	0	0	

表 4-2-19　银行存款日记账

2022年		凭证		摘要	对方科目	借方金额												√	贷方金额												√	余额												√
月	日	种类	号数			十	亿	千	百	十	万	千	百	十	元	角	分		十	亿	千	百	十	万	千	百	十	元	角	分		十	亿	千	百	十	万	千	百	十	元	角	分	
2	1			上月转入																																	9	0	0	0	0	0	0	
	6	银付	1	偿还货款	应付账款																			1	8	0	0	0	0	0							7	2	0	0	0	0	0	
	11	银付	2	提现备用	库存现金																			1	4	0	0	0	0	0							5	8	0	0	0	0	0	
	15	银收	1	销售产品	主营业务收入						3	2	0	0	0	0	0																				9	0	0	0	0	0	0	
	19	银付	3	购买原材料	原材料																			2	0	0	0	0	0	0							7	0	0	0	0	0	0	

任务 3

对 账

任务导入

程冲是新胜公司的一名会计，他在月末对账的时候发现了如下情况：

（1）新胜公司 2022 年 3 月银行存款日记账的余额为 58 640 元，同日收到银行开来的对账单，余额为 63 800 元。逐笔核对，双方均无错账，发现有如下未达账项：

❶ 3 月 27 日，公司委托银行代收的销货款 4 000 元，银行已收妥入账，公司尚未接到银行收款通知。

❷ 3 月 28 日，公司购买材料，开出转账支票一张，计 7 000 元，持票人尚未向银行兑现。

❸ 3 月 31 日，公司存入银行的其他企业转账支票一张，计 5 200 元，银行尚未入账。

❹ 3 月 31 日，公司送存银行的销货现金 3 500 元，银行尚未入账。

❺ 3 月 31 日，银行代公司支付电费 1 200 元，税费 800 元，公司尚未接到付款通知，所以尚未入账。

❻ 3 月 31 日，银行收到平安保险公司的火灾赔偿款 4 860 元，但公司尚未收到银行的收款通知。

请根据以上资料编制银行存款余额调节表。

（2）新胜公司在财产清查中发现原材料圆钢盘盈 500 千克，价值 800 元，原材料螺纹钢盘亏 1 000 千克，价值 2 400 元（不考虑增值税转出的问题）。

任务分析

账簿记录是否正确、真实，并不完全取决于账簿本身，它其实受多方面的影响，因此，对账目进行核对就非常有必要。账簿与凭证之间，各种账簿之间以及账簿与实际情况之间则需要进行核对。在核对之后，可能会出现记录不一致的情况，比如任务导入中提到的原材料的盘盈、盘亏，我们要查找原因，进行相应调整，并且进行相应的账务处理。

相关知识

对账的方法（The Methods of Reconciliation）

1. 对账的内容

对账就是核对账目。在月份和年度结束时，应将账簿记录核对结算清楚，使账簿资料如实反映情况，为编制会计报表提供可靠的资料。会计核算要求账簿登记清晰、准确，但在实际工作中，由于种种原因，账目难免会出现错漏。因此，需要经常进行对账，即将会计账簿记录的有关数字与库存实物、货币资金、有价证券、往来单位或者个人等进行相互核对，保证账证相符、账账相符、账实相符。

微课：对账与结账演示

（1）账证核对。账证核对是指将会计账簿记录与记账凭证及其原始凭证进行核对，包括核对时间、凭证字号、内容摘要、金额、附件张数是否一致、记账方向是否相同。这种核对主要是在日常编制凭证和登账过程中进行。账证相符是保证账账、账实相符的基础。

微课：对账的内容

（2）账账核对。账账核对是指各种账簿之间的核对相符，主要包括本单位各种账簿之间的有关指标应该核对相符，本单位同其他单位的往来账项应该核对相符。其具体方法如下：

❶ 总分类账与有关账户核对。

根据"有借必有贷，借贷必相等"原则对账簿进行核对，主要核对总分类账各账户借方期末余额合计数与贷方期末余额合计数是否相等，借方本期发生额合计数与贷方本期发生额合计数是否相等。这项工作通常采用编制"试算平衡表"的方法进行核对。

❷ 总分类账与明细分类账核对。

这主要是对总分类账各账户的期末余额与所属各明细分类账户的期末余额之和是否相等，总分类账各账户的本期发生额与所属各明细分类账户的本期发生额之和是否相等进行核对。

❸ 总分类账与日记账核对。

这主要是对总分类账中"库存现金"和"银行存款"账户的期末余额与相对应的日记账的期末余额是否相等进行核对。

❹ 会计部门的财产物资明细账与财产物资保管和使用部门的有关明细账核对。

这主要对会计部门的各种财产物资明细账期末余额与财产物资保管和使用部门的有关财产物资明细账期末余额是否相等进行核对。

（3）账实核对。账实核对是指各种财产物资的账面余额与实际数额相核对。

随学随测

其核对内容如下：
❶ 库存现金日记账账面余额与现金实际库存数核对。
❷ 银行存款日记账账面余额与银行对账单余额核对。
❸ 应收、应付款项明细账与有关债权、债务人核对。
❹ 材料物资及固定资产明细账账面余额与其实存数的核对。

2. 货币资金及实物的清查方法

（1）库存现金的清查。库存现金的清查，是通过实地盘点的方法，确定库存现金的实存数，再与现金日记账的账面余额核对，以查明盈亏情况。为明确责任，盘点时，出纳员必须在场，重点清查现金是否短缺或以白条抵充现金等非法挪用舞弊现象或库存现金有无超过限额等。盘点结束后，根据盘点结果编制"库存现金盘点报告表"，如表4-3-1所示，并由盘点人员与出纳员共同签名盖章。

微课：库存现金
的清查

表4-3-1　库存现金盘点报告表

单位名称：　　　　　　　　　　年　月　日

实存金额	账存金额	对比结果		备　注
		长款	短款	

会计主管：　　　　盘点人员：　　　　出纳：　　　　制单：

（2）银行存款的清查。银行存款的清查，由于它无法进行实地盘点，清查方式则是采用与开户银行核对账目的方法进行的，即将本单位的银行存款日记账与开户银行转来的对账单逐笔进行核对。但即使双方记账都没有错误，银行存款日记账的余额和银行对账单的余额也往往不一致。不一致的原因通常有两种：一是由于某一方记账有错误；二是存在未达账项。所谓未达账项是指企业与银行，由于凭证传递的时间差而造成的一方已经登记入账，另一方尚未登记入账的账项。未达账项主要有以下四种情况：

微课：银行存款
的清查

❶ 企业已收，银行未收。
　　企业送存银行的款项，企业已做存款增加入账，但银行尚未入账，如：收到外单位的转账支票等。

❷ 企业已付，银行未付。
　　企业开出支票或其他付款凭证，企业已作为存款减少入账，但银行尚未付款，未记账，如：企业已开出支票而持票人尚未向银行提现或转账等。

❸ 银行已收，企业未收。
　　银行代企业收进的款项，银行已作为企业的存款增加入账，但企业尚未收到通知，因而未入账，如：委托银行收款等。

❹ 银行已付，企业未付。

　　银行代企业支付的款项，银行已作为企业存款的减少入账，但企业尚未收到通知因而未入账，如：借款利息的扣付、托收无承付等。

　　存在未达账项时，为了查明双方账目是否正确，应通过编制"银行存款余额调节表"（表4-3-2）来进行核对，调节表的编制方法，一般是在企业与银行双方的账面余额基础上，各自加上对方已收、本单位未收的款项，减去对方已付而本单位未付的款项。

表4-3-2　银行存款余额调节表

年　月　日

项　目	金　额	项　目	金　额
企业银行存款日记账余额 　加：银行已收，企业未收 　减：银行已付，企业未付		银行对账单余额 　加：企业已收，银行未收 　减：企业已付，银行未付	
调整后企业银行存款日记账余额		调整后银行对账单余额	

主管会计：　　　　　　　　　　　　　　　制表人：

　　如果调节后双方余额相等，则一般说明双方记账无差错；如果不相等，则表明企业和银行一方或双方记账有差错，应进一步核对，查明原因予以更正。调节后的余额是企业当时实际可以动用的存款数额。银行存款余额调节表只能起对账作用，不能作为编制记账凭证的依据。

3. 结算往来款项的清查

　　往来款项清查，一般采取"函证核对法"进行清查，即通过证件同对方经济往来单位核对账目的方法。首先应检查本单位各项应收、应付款账簿记录是否正确、完整。查明本单位记录正确无误后，再编制对账单，可通过信函寄交对方，即函证信（表4-3-3）。对账单可以编制一式两联，一份由对方单位留存，另一份作为回执单。对方单位如果核对后相符，应在回执单上盖章并退回本单位，如果数字不符，应在回执单上注明不符情况或另抄对账单退回，作为进一步核对的依据。

表4-3-3　函证信

＿＿＿＿＿＿＿＿＿（单位名称）：

　　本公司与贵单位的业务往来款项有下列各项，为了清对账目，特函请查证，是否相符，请在回执联中注明后盖章寄回。

年　月　日

单位：		地址：		编号：
会计科目名称	截止日期		经济事项摘要	账面余额

清查人员签章：　　　　　　　　　　　　　经管人员签章：

清查完毕，应根据各个往来单位寄回的回执单，汇总填制往来款项清查报告表（表4-3-4），列示清查的具体情况及结果。

表4-3-4　往来款项清查报告表

明细账户名	账面应收金额	清查情况		发生日期	对方不同意付款原因		备注
		对方同意付款金额	对方不同意付款金额		按合同规定拒付金额	争执中的款项	

清查人员签章：　　　　　　　　　　经管人员签章：

4. 财产物资的清查

财产物资的清查，是指对各类材料、商品、在产品、半成品、产成品、周转材料等的清查。由于其实物形态不同，体积、重量、码放方式各异，需要采用不同的方法进行清查。一般而言，存货清查方法有以下两种。

（1）实地盘点。实地盘点是指在财产物资堆放现场进行逐一清点数量或用计量仪器确定实存数的一种方法。这种方法适用范围广、要求严格、数字准确可靠、清查质量高，但工作量大，适用于易于清点的财产物资，如原材料、产成品、机器设备等的盘点。

（2）技术推算盘点。技术推算盘点是利用技术方法，如量方计尺等对财产物资的实存数进行推算的一种方法。这种方法适用于大量成堆，难以逐一清点的财产物资，如露天堆放的煤、沙石等。

为了明确经济责任，进行财产物资的盘点时，有关财产物资的保管人员必须在场，并参加盘点工作。对各项财产物资的盘点结果，应逐一如实地登记在"盘存单"（表4-3-5）上，并由参加盘点的人员和实物保管人员共同签章生效。"盘存单"是记录各项财产物资实存数量盘点的书面证明，也是财产清查工作的原始凭证之一。

表4-3-5　盘存单

单位名称：　　　财产类别：　　　年　月　日　　存放地点：　　　编号：

编号	名称	计量单位	数量	单价	金额	备注

盘点人：　　　　　　　　　　保管人：

盘点完毕，将"盘存单"中所记录的实存数额与账面结存余额核对，当发现某些财产物资账实不符时，应填制"实存账存对比表"（表4-3-6），确定财产物资盘盈或盘亏的数额。"实存账存对比表"是财产清查的重要报表，是调整账面记录的原始凭证，也是分析盈亏原因、明确经济责任的重要依据，应严肃认真地填报。

表4-3-6　实存账存对比表

单位名称：　　　　　　　　　　　　年　月　日

编号	名称	规格	单位	单价	实存		账存		差异				备注
									盘盈		盘亏		
					数量	金额	数量	金额	数量	金额	数量	金额	

公司负责人：　　　　　　　　财务负责人：　　　　　　　　制表人：

5. 账实核对结果的账务处理

（1）发生盘盈、盘亏时的账务处理。为反映和监督在财产清查中查明的各种财产物资盘盈、盘亏和毁损及其处理情况，应设置"待处理财产损溢"账户。应将已查明的财产盘盈数，根据有关原始凭证编制有关记账凭证，并据以登记有关账簿，以保证账实相符。

企业如有盘盈的固定资产，按照会计准则规定，应作为前期差错处理，不通过"待处理财产损溢"账户核算。

❶ 盘盈。

借：资产类科目

　　贷：待处理财产损溢

❷ 盘亏。

借：待处理财产损溢

　　贷：资产类科目

（2）审批之后的处理。按盘盈、盘亏发生的原因和报经批准的结果，根据有关审批意见及书面文件编制记账凭证，并据以登记入账，作最后的会计处理。

❶ 盘盈。

借：待处理财产损溢

　　贷：营业外收入、管理费用等科目

❷ 盘亏。

借：营业外支出、其他应收款等科目

　　贷：待处理财产损溢

任 务 实 施

1. 案例导入中，程冲对六笔未达账项编制银行存款余额调节表，如表4-3-7所示：

表4-3-7　银行存款余额调节表

2022年3月31日 　　　　　　　　　　　　　　　　单位：元

项　目	金　额	项　目	金　额
企业银行存款日记账余额	58 640	银行对账单余额	63 800
加：银行已收，企业未收		加：企业已收，银行未收	
① 3月27日代收销货款	4 000	① 3月31日转账支票	5 200
② 3月31日火灾保险赔偿	4 860	② 3月31日销货现金	3 500
减：银行已付，企业未付		减：企业已付，银行未付	
① 3月31日代交水电费	2 000	① 3月28日开出支票	7 000
调整后企业银行存款日记账余额	65 500	调整后银行对账单余额	65 500

主管会计：王丽　　　　　　　　　　　　　　　　　制表人：程冲

2. 对任务导入中第二项任务，程冲进行了如下账务处理：

首先，根据财产清查结果，编制会计分录如下：

（1）借：原材料——圆钢　　　　　　　　　　　　　　800
　　　　　贷：待处理财产损溢　　　　　　　　　　　　　　800
（2）借：待处理财产损溢　　　　　　　　　　　　　2 400
　　　　　贷：原材料——螺纹钢　　　　　　　　　　　　　2 400

盘点盈亏原因查明后，经负责人李明辉审批处理意见为：盘盈原材料圆钢冲减管理费用，原材料螺纹钢属于自然损耗的为500元，过失人仓库保管员张晓军赔偿为800元，其余属于意外损失。程冲进行了如下账务处理：

（1）借：待处理财产损溢　　　　　　　　　　　　　800
　　　　　贷：管理费用　　　　　　　　　　　　　　　　　800
（2）借：管理费用　　　　　　　　　　　　　　　　500
　　　　　　其他应收款——张晓军　　　　　　　　　　800
　　　　　　营业外支出　　　　　　　　　　　　　　1 100
　　　　　贷：待处理财产损溢　　　　　　　　　　　　　2 400

任务 4

更 正 错 账

任 务 导 入

　　裴咏俊在根据记账凭证登记账簿的时候，发现了如下的情况：

　　（1）在登记应收账款总账时，误将 25 000 写成了 35 000，如表 4-4-1 所示。

　　（2）以银行存款 600 元，支付企业行政管理部门的办公费用。裴咏俊编制了记账凭证，见表 4-4-2，并且已经记入账簿。

　　（3）生产车间生产产品领用原材料 24 000 元，记账凭证如表 4-4-3 所示，并已登记入账。

　　（4）企业行政管理部门的王平出差，借支差旅费 950 元，以现金付给。记账凭证如表 4-4-4 所示，并已根据此记账凭证登记账簿。

表 4-4-1　应收账款总账

2022年		凭证		摘　要	借方金额											√	贷方金额											√	借或贷	余　额											√
月	日	种类	号数		十	亿	千	百	十	万	千	百	十	元	角	分		十	亿	千	百	十	万	千	百	十	元	角	分			十	亿	千	百	十	万	千	百	十	元	角	分	
																	略																										
1	3	转	2	略				3	5	0	0	0	0	0																借				3	5	0	0	0	0	0		

微课：更正错账

表 4-4-2　记账凭证

2022 年 1 月 6 日　　　凭证编号　7　　　附件 3 张

摘要	会计科目		借方金额									√	贷方金额									√
	总账科目	明细科目	十	万	千	百	十	元	角	分			十	万	千	百	十	元	角	分		
付办公费	管理费用				6	0	0	0	0		√											
	库存现金														6	0	0	0	0		√
合计					¥	6	0	0	0	0				¥	6	0	0	0	0		

会计主管：王丽　　　　记账：张清　　　　复核：李琴　　　　出纳：陈晨　　　　制单：裴咏俊

表 4-4-3　记账凭证

2022 年 1 月 6 日　　　凭证编号　12　　　附件 3 张

摘要	会计科目		借方金额									√	贷方金额									√
	总账科目	明细科目	十	万	千	百	十	元	角	分			十	万	千	百	十	元	角	分		
略	生产成本			4	2	0	0	0	0	0		√										
	原材料													4	2	0	0	0	0	0	√
合计			¥	4	2	0	0	0	0	0			¥	4	2	0	0	0	0	0		

会计主管：王丽　　　　记账：张清　　　　复核：李琴　　　　出纳：陈晨　　　　制单：裴咏俊

表 4-4-4　记账凭证

2022 年 1 月 6 日　　　凭证编号　15　　　附件 3 张

摘要	会计科目		借方金额									√	贷方金额									√
	总账科目	明细科目	十	万	千	百	十	元	角	分			十	万	千	百	十	元	角	分		
借差旅费	其他应收款	王平			5	9	0	0	0		√											
	库存现金															5	9	0	0	0	√
合计					¥	5	9	0	0	0				¥	5	9	0	0	0		

会计主管：王丽　　　　记账：张清　　　　复核：李琴　　　　出纳：陈晨　　　　制单：裴咏俊

基础会计
(第4版)

裴咏俊发现错误之后，并没有涂改、刮擦、挖补或用褪色药水更改字迹，他在思考出现了这四种情况的错误，到底应该怎么样规范地更正呢？

任务分析

同学们在做作业的时候经常会发生错误，对于错误，大家会用橡皮擦、涂改液、涂改带等进行改错。会计登账工作也难免会发生错误，在发现错账之后要根据规范的错账更正方法来进行更正，不能擅自进行涂改、刮补等。上述四种错误分别是：记账凭证正确，但登记账簿时不小心把金额登记错误；记账凭证编制时科目用错，并已登记入账；记账凭证编制时科目正确，金额却多记了，已经登记入账；记账凭证编制时科目正确，金额却少记了，也已经登记入账。请大家跟裴咏俊一起来学习错账更正的方法吧。

相关知识

错账的更正方法（The Methods of Correcting Wrong Accounts）

如果发现账簿记录有错误，应按规定的方法进行更正，不得涂改、挖补或用化学试剂消除字迹。产生错账的原因很多，出现的错误也各不相同，对于不同的记账错误，更正时采用的方法也不同。常见的错账更正方法有三种。

1.划线更正法

划线更正法又称红线更正法。如果发现账簿记录有错误，而其所依据的记账凭证没有错误，即纯属记账时文字或数字的笔误，应采用划线更正的方法进行更正，如图4-4-1所示。

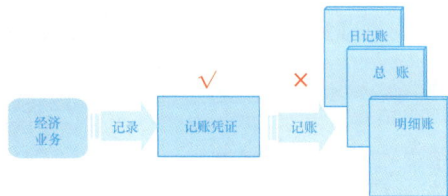

图4-4-1 划线更正法适用情况

更正时，将错误的文字或数字（整个数字）画一条红色横线注销，但必须使原有字迹仍可辨认，以备查找；在画线的上方用蓝字或黑字将正确的文字或数字填写在同一行的上方位置，并由更正人员在更正处盖章，以明确责任。

在任务导入中，裴咏俊发现的第一笔错账，就是上述这种错误，记账凭证正确，但是登账时账簿记录金额出现错误，那么我们应该采用划线更正法进行更正。更正后的账簿见表4-4-5。

表 4-4-5　应收账款总账

2022年		凭证		摘　要	借方金额										✓	贷方金额										✓	借或贷
月	日	种类	号数		十亿	千	百	十	万	千	百	十	元	角	分		十亿	千	百	十	万	千	百	十	元	角	分	略
1	3	转	2	略				2	5	0	0	0	0	0		略											
							3	5	袁咏俊	0	0	0															

2. 红字更正法

红字更正法又称红字冲销法。在会计上，以红字记录表明对原记录的冲减。红字更正适用于以下两种情况，见图 4-4-2。

（1）根据记账凭证所记录的内容记账以后，发现记账凭证中的应借、应贷会计科目或记账方向有错误，且记账凭证同账簿记录的金额相吻合，应采用红字更正。更正的方法如下：

❶ 先用红字填制一张与原错误记账凭证内容完全相同的记账凭证，摘要栏注明"冲销 × 年 × 月错账"，并据以用红字登记入账，冲销原有错误的账簿记录。

❷ 再用蓝字或黑字填制一张正确的记账凭证，摘要栏注明"补记 × 年 × 月错账"，并据以用蓝字或黑字登记入账。

在任务导入中，裴咏俊发现的第二笔错账，就是上述这种错误，记账凭证的科目用错，那么我们应该采用红字更正法进行更正。编制红字金额凭证如表 4-4-6 所示，并登记入账，再编制蓝字凭证如表 4-4-7 所示，并登记入账。

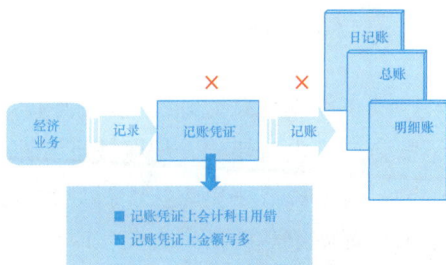

图 4-4-2　红字更正法适用情况

随学随测

表 4-4-6　记账凭证（一）

2022 年 1 月 31 日　　　凭证编号　32　附件 0 张

摘要	总账科目	明细科目	十万	万	千	百	十	元	角	分	✓	十万	万	千	百	十	元	角	分	✓
					借方金额									贷方金额						
略	管理费用					6	0	0	0	0	✓									
	库存现金														6	0	0	0	0	✓
合计					¥	6	0	0	0	0				¥	6	0	0	0	0		

会计主管：王丽　　　记账：张清　　　复核：李琴　　　出纳：陈晨　　　制单：裴咏俊

表 4-4-7　记账凭证（二）

2022 年 1 月 31 日　　　凭证编号　33　附件 0 张

摘要	总账科目	明细科目	十万	万	千	百	十	元	角	分	✓	十万	万	千	百	十	元	角	分	✓
					借方金额									贷方金额						
略	管理费用					6	0	0	0	0	✓									
	银行存款														6	0	0	0	0	✓
合计					¥	6	0	0	0	0				¥	6	0	0	0	0		

会计主管：王丽　　　记账：张清　　　复核：李琴　　　出纳：陈晨　　　制单：裴咏俊

（2）根据记账凭证所记录的内容记账以后，发现记账凭证中应借或应贷的会计科目和记账方向都没有错误，记账凭证和账簿记录的金额也吻合，只是所记金额大于应记的正确金额，应采用红字更正法进行更正。更正的方法是将多记的金额用红字填制一张与原错误记账凭证所记载的借贷方向、应借、应贷会计科目相同的记账凭证，摘要栏注明"冲第 × 号凭证多记数"，并据以用红字登记入账，以冲销多记金额，求得正确金额。

在任务导入中，裴咏俊发现的第三笔错账，就是上述这种错误，记账凭证科目和方向都正确，但金额多记，那么我们应该采用红字更正法进行更正。编制红字金额凭证如表 4-4-8 所示，然后登记入账。

表 4-4-8　记账凭证（三）

2022 年 1 月 31 日　　　凭证编号　34　附件 0 张

摘要	总账科目	明细科目	十万	万	千	百	十	元	角	分	✓	十万	万	千	百	十	元	角	分	✓
					借方金额									贷方金额						
略	生产成本			1	8	0	0	0	0	0	✓									
	原材料												1	8	0	0	0	0	0	✓
合计			¥	1	8	0	0	0	0	0			¥	1	8	0	0	0	0	0	

会计主管：王丽　　　记账：张清　　　复核：李琴　　　出纳：陈晨　　　制单：裴咏俊

3. 补充登记法

补充登记法又称蓝字补记法。根据记账凭证所记录的内容记账以后，发现记账凭证中应借、应贷的会计科目和记账方向都没有错误，记账凭证和账簿记录的金额也吻合，只是所记金额小于应记的正确金额，应采用补充登记法，适用情况如图4-4-3所示。

更正的方法是将少记的金额用蓝字或黑字填制一张与原错误记账凭证所记载的借贷方向、应借或应贷会计科目相同的记账凭证，摘要栏注明"补记第×号凭证少记数"，并据以登记入账，以补少记金额，求得正确金额。

在任务导入中，裴咏俊发现的第四笔错账，就是上述这种错误，记账凭证科目、方向都正确，但是金额少记，那么我们应该采用补充登记法进行更正。先编制记账凭证，如表4-4-9所示，然后登记入账。

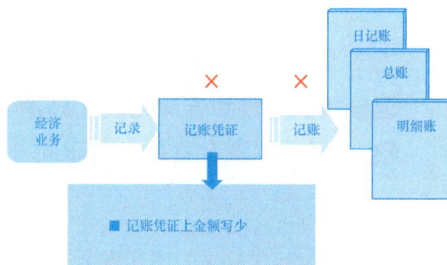

图4-4-3　补充登记法适用情况

表4-4-9　记账凭证（四）

2022年1月31日　　　　　　　凭证编号 __35__ 附件 0 张

摘要	会计科目		借方金额								√	贷方金额									√
	总账科目	明细科目	十	万	千	百	十	元	角	分		十	万	千	百	十	元	角	分		
略	其他应收款					3	6	0	0	0	√										
	库存现金														3	6	0	0	0	√	
合计				¥	3	6	0	0	0				¥	3	6	0	0	0			

会计主管：王丽　　记账：张清　　复核：李琴　　　　出纳：陈晨　　制单：裴咏俊

任务实施

（1）目的：练习错账更正的方法。

（2）资料：

❶ 2日，用银行存款支付前欠某单位的货款 200 000 元。根据记账凭证登记的账簿记录如下：

银行存款			应付账款	
期初余额 150 000				期初余额 800 000
	2 日 20 000		2 日 20 000	

记账凭证科目和方向无误，只是金额少记，所以应采用补充登记法。

❷ 15 日，以现金直接支付车间办公费 500 元。根据记账凭证登记的账簿记录如下：

库存现金			管理费用	
期初余额 2 000	15 日 500		15 日　500	

记账凭证中科目错用，应该采用红字更正法进行错账更正。

❸ 16 日，收回上月的销货款 5 000 元。根据记账凭证登记的账簿记录如下：

银行存款			应收账款	
16 日 50 000				16 日 50 000

记账凭证科目和方向正确，但是金额多记，所以应采用红字更正法将多记金额冲销掉。

❹ 20 日，开出支票购入一台不需要安装的设备，价值 180 000 元。会计人员编制的记账凭证为：

借：固定资产　　　　　　　　　　　　　　　　　　　180 000
　贷：银行存款　　　　　　　　　　　　　　　　　　　180 000

根据记账凭证登记的账簿记录如下：

固定资产			银行存款	
20 日 18 000				20 日 18 000

记账凭证的科目和方向都正确，但是账簿记录有误，所以应该采取划线更正法进行更正。

任务 5

结　账

任 务 导 入

　　洪立、侯情和夏婷三人是某高职院校会计专业的学生，2022年8月他们来到艾美华建材股份有限公司实习，财务部陈经理安排他们跟着老会计完成了填制记账凭证、登记账簿等会计工作，对他们的工作表示满意，同时为了培养他们的会计业务能力，要求他们独立完成本月的结账工作。

　　请思考：洪立、侯情和夏婷应该怎样完成本月的结账工作呢？

任 务 分 析

　　洪立、侯情以及夏婷三人已经完成了填制记账凭证、登记账簿等会计工作，根据企业会计工作流程，下一步应该对各账户进行期末结账工作，为编制会计报表做准备。账户不同，结账处理的具体要求也不相同，因此，要求洪立、侯情和夏婷按规范的程序，依据不同的账户，采用不同的结账方法，进行结账操作。

相 关 知 识

一、结账的程序（The Procedures of Checkout）

　　为了总结某一会计期间的经营活动情况，必须定期进行结账。结账就是在把一定时期内发生的全部经济业务登记入账的基础上，将各种账簿记录结出"本期发生额"和"期末余额"的一项会计核算工作。

微课：结账

微课：对账与
结账演示

基础会计
（第4版）

结账的程序如图 4-5-1 所示。

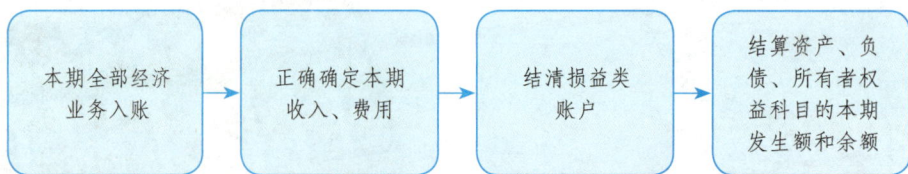

图 4-5-1　结账程序示意图

第一步，将本期发生的经济业务事项全部登记入账，并保证其正确性。结账前应检查本期内发生的所有经济业务是否均已填制或取得了会计凭证，并据此登记入账。若发现有错记和漏记，要及时按照规定的方法进行更正。

第二步，根据权责发生制的要求，调整有关账项，合理确定本期应记的收入和应记的费用。按照会计准则的要求，划清收入、成本、费用的时期界限，以便正确计算当期的收入、成本、费用，真实地反映当期的财务成果。

第三步，结清各种损益类账户，编制结账分录。期末将损益收入（或损益支出）类账户的贷方（或借方）发生额反方向结转到"本年利润"账户的贷方（或借方），以结平损益类账户；年末将"本年利润"账户的贷方（或是借方）差额反方向转入"利润分配——未分配利润"账户的贷方（或是借方），以结平"本年利润"账户；年末将"利润分配"账户的借方发生额反方向转入"未分配利润"账户的借方，以结平"利润分配"账户；年末通过"利润分配——未分配利润"账户来确定是本年度的未分配利润（贷方余额），还是留待以后年度利润弥补的亏损（借方余额）。

第四步，结算出资产、负债和所有者权益科目的本期发生额和余额，并结转下期。

二、结账的方法（The Checkout Methods）

结账时应根据不同的账簿记录，分别采用不同的方法。

（1）对不需要按月结计本期发生额的账户，如各项应收、应付账款明细账和各项财产物资明细账等，每次记账以后，都要随时结出余额，每月最后一笔余额即为月末余额。也就是说，月末余额就是本月最后一笔经济业务记录的同一行内的余额。月末结账时，只需要在最后一笔经济业务记录之下的通栏内画单红线，不需要再结计一次余额。画线的目的，是突出有关数字，表示本期的会计记录已经截止或者结束，并将本期与下期的记录明显分开。

随学随测

（2）现金、银行存款日记账和需要按月结出发生额的收益、成本费用等明细账，每月结账时，要在最后一笔经济业务记录下面的通栏内画单红线，结出本月发生额和余额，在摘要栏内注明"本月合计"字样，在下面的通栏内画单红线。

（3）需要结计本年累计发生额的某些明细账户如管理费用明细账，每月结账时，应在"本月合计"行下结出自年初起至本月末止的累计发生额，登记在月份发生额下面，在摘要栏内注明"本年累计"字样，并在下面的通栏内画单红线。12月月末的"本年累计"就是全年累计发生额，全年累计发生额下面的通栏画双红线。

（4）对于总账，不同的账务处理程序使得结账方法不同。采用记账凭证账务处理程序所登记的总账，需要按月结计发生额和期末余额，要在最后一笔经济业务记录行的下一行（月结行）画通栏单红线，并在其行内结出本月发生额和余额，在摘要栏内注明"本月合计"字样，再在"月结行"的下一行画通栏单红线。采用科目汇总表账务处理程序所登记的总账（除"本年利润""利润分配"账户），平时只需结出月末余额，即只需要在最后一笔经济业务记录之下通栏画单红线。

（5）年度结束结账时，有余额的账户，要将其余额结转下年。结转的方法是：在摘要栏内注明"结转下年"字样，在下一会计年度新建的有关账户的第一行余额栏内填写上年结转的余额，并在摘要栏内注明"上年结转"字样。（将有余额的账户的余额直接记入新账余额栏内）这项结转不需要编制记账凭证，也不必将余额在相反的方向登记，使本年有余额的账户的余额变为零。因为，既然年末是有余额的账户，其余额应当如实地在账户中加以反映，否则，容易混淆有余额的账户和没有余额账户的区别。

任 务 实 施

2022年8月月末，洪立、侯情和夏婷对艾美华建材股份有限公司的有关账簿的处理如下：

（1）不需要按月结计本期发生额账户的月度结账，以"应收账款"为例，其结账方法如表4-5-1所示。

表4-5-1　总账（一）

会计科目应收账款

2022年		记账凭证		摘　要	借　方									贷　方									√	借或贷	余　额								
月	日	种类	号数		百	十	万	千	百	十	元	角	分	百	十	万	千	百	十	元	角	分			百	十	万	千	百	十	元	角	分
8	1			期初余额																				借				8	1	7	6	0	0
	4	略		收到货款													8	1	7	6	0	0	√	平								0	
	10			销货				8	1	7	6	0	0										√	借				8	1	7	6	0	0
	26			销货			1	2	7	6	8	0	0										√	借			2	0	9	4	4	0	0
	28			收到货款													8	1	7	6	0	0	√	借			1	2	7	6	8	0	0

画通栏单红线表示本月已结账

本月最后一笔业务，该业务余额为月末结转余额

（2）需要按月结计本期发生额和本期累计金额账户的月度结账，以"银行存款日记账"和"管理费用"明细账为例，其结账方法如表4-5-2和表4-5-3所示。

表4-5-2　银行存款日记账

2022年 月	日	凭证号数 种类	号数	对方科目	摘要	借方 百	十	万	千	百	十	元	角	分	贷方 百	十	万	千	百	十	元	角	分	余额 百	十	万	千	百	十	元	角	分
1	2				上年结转																					3	2	0	0	0	0	0
					略																											
8	8	略			收到注册资金		2	0	0	0	0	0	0	0											2	0	0	0	0	0	0
	10				付营业执照注册费													6	0	0	0	0	0		1	9	4	0	0	0	0
	18				购置设备											1	0	0	0	0	0	0	0			9	4	0	0	0	0
	31				购置原材料												5	0	0	0	0	0	0			4	4	0	0	0	0
					本月合计		2	0	0	0	0	0	0	0		1	5	6	0	0	0	0	0			4	4	0	0	0	0
					本年累计	1	2	5	0	0	0	0	0	0	1	2	3	8	0	0	0	0	0			4	4	0	0	0	0

画通栏单红线表示本月最后一笔经济业务

画通栏单红线表示本月已结账

表4-5-3　管理费用明细账

2022年 月	日	凭证	摘要	借方金额	贷方金额	余额	（借）方分析 职工薪酬	办公费	差旅费	水电费	折旧费用	…
						略						
8	1	转3	李达报差旅费	1 200		1 200			1 200			
	3	现付1	购买办公用品	80		1 280		80				
	6	转4	冲销2022年7月错账		200	1 080			200			
…	…	…	…	…	…	…	…	…	…	…	…	…
	31	转76	分配职工薪酬	43 200		132 800	43 200					
	31	转78	计提折旧费	8 600		141 400					8 600	
	31	转79	月末结转		141 400							
			本月合计	141 600	200	141 400	43 200	560	5 780	43 200	8 600	…
			本年累计	476 800	3 200	473 600	123 400	2 100	11 300	10 900	25 600	…

画通栏单红线表示本月最后一笔经济业务

画通栏单红线表示本月已结账

艾美华建材股份有限公司的会计人员若在2022年12月月末结账，以"短期借款"账户为例，其结账方法如表4-5-4所示。

表 4-5-4　总账（二）

会计科目：短期借款

| 2022年 | | 凭证号数 | 摘　要 | 借　方 | 贷　方 | 借或贷 | 余　额 |
月	日						
...	...	...	...	...	...	...	...
12	1		期初余额			贷	140 000
	31		1-31日汇总	55 000		贷	85 000
	31		本月合计	55 000		贷	85 000
			本年累计	55 000		贷	85 000
			结转下年				

画通栏双红线表示年度结账完毕

任务 6

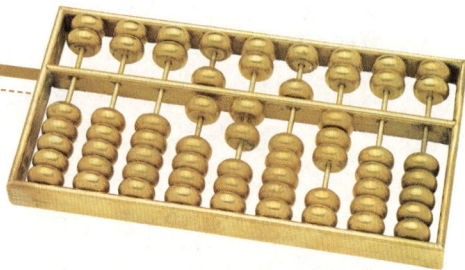

更换新账簿与保管账簿

任务导入

　　时间过得真快，一眨眼，洪立、侯情和夏婷三人在艾美华建材股份有限公司实习已经近半年的时间了。一天，洪立、侯情和夏婷看见陈经理抱着一大摞新的账簿走进办公室，便好奇地问道："陈经理，你怎么买了这么多新账簿呀？"陈经理笑着对他们说："是呀，新的一年开始了，旧账要换新账了。去年的旧账簿我们要整理归档，同时还要更换新账簿。今年更换新账簿的任务就交给你们三个人啦！"听了陈经理的话，洪立、侯情和夏婷三人你看看我，我看看你，该怎么更换新账簿呢？去年的旧账簿又该怎么处理呢？

　　请思考：洪立、侯情和夏婷三人应该怎样更换新账簿？对于旧账簿又该怎么处理呢？

任务分析

洪立、侯情和夏婷三人为了保持艾美华建材股份有限公司的账簿资料的连续性，应在每个会计年度结束，新的会计年度开始时，按照会计制度的规定，进行账簿的更换，并对更换下来的旧账簿整理装订，造册归档。

相关知识

一、更换新账簿的方法（The Methods of Replacing the Account Books）

为了保持账簿资料的连续性，在每个会计年度结束，新的会计年度开始时，应按照会计制度的规定，进行账簿的更换。会计账簿的更换是指在新年度开始时，将上年旧账簿更换为次年新账簿。

账簿更换的具体做法如下。

微课：更换新账簿与保管账簿
随学随测

（1）现金日记账、银行存款日记账、总分类账、大多数明细分类账应每年更换一次。年度结束，将旧账簿上的各账户的年末余额直接记入新账簿有关账页的第一行"余额"栏内，注明余额的借贷方向和账户的年份，然后在第一行日期栏内写明年份和"1月1日"。同时，在"摘要"栏内加盖"上年结转"戳记。

在年度内，订本式账簿记满更换新账簿时，办理与年度结束更换新账簿相似的手续。

（2）在新的会计年度建账并不是所有的账簿都更换为新的。有些财产物资明细账和债权债务明细账，由于材料品种、规格和往来单位较多，更换新账，重抄一遍，工作量较大，因此，可以跨年度使用，不必每年更换一次；还有部分明细账，如固定资产明细账等，因年度内变动不多，年度结束可以不必更换账簿，这些账可直接在年度结束的双红线下面记账。另外，各种备查簿也可以连续使用。

二、会计账簿的保管（The Management of Account Books）

会计账簿是各单位重要的经济资料，必须建立管理制度，妥善保管。账簿的管理工作分为平时管理和归档保管两部分。

1. 账簿平时管理的具体要求

各种账簿要分工明确，指定专人管理，账簿经管人员既要负责记账、对账、结账等工作，又要负责保证账簿安全。会计账簿未经领导和会计负责人或者有关人员批准，非经管人员不能随意翻阅查看会计账簿。会计账簿除需要与外单位核对外，一般不能携带外出。对携带外出的账簿，一般应由经管人员或会计主管指定专人负责。会计账簿不能随意交予其他人员管理，以保证账簿安全和防止任意涂改账簿等问题发生。

2. 旧账归档保管

年度结束更换并启用新账簿后，对更换下来的旧账簿要整理装订，造册归档。归档前旧账的整理工作包括：检查和补齐应办的手续，如改错盖章、注销空行及空页、结转余额等。活页账应撤出未使用的空白账页，再装订成册，并注明各账页号数。旧账装订时应注意：活页账一般按账户分类装订成册，一个账户装订成一册或数册；某些账户账页较少，也可以合并装订成一册。装订时应检查账簿扉页的内容是否填写齐全。装订后应由经办人员及装订人员、会计主管人员在封口处签名或盖章。旧账装订完毕应编制目录和编写移交清单，然后按期移交档案部门保管。

会计账簿有一定的保管期限，根据其特点，分为永久和定期两类。就企业会计而言，会计凭证包括原始凭证和记账凭证的保管期限为30年；会计账簿中，总账、明细账、日记账和其他辅助性账簿的保管期限为30年，固定资产卡片在固定资产清理报废后保存5年。

任务实施

2023年1月初，洪立、侯情和夏婷三人对艾美华建材股份有限公司的总账、日记账和大部分明细账进行了更换，现仅以"应付账款"账簿的更换为例，具体做法如下。

总账（旧）如表4-6-1所示。

表4-6-1　总账（旧）

会计科目：应付账款

2022年		凭证号数	摘要	借方	贷方	借或贷	余额
月	日						
12	1		期初余额			贷	9 800
	1		购料		95 200	贷	105 000
	20		购料		77 000	贷	182 000
	28		支付欠款	150 000		贷	32 000
	31		本月合计	150 000	172 200	贷	32 000
			结转下年				

总账（新）如表4-6-2所示。

表4-6-2 总账（新）

会计科目：应付账款

2023年		凭证号数	摘 要	借方	贷方	借或贷	余 额
月	日						
1	1		上年结转			贷	32 000

洪立、侯情和夏婷三人对需要更换的总账、日记账以及部分明细账进行了仔细检查，检查各账簿扉页的内容是否填写齐全，对于没有填写的内容进行了补充，随后便装订成册，并请会计主管李才在封口处签名，统一编号后交给了档案室的管理员赵庆，并填写账簿的移交清单；对于那些更换的新账簿，洪立、侯情和夏婷三人在各自的账簿上做了相应的记录。

项目小结

会计账簿，是由具有一定格式而又互相联系的账页所组成，用以全面、系统、连续记录各项经济业务的簿籍，是编制财务报表的依据，也是保存会计资料的重要工具。

账簿按照不同的标准进行分类，按照用途分类，可以分为：序时账、分类账、备查账；按照外表形式分类：订本式、活页式、卡片式账簿；按照账页格式分类：三栏式、多栏式、数量金额式。然后根据各个账户特点的不同，来选择不同的账页格式以及外表形式。

总分类账，是根据总分类科目开设账户，用来登记全部经济业务，进行总分类核算，提供总括核算资料的分类账簿。总分类账所提供的核算资料，是编制会计报表的主要依据，任何单位都必须设置总分类账。总分类账一般采用订本式账簿。总分类账的账页格式，一般采用"借方""贷方""余额"三栏式。

明细分类账，是根据总账科目所属的明细科目设置的，用于分类登记某一类经济业务事项，提供有关明细核算资料。明细账是按照二级或明细科目设置的账簿，一般采用活页式账簿。各单位应结合自己的经济业务的特点和经营管理的要求，在总分类账的基础上设置若干明细分类账，作为总分类账的补充。明细分类账按账页格式不同可分为三栏式、数量金额式和多栏式。

记账完成之后，会计人员要做好对账以及财产清查的工作，使账证相符、账账相符、账实相符。如果不相符，则需要进行相应的账务处理以调整。一段时期内所发生的经济业务全部登记入账的基础上，期末办理结账，各种账簿的结账方式是各不相同的。

　　会计年度结束，需将上年旧账更换为次年新账，更换并启用新账后，对更换下来的旧账要整理装订，造册归档。

◉ 实施效果检测 ◉

一、判断题

1. 会计账簿，是由具有一定格式而又互相联系的账页所组成，用以全面、系统、连续记录各项经济业务的簿籍，是编制财务报表的依据。　　　　　　　　　　　（　　）

2. 会计账簿是编制会计报表的主要根据。　　　　　　　　　　　　　　（　　）

3. 库存现金日记账、银行存款日记账应当采用订本式账簿。　　　　　　（　　）

4. "原材料"的核算应采用多栏式明细账的格式。　　　　　　　　　　（　　）

5. 登记账簿时，发生的空行、空页一定要补充书写，不得注销。　　　　（　　）

6. 账证核对，是将账簿记录与原始凭证进行核对。　　　　　　　　　　（　　）

7. 在填制记账凭证时，误将 9 800 元记为 8 900 元，并已登记入账。月终结账前发现错误，更正时采用划线更正法。　　　　　　　　　　　　　　　　　　　　（　　）

8. 结账之前发现账簿所记文字或数字错误，而记账凭证并没有错，可用划线更正法更正。　　　　　　　　　　　　　　　　　　　　　　　　　　　　　　　　（　　）

9. 结账就是在把一定时期内发生的全部经济业务登记入账的基础上，将各种账簿记录结出"本期发生额"和"期末余额"的一项会计核算工作。　　　　　　　　（　　）

10. 各种账簿在年度结束都必须更换。　　　　　　　　　　　　　　　（　　）

二、单项选择题

1. 库存现金日记账属于（　　　　）。

Ⓐ序时账　　　　　Ⓑ分类账　　　　　Ⓒ备查账　　　　　Ⓓ卡片账

2. 下列适合采用多栏式明细账格式核算的是（　　　　）。

Ⓐ原材料　　　　　Ⓑ制造费用　　　　　Ⓒ应付账款　　　　　Ⓓ库存商品

3. 登记账簿时，错误的做法是（　　　　）。

Ⓐ文字和数字的书写占格距的 1/2

Ⓑ使用圆珠笔书写

Ⓒ阿拉伯数字书写排列要有序，字体要自右上方向左下方倾斜60°

Ⓓ在发生的空页上注明"此页空白"

4. 在登记账簿时，如果经济业务发生日期为 2022 年 11 月 12 日，编制记账凭证日期为

11 月 16 日，登记账簿日期为 11 月 17 日，则账簿中的"日期"栏登记的时间为（　　　）。

A 11 月 12 日   B 11 月 16 日

C 11 月 17 日   D 11 月 16 日或 11 月 17 日均可

5. 下列各项中，不属于账实核对的是（　　　）。

A 库存现金日记账账面金额与现金实际库存数核对

B 银行存款日记账账面余额与银行对账单余额核对

C 应收、应付款项明细账与有关债权、债务人核对

D 会计部门的财产物资明细账与财产物资保管和使用部门的有关明细账核对

6. 对账时，账账核对不包括（　　　）。

A 总账各账户的余额核对   B 总账与明细账之间的核对

C 总账与备查账之间的核对   D 总账与日记账的核对

7. 某会计人员登账时，误将 600 元填写为 6 000 元，而记账凭证没有错误，则采用（　　　）更正。

A 红字更正法   B 补充登记法   C 划线更正法   D 刮补法

8. 采用补充登记法，是因为（　　　），导致账簿记录错误。

A 记账凭证上会计科目错误

B 记账凭证上记账方向错误

C 记账凭证上会计科目或记账方向正确，所记金额大于应记金额

D 记账凭证上会计科目或记账方向正确，所记金额小于应记金额

9. 下列各项中说法正确的是（　　　）。

A 所有明细账在年度结束时都必须更换   B 部分明细账在年度结束时需要更换

C 所有账簿的保管年限均为 15 年   D 账簿管理人员可以带账簿随意进出单位

10. 总分类账保存年限为（　　　）。

A 10 年   B 20 年   C 30 年   D 15 年

三、多项选择题

1. 任何会计主体都必须设置的账簿有（　　　）。

A 日记账簿   B 辅助账簿   C 总分类账簿   D 备查账簿

2. 下列采用订本式账簿的有（　　　）。

A 库存现金日记账   B 银行存款日记账

C 原材料明细账   D 总分类账

3. 银行存款日记账是根据（　　　）逐日逐笔登记的。

A 现金收款凭证   B 相关的现金付款凭证

C 银行存款收款凭证   D 银行存款付款凭证

4. （　　　）情况下可采用红色墨水记账。

Ⓐ对错账采用补充登记法更正

Ⓑ按照红字冲账的记账凭证冲销错误记录

Ⓒ在不设借贷等栏的多栏式账页中登记减少数

Ⓓ在三栏式账户的余额栏前未印明金额方向的，在余额栏内登记负数余额

5. 对账的内容包括（　　）。

Ⓐ证证核对　　　　Ⓑ账证核对　　　　Ⓒ账账核对　　　　Ⓓ账款核对

6. 收回货款 1 500 元存入银行，记账凭证误填为 15 000 元，并已入账。错误的更正方法是（　　）。

Ⓐ采用划线更正法更正

Ⓑ用蓝字借记"银行存款"，贷记"应收账款"

Ⓒ用蓝字借记"应收账款"，贷记"银行存款"

Ⓓ用红字借记"银行存款"，贷记"应收账款"

7. 企业从银行提取现金 1 000 元，此项业务应在（　　）中登记。

Ⓐ库存现金日记账　Ⓑ银行存款日记账　Ⓒ总分类账　　　　Ⓓ明细分类账

8. 记账凭证核算组织程序适用于（　　）的企业。

Ⓐ经济业务量少　　Ⓑ规模大　　　　Ⓒ人员多　　　　　Ⓓ规模小

9. 下列各项中属于结账程序的是（　　）。

Ⓐ将本期发生的经济业务事项全部登记入账，并保证其正确性

Ⓑ根据权责发生制的要求，调整有关账项，合理确定本期应记的收入和应记的费用

Ⓒ结清各种损益类账户，编制结账分录

Ⓓ结算出资产、负债和所有者权益科目的本期发生额和余额，并结转下期

10. 一般每年更换的账簿有（　　）。

Ⓐ现金日记账　　　Ⓑ银行存款日记账　Ⓒ总分类账簿　　　Ⓓ所有明细账簿

四、实训练习

练习一

实训目的：练习库存现金日记账登记方法。

实训资料：索艾公司 2022 年 4 月初"库存现金"账户余额 3 800 元，该企业 4 月份发生现金收、付业务如下所示。

（1）2 日，以现金支付购入厂部办公用品 320 元。

（2）2 日，出纳员从银行提取现金 1 200 元备用。

（3）2 日，以现金 600 元支付车间办公用品费。

（4）2 日，以现金 2 000 元预付王建差旅费。

（5）5 日，销售部张萌报销差旅费 1 560 元，冲销原借款 1 500 元，支付现金 60 元。

（6）19 日，以现金支付材料款 1 000 元，增值税 130 元，材料已经入库。

实训要求：

（1）编制会计分录。

（2）根据现金收付款凭证登记三栏式现金日记账，结出现金收付发生额及余额。

练习二

实训目的： 练习数量金额式明细分类账的登记，总分类账户与所属明细分类账的核对。

实训资料：

（1）春田食品公司 2022 年 5 月 1 日"原材料"总分类账户的期初余额为 198 000 元，其中：生产用面粉 20 000 千克，每千克 5 元，共计 100 000 元；食品添加剂 30 000 千克，每千克 2 元，共计 60 000 元；食盐 38 000 千克，每千克 1 元，共计 38 000 元。

（2）该厂 5 月发生的有关材料收发的经济业务如下。

❶ 2 日，外购面粉 10 000 千克验收入库，实际采购成本 50 000 元。

❷ 3 日，生产产品领用食品添加剂 15 000 千克，计 30 000 元。

❸ 6 日，生产产品领用面粉 8 000 千克，计 40 000 元。

❹ 11 日，外购食品添加剂 20 000 千克验收入库，实际采购成本 40 000 元。

❺ 14 日，生产产品领用食品添加剂 30 000 千克，计 60 000 元。

❻ 16 日，外购食盐 60 000 千克验收入库，实际采购成本 60 000 元。

❼ 19 日，生产产品领用面粉 7 000 千克，计 35 000 元。

❽ 20 日，外购食品添加剂 10 000 千克验收入库，实际采购成本 20 000 元。

❾ 27 日，生产产品领用食盐 63 000 千克，计 63 000 元。

实训要求：

（1）根据上述经济业务登记"原材料"明细账，并结账。

（2）根据有关记账凭证登记"原材料"总分类账户，并结账。

练习三

实训目的： 练习多栏式明细分类账的登记。

实训资料：

（1）福美公司"管理费用"采用多栏式明细分类账户，下设"工资及附加费""折旧费""修理费""差旅费""电话费""办公费用""其他"七个明细项目。

（2）2022 年 7 月福美公司发生的有关经济业务如下：

❶ 2 日，以现金购买空白报表、账簿、凭证，计 134 元。

❷ 5 日，以现金购买会计法规两本，计 36 元。

❸ 8 日，分配本月工资：生产工人工资 46 000 元，车间管理人员工资 18 000 元，公司行政管理人员工资 24 000 元。

❹ 10 日，开出转账支票，支付办楼修理费 6 000 元。

❺ 18 日，总经理刘明出差暂借差旅费 3 000 元。

❻ 20 日，以现金支付电话费 560 元。

❼ 26 日，总经理刘明出差回来，报销差旅费 2 500 元，余款退回。

❽ 28 日，采购员前来报销市内差旅费 153 元，以现金付讫。

❾ 31 日，计提固定资产折旧 6 000 元，其中机器设备折旧 4 800 元，办公楼折旧 1 200 元。

❿ 31 日，开出转账支票支付审计师查账费 3 000 元。

⓫ 31 日，将本月发生的管理费用总额转入"本年利润"账户。

实训要求：

（1）根据上述经济业务编制专用记账凭证（以会计分录代替）。"管理费用"账户请列示明细项目。

（2）设置并登记多栏式"管理费用"明细账。

练习四

实训目的： 掌握账户发生额试算平衡表的编制。

实训资料： 中信公司 2022 年 4 月发生了如下经济业务。

（1）采购原材料一批，货款 10 000 元，增值税 1 300 元，已经验收入库，货款未付。

（2）产品 200 件完工入库，单位成本 58 元。

（3）以银行存款 35 000 元购入生产设备一台。

（4）以现金支付业务招待费 380 元。

（5）以转账支票支付前欠 A 公司材料采购款 32 000 元。

（6）计算分配公司本月职工工资，其中生产工人工资 60 000 元，车间管理人员工资 5 000 元，厂部管理人员工资 30 000 元，专设销售机构人员工资 4 000 元。

（7）从银行提取现金 1 000 元备用。

实训要求： 根据上述资料编制账户发生额试算平衡表。

练习五

实训目的： 练习错账更正的方法，使学生充分掌握划线更正法、红字冲销法。

实训资料： 瑞和公司属于工业企业，为增值税一般纳税人。该公司会计人员在 2022 年结账前进行对账时，发现如下错账。

（1）行政部门前来报销办公用品费用 980 元，用现金支付。编制的会计分录如下：

借：管理费用   890

    贷：库存现金   890

（2）瑞和公司以银行存款支付广告费 20 000 元。编制的会计分录如下：

借：销售费用   20 000

    贷：银行存款   20 000

瑞和公司登记账簿时，在"销售费用"和"银行存款"账户登记的金额为 2 000 元。

（3）以银行存款支付行政管理部门设备维修费680元，编制的会计分录如下：

借：制造费用　　　　　　　　　　　　　　　　　680
　　贷：银行存款　　　　　　　　　　　　　　　　680

实训要求：

（1）指出对上述错账应采用何种更正方法。

（2）分别编制错账更正会计分录。

五、案例分析

实训目的：结合账簿的设置特点和要求，账务处理程序的优缺点来对案例中涉及的公司进行分析，设计账簿体系，并且学会选择最优账务处理程序。

实训资料：

（1）公司简介：清扬有限公司以及其下属工厂一共有3 000余位员工。清扬公司目前拥有流动资金10亿多元，营销点在全国已经有200多个。20年来，在没有任何外界资金投入的情况下，完全凭自己艰苦奋斗，在市场经济的风浪中搏击，清扬在行业中已经处于龙头地位，产品市场占有率30%以上。现在的清扬是一家拥有近40亿元自有资金的大型现代化涂料有限公司。

（2）会计部门岗位。

❶ 总会计师1人：监督整个财务部工作。

❷ 公司财务部共20人。

财务部经理（1人）：管理日常的会计工作，负责复核记账凭证、记银行日记账、
　　　　　　　　　　编制对外财务报表。

销售收款（4人）：省内应收账款（2人）：记应收账款明细账兼记分类账。
　　　　　　　　　省外应收账款（2人）：记应收账款明细账兼记总账。

原材料（2人）：记原材料明细账。

包装材料（1人）：记包装材料明细分类账。

成本核算（2人）：每月产成品成本的核算。

生产统计（2人）：记录生产中有关数据，以便成本核算。

应付账款（2人）：应记付账款明细账。

现金出纳（2人）：负责现金报销，记现金日记账。

管理会计（2人）：负责内部管理报表的编制。

电算化（2人）：操作员（1人）：输入文档资料、打印、复印。
　　　　　　　　程序员（1人）：系统维护。

实训要求：

（1）请为该公司设计一套完整的账簿体系。（包括应设置哪些账簿，外表形式是怎样的，采用什么格式）

（2）该公司应当采用哪一种账务处理程序？请画出其流程图。

六、资料查阅题

1. **查找资料自主学习**：汇总记账凭证账务处理程序。

2. **查找资料自主学习**：多栏式日记账账务处理程序。

能 力 提 升

拓展练习　　　　　　　拓展练习答案

项目五

提供经济活动信息，掌握编制会计报表的方法

素养目标 ▶

1. 树立大局观念，正确处理个人、企业与国家之间的利益关系。
2. 培养爱岗敬业、遵循准则、客观公正、不做假账的职业素养。

知识目标 ▶

1. 了解会计报表的含义和种类。
2. 理解会计报表的编制要求。
3. 了解资产负债表、利润表、现金流量表的概念和作用。
4. 熟悉资产负债表、利润表的结构和内容。
5. 了解现金流量表的结构和内容。
6. 掌握资产负债表、利润表的编制方法。
7. 了解会计报表的装订方法、保管要求以及报送程序。

能力目标 ▶

1. 能够正确地编制资产负债表。

2. 能够正确地编制利润表。

3. 能够正确地装订会计报表。

　　会计的最终目的就是提供企业的经济活动信息。会计的信息主要是通过财务报表来反映的。当通过会计账簿对企业的经济业务进行汇总后，就可以依据会计账簿编制财务报表。

思维导图 ▶

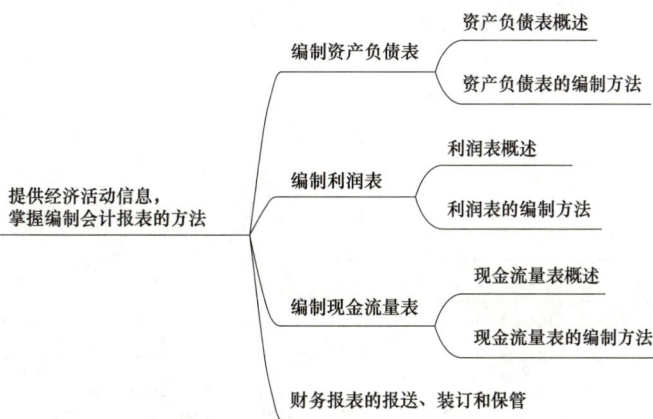

- 提供经济活动信息，掌握编制会计报表的方法
  - 编制资产负债表
    - 资产负债表概述
    - 资产负债表的编制方法
  - 编制利润表
    - 利润表概述
    - 利润表的编制方法
  - 编制现金流量表
    - 现金流量表概述
    - 现金流量表的编制方法
  - 财务报表的报送、装订和保管

任务 1

编制资产负债表

任务导入

鸿运公司是一家小型工业企业（一般纳税人），王明是该公司会计部门的一名实习生，2022 年 12 月末，在会计对账、调账、结账工作完毕后，会计主管李晓拿着一份公司本月的试算平衡表给王明，如表 5-1-1 所示，分配给王明一项任务——编制公司本月的资产负债表。

表 5-1-1　鸿运公司试算平衡表

2022年12月31日　　　　　　　　　　　　　　　　　　单位：元

科目名称	期初余额		发生额		余　额	
	借方	贷方	借方	贷方	借方	贷方
库存现金	5 000.00			236.00	4 764.00	
银行存款	764 000.00		848 000.00	101 600.00	1 510 400.00	
应收账款	700 000.00		64 000.00	400 000.00	364 000.00	
原材料	420 000.00		21 600.00	272 216.00	169 384.00	
库存商品	240 000.00		328 476.00	383 832.00	184 644.00	
预付账款			12 000.00		12 000.00	
固定资产	1 000 000.00				1 000 000.00	
累计折旧		60 000.00		8 000.00		68 000.00
短期借款		833 000.00				833 000.00
应付账款		340 000.00	40 000.00			300 000.00
应付职工薪酬		16 000.00	136.00	68 400.00		84 264.00
应交税费				24 528.20		24 528.20
应付利息				5 600.00		5 600.00
实收资本		1 800 000.00				1 800 000.00
资本公积		80 000.00				80 000.00
本年利润			512 000.00	512 000.00		
利润分配				49 799.80		49 799.80

续表

科目名称	期初余额		发生额		余　额	
	借方	贷方	借方	贷方	借方	贷方
生产成本			328 476.00	328 476.00		
制造费用			10 660.00	10 660.00		
主营业务收入			512 000.00	512 000.00		
主营业务成本			383 832.00	383 832.00		
销售费用			20 000.00	20 000.00		
管理费用			20 240.00	20 240.00		
财务费用			5 600.00	5 600.00		
营业外支出			8 000.00	8 000.00		
所得税费用			24 528.20	24 528.20		
合　计	3 129 000.00	3 129 000.00	3 139 548.20	3 139 548.20	3 245 192.00	3 245 192.00

请思考：王明应该怎样编制公司本月的资产负债表呢？

任务分析

　　在会计核算中，企业通过填制和审核会计凭证、设置和登记会计账簿，对企业的经济业务进行全面、连续、系统的反映和监督。但是，分散在各账簿上的资料不能清晰地反映其经济指标间的关系，不便于管理者或单位外部的有关部门和人员使用。只有通过编制资产负债表，才能反映企业有多少资产是流动资产、有多少资产是长期投资、有多少资产是固定资产等；通过资产负债表可以提供某一日期的负债总额及其结构，表明企业未来需要用多少资产或劳务清偿债务以及清偿时间；可以反映所有者所拥有的权益，据以判断资本保值、增值的情况以及对负债的保障程度。

　　将企业所拥有的资产、负债及所有者权益情况浓缩在一张报表上，让所有阅读者于最短时间内了解企业财务状况。

相关知识

一、资产负债表概述（The Outline of Balance Sheets）

1. 什么是资产负债表

　　资产负债表（Balance Sheets）是反映企业在一定日期（通常为各会计期末）的财务状况（即资产、负债和所有者权益的状况）的主要会计报表。例如，公历每年12月31日的财务状况。由于它反映的是某一时点的情况，所以，又称为静态报表。

资产负债表能够反映企业在某一特定日期所拥有的各种资源总量及其分布情况；能够反映企业的偿债能力；能够反映企业在某一特定日期所拥有净资产的数额及所有者权益的构成情况；能够反映企业在某一特定日期的资产总额和权益总额，进而分析、评价企业未来的发展趋势。

微课：编制资产负债表

2. 资产负债表的结构和内容

资产负债表一般有表首、正表两部分。其中，表首概括地说明报表名称、编制单位、编制日期、报表编号、货币名称、计量单位等。正表是资产负债表的主体，列示了用以说明企业财务状况的各个项目。资产负债表正表的格式一般有两种：报告式资产负债表和账户式资产负债表。报告式资产负债表是上下结构，上半部列示资产，下半部列示负债和所有者权益。

账户式资产负债表是左右结构。左方为资产项目，大体按资产的流动性大小进行排列，流动性大的排在前面，如货币资金、应收票据、应收账款等；流动性小的排在后面，如长期股权投资、固定资产、无形资产等。右方为负债及所有者权益项目，一般按其清偿时间的先后顺序排列：需要在一年以内或者长于一年的一个正常生产经营周期内偿还的流动负债排在前面，如短期借款、应付票据、应付账款、应付职工薪酬等；在一年以上才需要偿还的非流动负债排在中间，如长期借款、应付债券等；在企业清算之前不需要偿还的所有者权益项目排在后面，如实收资本、资本公积、盈余公积等。左方资产各项目的合计等于右方负债和所有者权益各项目的总合计，即左方和右方相等（见图 5-1-1）。不管采取什么格式，资产各项目的合计等于负债和所有者权益各项目的合计这一等式不变。

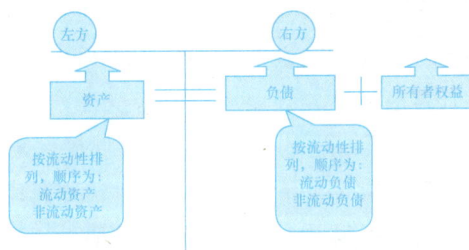

在我国，资产负债表采用账户式，如表 5-1-2 所示。

图 5-1-1 资产负债表左右平衡关系

表 5-1-2 资产负债表

会企 01 表

编制单位：　　　　　　　　　　　年　月　日　　　　　　　　　　　单位：元

资产	期末余额	上年年末余额	负债和所有者权益（或股东权益）	期末余额	上年年末余额
流动资产：			流动负债：		
货币资金			短期借款		
交易性金融资产			交易性金融负债		
衍生金融资产			衍生金融负债		

续表

资产	期末余额	上年年末余额	负债和所有者权益（或股东权益）	期末余额	上年年末余额
应收票据			应付票据		
应收账款			应付账款		
应收款项融资			预收款项		
预付款项			合同负债		
其他应收款			应付职工薪酬		
存货			应交税费		
合同资产			其他应付款		
持有待售资产			持有待售负债		
一年内到期的非流动资产			一年内到期的非流动负债		
其他流动资产			其他流动负债		
流动资产合计			流动负债合计		
非流动资产：			非流动负债：		
债权投资			长期借款		
其他债权投资			应付债券		
长期应收款			其中：优先股		
长期股权投资			永续债		
其他权益工具投资			租赁负债		
其他非流动金融资产			长期应付款		
投资性房地产			预计负债		
固定资产			递延收益		
在建工程			递延所得税负债		
生产性生物资产			其他非流动负债		
油气资产			非流动负债合计		
使用权资产			负债合计		
无形资产			所有者权益（或股东权益）：		
开发支出			实收资本（或股本）		

续表

资产	期末余额	上年年末余额	负债和所有者权益(或股东权益)	期末余额	上年年末余额
商誉			其他权益工具		
长期待摊费用			其中：优先股		
递延所得税资产			永续债		
其他非流动资产			资本公积		
非流动资产合计			减：库存股		
			其他综合收益		
			专项储备		
			盈余公积		
			未分配利润		
			所有者权益(或股东权益)合计		
资产总计			负债和所有者权益(或股东权益)总计		

二、资产负债表的编制方法（The Establish Methods of Balance Sheets）

资产负债表每个项目又分为"期末余额"和"上年年末余额"两栏，是一种比较资产负债表。其中"上年年末余额"栏各项目数字，应根据上年年末资产负债表"期末余额"栏内所列数字填列。"期末余额"栏各项目数字主要有以下几种填列方法：

微课：编制会计报表演示

1. 根据总账科目余额填列

"短期借款""应付票据""资本公积"等项目，根据"短期借款""应付票据""资本公积"各总账科目的余额直接填列；有些项目则需根据几个总账科目的期末余额计算填列。如"货币资金"项目，需根据"库存现金""银行存款""其他货币资金"三个总账科目的期末余额的合计填列。

随学随测

2. 根据明细账科目余额计算填列

（1）"应付账款"项目，应根据"应付账款"和"预付账款"两个科目所属的相关明细

科目的期末贷方余额计算填列。

（2）"应收账款"项目，应根据"应收账款"和"预收账款"两个科目所属的相关明细科目的期末借方余额，减去"坏账准备"科目中相关坏账准备期末余额后的金额填列。

（3）"预付款项"项目，应根据"应付账款"科目借方余额和"预付账款"科目借方余额减去与"预付账款"有关的坏账准备贷方余额计算填列。

（4）"预收款项"项目，应根据"应收账款"科目贷方余额和"预收账款"科目贷方余额计算填列。

（5）"应付职工薪酬"项目，应根据"应付职工薪酬"科目的明细科目期末余额计算填列。

（6）"未分配利润"项目，需要根据"本年利润"科目"利润分配"科目的余额计算填列。

应收账款项目 ＝ 应收账款明细账（借方余额）＋ 预收账款明细账（借方余额）－
　　　　　　　　坏账准备科目中有关应收账款计提的坏账准备余额
预收款项项目 ＝ 应收账款明细账（贷方余额）＋
　　　　　　　　预收账款明细账（贷方余额）
应付账款项目 ＝ 应付账款明细账（贷方余额）＋
　　　　　　　　预付账款明细账（贷方余额）
预付款项项目 ＝ 应付账款明细账（借方余额）＋
　　　　　　　　预付账款明细账（借方余额）－
　　　　　　　　坏账准备科目中有关预付账款计
　　　　　　　　提的坏账准备余额

【例 5-1-1】　某企业 2022 年 12 月 31 日结账后有关科目所属明细科目借贷方余额如表 5-1-3 所示。

表 5-1-3　明细科目借贷方余额

单位：元

总账科目	明细科目借方余额合计	明细科目贷方余额合计
应收账款	1 600 000	100 000
预付账款	800 000	60 000
应付账款	400 000	1 800 000
预收账款	600 000	1 400 000

该企业 2022 年 12 月 31 日资产负债表中相关项目的金额如下所示。

❶ "应收账款"项目金额：1 600 000 + 600 000 = 2 200 000（元）

❷ "预付款项"项目金额：800 000 + 400 000 = 1 200 000（元）

❸ "应付账款"项目金额：60 000 + 1 800 000 = 1 860 000（元）

❹ "预收款项"项目金额：1 400 000 + 100 000 = 1 500 000（元）

应收账款项目，应当根据"应收账款"科目所属明细科目借方余额 1 600 000 元和"预收账款"科目所属明细科目借方余额 600 000 元加总，作为资产负债表中"应收账款"的项目金额，即 2 200 000 元。

预付款项项目，应当根据"预付账款"科目所属明细科目借方余额 800 000 元和"应付账款"科目所属明细科目借方余额 400 000 元加总，作为资产负债表中"预付款项"的项目金额，即 1 200 000 元。

应付账款项目，应当根据"应付账款"科目所属明细科目贷方余额 1 800 000 元和"预付账款"科目所属明细科目贷方余额 60 000 元加总，作为资产负债表中"应付账款"的项目金额，即 1 860 000 元。

预收款项项目，应当根据"预收账款"科目所属明细科目贷方余额 1 400 000 元和"应收账款"科目所属明细科目贷方余额 100 000 元加总，作为资产负债表中"预收款项"的项目金额，即 1 500 000 元。

3. 根据总账科目和明细账科目余额分析计算填列

"长期借款"项目，应根据"长期借款"总账科目余额扣除"长期借款"科目所属的明细科目中反映的将于一年内到期且企业不能自主地将清偿义务展期的长期借款后的金额计算填列。

例 5-1-2 某企业长期借款情况如表 5-1-4 所示。

表 5-1-4 某企业长期借款情况表

借款起始日期	借款期限/年	金额/元
2022 年 1 月 1 日	3	1 000 000
2021 年 1 月 1 日	5	2 000 000
2019 年 6 月 1 日	4	1 500 000

该企业 2022 年 12 月 31 日资产负债表中"长期借款"项目金额如下。

$$4\ 500\ 000 - 1\ 500\ 000 = 3\ 000\ 000（元）$$

本例中，企业应当根据"长期借款"总账科目余额 4 500 000（1 000 000 + 2 000 000 + 1 500 000）元，减去一年内到期的长期借款 1 500 000 元，作为资产负债表中"长期借款"项目的金额，即 3 000 000 元。（2016 年 6 月 1 日借入的 4 年期的借款，到期时间为 2020 年 6 月 1 日，距离资产负债表日 2019 年 12 月 31 日还不到一年，因此此项长期借款属于一年内到期的长期借款）

4. 根据有关科目余额减去其备抵科目余额后的净额填列

（1）资产负债表中"应收票据""应收账款""在建工程"等项目，应根据"应收票据""应收账款""在建工程"等科目的期末余额减去"坏账准备""在建工程减值准备"等备抵科目余额后的净额填列。例如：应收账款明细分类账借方余额 1 000 000 元，计提坏账准备 100 000 元，那么在应收账款项目中就填列 900 000 元。

（2）"固定资产"项目，应根据"固定资产"科目的期末余额，减去"累计折旧""固定资产减值准备"等备抵科目的期末余额以及"固定资产清理"科目期末余额后的净额填列。例如：固定资产原值是 2 000 000 元，已提折旧是 300 000 元，账面价值是 1 700 000 元。固定资产已经减值，计提了 200 000 元的减值准备。固定资产在报表上反映净额值应为 1 500 000 元。

（3）"无形资产"项目，应当根据"无形资产"科目的期末余额，减去"累计摊销""无形资产减值准备"等备抵科目余额后的净额填列。

5. 综合运用上述填列方法分析填列

资产负债表中的"存货"项目，应根据"原材料""库存商品""委托加工物资""周转材料""材料采购""在途物资""发出商品""材料成本差异"等总账科目期末余额的分析汇总数，再减去"存货跌价准备"科目余额后的净额填列。

◉ 任 务 实 施 ◉

王明按照相关知识所介绍的资产负债表的编制方法，根据会计主管李晓提供的公司本月试算平衡表（表 5-1-1）资料，动手编制了公司 2022 年 12 月 31 日的资产负债表，填入表 5-1-5。

表 5-1-5　资产负债表

会企 01 表
单位：元

编制单位：鸿运公司　　　　　2022 年 12 月 31 日

资产	期末余额	上年年末余额	负债和所有者权益（或股东权益）	期末余额	上年年末余额
流动资产：			流动负债：		
货币资金	1 515 164.00	769 000.00	短期借款	833 000.00	833 000.00
交易性金融资产			交易性金融负债		
衍生金融资产			衍生金融负债		
应收票据			应付票据		
应收账款	364 000.00	700 000.00	应付账款	300 000.00	340 000.00
应收款项融资			预收款项		
预付款项	12 000.00		合同负债		
其他应收款			应付职工薪酬	84 264.00	16 000.00
存货	354 028.00	660 000.00	应交税费	24 528.20	
合同资产			其他应付款	5 600.00	
持有待售资产			持有待售负债		
一年内到期的非流动资产			一年内到期的非流动负债		
其他流动资产			其他流动负债		
流动资产合计	2 245 192.00	2 129 000.00	流动负债合计	1 247 392.20	1 189 000.00
非流动资产：			非流动负债：		
债权投资			长期借款		
其他债权投资			应付债券		
长期应收款			其中：优先股		
长期股权投资			永续债		
其他权益工具投资			租赁负债		

续表

资产	期末余额	上年年末余额	负债和所有者权益（或股东权益）	期末余额	上年年末余额
其他非流动金融资产			长期应付款		
投资性房地产			预计负债		
固定资产	932 000.00	940 000.00	递延收益		
在建工程			递延所得税负债		
生产性生物资产			其他非流动负债		
油气资产			非流动负债合计		
使用权资产			负债合计	1 247 392.20	1 189 000.00
无形资产			所有者权益（或股东权益）：		
开发支出			实收资本（或股本）	1 800 000.00	1 800 000.00
商誉			其他权益工具		
长期待摊费用			其中：优先股		
递延所得税资产			永续债		
其他非流动资产			资本公积	80 000.00	80 000.00
非流动资产合计	932 000.00	940 000.00	减：库存股		
			其他综合收益		
			专项储备		
			盈余公积		
			未分配利润	49 799.80	
			所有者权益（或股东权益）合计	1 929 799.80	1 880 000.00
资产总计	3 177 192.00	3 069 000.00	负债和所有者权益（或股东权益）总计	3 177 192.00	3 069 000.00

当王明将编制好的资产负债表交给会计主管李晓时，会计主管李晓对王明的工作感到非常满意。

知识链接 1

财务报表的种类

财务报表可以按照不同的标准进行分类。

1. 按服务对象，可以分为对外报表和内部报表

（1）对外报表是企业必须定期编制，定期向上级主管部门、投资者、财税部门等报送或按规定向社会公布的财务报表。这是一种主要的、定期规范化的财务报表。它要求有统一的报表格式、指标体系和编制时间等，资产负债表、利润表和现金流量表等均属于对外报表。

（2）内部报表是企业根据其内部经营管理的需要而编制的，供其内部管理人员使用的财务报表。它不要求统一格式，没有统一指标体系，如成本报表属于内部报表。

2. 按报表所提供会计信息的重要性，可以分为主表和附表

（1）主表即主要财务报表，是指所提供的会计信息比较全面、完整，能基本满足各种信息需要者的不同要求的财务报表。现行的主表主要有三张，即资产负债表、利润表和现金流量表。

（2）附表即从属报表，是指对主表中不能或难以详细反映的一些重要信息所做的补充说明的报表。现行的附表主要有：利润分配表和分部报表，是利润表的附表；应交增值税明细表和资产减值准备明细表，是资产负债表的附表。主表与有关附表之间存在着勾稽关系，主表反映企业的主要财务状况、经营成果和现金流量，附表则对主表进一步补充说明。

3. 按编制和报送的时间，可分为中期财务报表和年度财务报表

中期财务报表有广义和狭义之分：广义的中期财务报表包括月份、季度、半年期财务报表，狭义的中期财务报表仅指半年期财务报表。年度财务报表是全面反映企业整个会计年度的经营成果、现金流量情况及年末财务状况的财务报表。企业每年年底必须编制并报送年度财务报表。

4. 按编报单位不同，分为基层财务报表和汇总财务报表

基层财务报表由独立核算的基层单位编制的财务报表，是用以反映本单位财务状况和经营成果的报表。汇总财务报表是指上级和主管部门将本身的财务报表与其所属单位报送的基层财务报表汇总编制而成的财务报表。

5. 按编报的会计主体不同，分为个别报表和合并报表

个别报表是指在以母公司和子公司组成的具有控股关系的企业集团中，由母公司和子公司各自为主体分别单独编制的报表，用以分别反映母公司和子公司本身各自的财务状况和经营成果。合并报表是以母公司和子公司组成的企业集团为一会计主体，以母公司和子公司单独编制的个别财务报表为基础，由母公司编制的综合反映企业集团经营成果、财务状况及其资金变动情况的财务报表。

任务 2

编制利润表

任务导入

鸿运公司为增值税一般纳税人，适用的税率为 13%，所得税税率为 25%，王明是该公司会计部门的一名实习生。2022 年 12 月月末，在会计对账、调账、结账工作完毕后，老总想了解企业本年的经营状况。于是会计主管李晓分配给王明一项任务，要求他根据损益类账户本年累计发生额（表 5-2-1）编制公司本年度的利润表。

微课：编制利润表

表 5-2-1　损益类账户本年累计发生额

单位：元

科目名称	借方发生额	贷方发生额
主营业务收入		5 000 000.00
其他业务收入		200 000.00
营业外收入		20 000.00
主营业务成本	2 000 000.00	
其他业务成本	100 000.00	
税金及附加	88 400.00	
销售费用	300 000.00	
管理费用	500 000.00	
财务费用	100 000.00	
营业外支出	10 000.00	
所得税费用	530 400.00	

任务分析

　　利润表主要提供有关企业经营成果方面的信息。通过利润表，可以反映企业一定会计期间的收入及利得实现情况，即实现的主营业务收入有多少、实现的其他业务收入有多少、实现的投资收益有多少、实现的营业外收入有多少等；可以反映一定会计期间的费用及损失耗费情况，即耗费的主营业务成本有多少，税金及附加有多少，销售费用、管理费用、研发费用、财务费用各有多少，营业外支出有多少，所得税费用有多少等；可以反映企业生产经营活动的成果，即净利润的实现情况，据以判断资本保值、增值情况。将利润表中的信息与资产负债表中的信息相结合，还可以提供进行财务分析的基本资料，便于会计报表使用者判断企业未来的发展趋势，作出经济决策。

相关知识

一、利润表概述（The Outline of Income Statements）

1. 什么是利润表

　　利润表（Income Statements）是反映企业在一定会计期间经营成果的报表。它是以"利润＝收入－费用"会计等式为依据，反映企业在一定会计期间（如月度、季度或者年度）的经营成果的会计报表。例如，反映 1 月 1 日至 12 月 31 日经营成果的利润表。由于它反映的是某一期间的情况，所以，又称为动态报表。有时，利润表也称为损益表、收益表。

利润表的列报必须充分反映企业经营成果的主要来源和构成，有助于使用者判断净利润的质量及其风险，有助于使用者预测净利润的持续性，从而作出正确的决策。通过利润表，可以反映企业一定会计期间的收入及利得实现情况和费用及损失耗费情况，进而反映净利润的实现情况，据以判断资本保值、增值情况。

2. 利润表的结构和内容

利润表一般有表首、正表两部分。其中表首说明报表名称、编制单位、编制日期、报表编号、货币名称、计量单位等；正表是利润表的主体，反映形成经营成果的各个项目和计算过程，所以，曾经将这张表称为损益计算书。

利润表正表的格式有两种：单步式利润表和多步式利润表。单步式利润表是将当期所有的收入及利得列在一起，然后将当期所有的费用及损失列在一起，两者相减得出当期净损益。多步式利润表是通过对当期的收入及利得、费用及损失项目按性质加以归类，按利润形成的主要环节列示一些中间性利润指标，如营业利润、利润总额、净利润、综合收益总额，分步计算当期净损益。

利润表主要反映以下七方面内容：

❶ 营业收入	由主营业务收入和其他业务收入组成。
❷ 营业利润	营业收入减去营业成本（主营业务成本、其他业务成本）、税金及附加、销售费用、管理费用、研发费用、财务费用，加上其他收益、投资收益（或减去投资损失）、净敞口套期收益（或减去净敞口套期损失）、公允价值变动收益（或减去公允价值变动损失）、减去信用减值损失、减去资产减值损失、加上资产处置收益（或减去资产处置损失），即为营业利润。
❸ 利润总额	营业利润加上营业外收入，减去营业外支出，即为利润总额。
❹ 净利润	利润总额减去所得税费用，即为净利润
❺ 其他综合收益的税后净额	企业根据企业会计准则规定未在损益中确认的各项利得和损失扣除所得税影响后的净额。
❻ 综合收益总额	净利润加上其他综合收益税后净额。
❼ 每股收益	包括基本每股收益和稀释每股收益两项指标。

此外，为了使报表使用者通过对比分析不同期间利润的实现情况，判断企业经营成果的未来发展趋势，企业需要提供比较利润表，利润表还将各项目再分为"本期金额"和"上期金额"两栏分别填列。实际工作中，企业在编制月度报表时，一般反映"本月发生数"和"本年累计数"。

随学随测

在我国，利润表采用多步式，如表 5-2-2 所示。

基 础 会 计
（第 4 版）

表 5-2-2　利润表

会企 02 表

编制单位：　　　　　　　　　　　　年　　月　　　　　　　　　　　　单位：元

项　目	本 期 金 额	上 期 金 额
一、营业收入		
减：营业成本		
税金及附加		
销售费用		
管理费用		
研发费用		
财务费用		
其中：利息费用		
利息收入		
加：其他收益		
投资收益（损失以"–"号填列）		
其中：对联营企业和合营企业的投资收益		
以摊余成本计量的金融资产终止确认收益（损失以"–"号填列）		
净敞口套期收益（损失以"–"号填列）		
公允价值变动收益（损失以"–"号填列）		
信用减值损失（损失以"–"号填列）		
资产减值损失（损失以"–"号填列）		
资产处置收益（损失以"–"号填列）		
二、营业利润（亏损以"–"号填列）		
加：营业外收入		
减：营业外支出		
三、利润总额（亏损总额以"–"号填列）		
减：所得税费用		
四、净利润（净亏损以"–"号填列）		
（一）持续经营净利润（净亏损以"–"号填列）		
（二）终止经营净利润（净亏损以"–"号填列）		
五、其他综合收益的税后净额		
六、综合收益总额		
七、每股收益		
（一）基本每股收益		
（二）稀释每股收益		

二、利润表的编制方法（The Establish Methods of Income Statements）

1. "上期金额"填列说明

利润表"上期金额"栏内各项数字，应根据上年该期利润表"本期金额"栏内所列数字填列。如果上年度利润表与本年度利润表的项目名称和内容不一致，应对上年度利润表项目的名称和数字按本期的规定进行调整，填入利润表"上期金额"栏内。

微课：编制会计
报表演示

2. 各项目填列说明

利润表各项目"本期金额"主要根据各损益类科目的发生额分析填列。计算利润时，企业应以收入为起点，计算出当期的营业利润、利润总额和净利润额。各项目具体填列方法分以下三种情况。

（1）根据有关账户本期发生额分析填列。税金及附加、资产减值损失、公允价值变动收益、投资收益、资产处置收益、其他收益、营业外收入、营业外支出、所得税费用、管理费用、销售费用、财务费用的本期金额，根据相关账户本期发生额分析填列。研发费用根据管理费用科目下的研发费用明细科目发生额分析填列。公允价值变动损益、投资收益和资产处置收益项目如果为净损失，以"-"号填列。

（2）根据若干个有关账户本期发生额分析计算填列。

"营业收入"项目，应该根据"主营业务收入""其他业务收入"账户本期发生额加总填列。

"营业成本"项目，应该根据"主营业务成本""其他业务成本"账户本期发生额加总填列。

（3）根据表内各项目之间的关系分析计算填列。其中营业利润、利润总额和净利润、综合收益总额的形成的计算公式为：

> 营业利润＝营业收入－营业成本－税金及附加－销售费用－管理费用－研发费用－财务费用＋其他收益＋投资收益（－投资损失）＋净敞口套期收益（－净敞口套期损失）＋公允价值变动收益（－公允价值变动损失）－信用减值损失－资产减值损失＋资产处置收益（－资产处置损失）
>
> 利润总额 ＝ 营业利润 ＋ 营业外收入 － 营业外支出
>
> 净利润 ＝ 利润总额 － 所得税费用
>
> 综合收益总额 ＝ 净利润 ＋ 其他综合收益税后净额

● 任务实施 ●

王明按照相关知识所介绍利润表的编制方法，根据会计主管李晓提供的损益类账户本期累计发生额（表5-2-1）资料，动手编制了公司2022年12月的利润表，具体填入表5-2-3。

营业收入＝主营业务收入＋其他业务收入
　　　　＝5 000 000＋200 000＝5 200 000（元）
营业成本＝主营业务成本＋其他业务成本
　　　　＝2 000 000＋100 000＝2 100 000（元）

税金及附加、销售费用、管理费用、财务费用、所得税费用根据本期发生额分析填列；

营业利润＝营业收入－营业成本－税金及附加－销售费用－管理费用－财务费用
　　　　＝5 200 000－2 100 000－88 400－300 000－500 000－100 000
　　　　＝2 111 600（元）
利润总额＝营业利润＋营业外收入－营业外支出
　　　　＝2 111 600＋20 000－10 000＝2 121 600（元）
净利润＝利润总额－所得税费用＝2 121 600－530 400＝1 591 200（元）
综合收益总额＝净利润＋其他综合收益税后净额＝1 591 200＋0＝1 591 200（元）

表5-2-3　利润表

会企02表

编制单位：鸿运公司　　　　　　　2022年度　　　　　　　　　单位：元

项　目	本期金额	上期金额（略）
一、营业收入	5 200 000.00	
减：营业成本	2 100 000.00	
税金及附加	88 400.00	
销售费用	300 000.00	
管理费用	500 000.00	
研发费用		

续表

项　目	本期金额	上期金额（略）
财务费用	100 000.00	
其中：利息费用	100 000.00	
利息收入		
加：其他收益		
投资收益（损失以"–"号填列）		
其中：对联营企业和合营企业的投资收益		
以摊余成本计量的金融资产终止确认收益（损失以"–"号填列）		
净敞口套期收益（损失以"–"号填列）		
公允价值变动收益（损失以"–"号填列）		
信用减值损失（损失以"–"号填列）		
资产减值损失（损失以"–"号填列）		
资产处置收益（损失以"–"号填列）		
二、营业利润（亏损以"–"号填列）	2 111 600.00	
加：营业外收入	20 000.00	
减：营业外支出	10 000.00	
三、利润总额（亏损总额以"–"号填列）	2 121 600.00	
减：所得税费用	530 400.00	
四、净利润（净亏损以"–"号填列）	1 591 200.00	
（一）持续经营净利润（净亏损以"–"号填列）		
（二）终止经营净利润（净亏损以"–"号填列）		
五、其他综合收益的税后净额	0	
六、综合收益总额	1 591 200.00	
七、每股收益		
（一）基本每股收益	（略）	
（二）稀释每股收益	（略）	

会计报表附注反映的内容

任务 3

编制现金流量表

任务导入

鸿运公司是一家小型工业企业（一般纳税人），老总想了解企业2022年度的现金流动情况，以便作出下一步的经营决策。王明是鸿运公司会计部门的一名实习生。会计主管李晓分配给王明一项任务，要求王明根据出纳人员登记的多栏式现金日记账和多栏式银行存款日记账各明细项目本年累计发生额（出纳提供的现金账户和银行存款账户本期发生额汇总如表5-3-1和表5-3-2所示），编制公司2022年度的现金流量表。老总为什么要通过现金流量表进行经营决策呢？现金流量表到底有什么作用？又如何来编制呢？

表5-3-1 2022年现金日记账发生额汇总表

单位：元

经营活动产生		投资活动产生		筹资活动产生	
现金流入量	现金流出量	现金流入量	现金流出量	现金流入量	现金流出量
24 563	4 882	0	0	0	0

表5-3-2 2022年银行存款日记账发生额汇总表

单位：元

经营活动产生		投资活动产生		筹资活动产生	
现金流入量	现金流出量	现金流入量	现金流出量	现金流入量	现金流出量
15 380 000	6 470 000	1 280 000	350 000	4 000 000	2 600 000

⊙ **任 务 分 析** ⊙

　　具体来讲，现金流量表可以说明企业现金流入流出的原因。现金流量表能够提供企业在一定期间内，现金的来龙去脉及现金余额变动的会计信息。它可以告诉报表使用者现金曾经从何处来，又曾经用到何处去；可以规划和预测未来产生现金的能力。借助于现金流量表提供的信息，可以规划和预测企业在未来产生现金的能力；可以分析净利润与现金流量差异的原因；现金流量表最大的功能就是具有透视的功能。借助现金流量表提供的信息，可以分析企业净利润与相关现金流量产生差异的原因。钱是赚回来的，利润是算出来的。对于企业来讲，利润和现金之间到底有多大的差距，可以用现金流量表对它加以透视。

⊙ **相 关 知 识** ⊙

一、现金流量表概述（The Outline of Cash Flow Statements）

1. 现金流量表概述

　　现金流量表（Cash Flow Statements）是反映企业在一定会计期间现金和现金等价物流入和流出的报表。现金包括库存现金、银行存款和其他货币资金。不能随时用于支付的存款不属于现金。现金等价物，是指企业持有的期限短、流动性强、易于转换为已知金额的现金、价值变动风险很小的投资。

　　❶ 期限短是指从购买日起三个月内到期；

　　❷ 流动性强是指能够在市场上进行交易；

　　❸ 易于转换为已知金额的现金主要是指准备持有至到期的债权性投资（不包括股权性投资）；

　　❹ 价值变动风险很小是指债券等（股票价值风险变动较大）。

　　涉及现金和现金等价物而不需要在现金流量表上反映，包括现金与现金之间的经济活动，例如企业将现金存入银行、企业开出银行本票和银行汇票；现金与现金等价物之间的经济活动，例如企业用银行存款购买三个月到期的短期债权性投资；还有一类是等价物之间的经济活动。

　　现金流量分为三大类：

　　（1）筹资活动产生的现金流量。筹资活动，是指导致企业资本及债务规模和构成发生变化的活动。筹资活动产生的现金流量主要包括吸收投资、发行股票、分配利润、发行债券、偿还债务等流入和流出的现金和现金等价物。

（2）投资活动产生的现金流量。投资活动，是指企业长期资产的购建和不包括在现金等价物范围内的投资及其处置活动。投资活动产生的现金流量主要包括购建固定资产、开发无形资产等。

（3）经营活动产生的现金流量。经营活动，是指企业投资活动和筹资活动以外的所有交易和事项。经营活动产生的现金流量主要包括销售商品或提供劳务、购买商品、接受劳务、支付工资和交纳税款等流入和流出的现金和现金等价物。

2. 现金流量表的结构

我国企业现金流量表采用报告式结构（如表5-3-3所示），分类反映经营活动产生的现金流量、投资活动产生的现金流量、筹资活动产生的现金流量，最后汇总反映企业某一期间现金及现金等价物的净增加额。

随学随测

（1）经营活动产生的现金流量。

❶ 销售商品、提供劳务收到的现金：

销货收现 ＝ 营业收入 ± 应收净额 ± 预收净变动额 + 应交税费 − 坏账准备

❷ 购买商品、接受劳务支付的现金：

购货付现 ＝ 营业成本 ± 应付净变动额 ± 预付净变动额 + 应交税费 ± 存货净变动额 − 薪酬 − 折旧

❸ 支付给职工以及为职工支付的现金：值得注意的是支付给工程人员的薪酬在投资活动中反映；支付离退休人员的薪酬在支付其他与经营活动有关的现金中反映。

❹ 其他支付项目。

（2）投资活动产生的现金流量。

❶ 收回投资收到的现金；

❷ 取得投资收益收到的现金；

❸ 处置固定资产、无形资产和其他长期资产收到的现金净额；

❹ 其他与投资有关的现金收入；

❺ 购建固定资产、无形资产和其他长期资产支付的现金；

❻ 投资支付的现金；

❼ 取得子公司及其他营业单位支付的现金净额。

（3）筹资活动产生的现金流量。

❶ 吸收投资收到的现金；

❷ 取得借款收到的现金；

❸ 收到其他与筹资活动有关的现金；

❹ 偿还债务支付的现金（注意：只反映偿还的本金部分）；

❺ 分配股利、利润或偿付利息支付的现金。

（4）现金流量表补充资料。采用间接法计算经营活动现金净流量，即从净利润出发来计算经营活动净现金流量，如表5-3-3所示。

表5-3-3　现金流量表

编制单位：　　　　　　　　　　　　　年　　　月　　　　　　　　　　　　单位：元

项　目	本期金额	上期金额
一、经营活动产生的现金流量		
销售商品、提供劳务收到的现金		
收到的税费返还		
收到其他与经营活动有关的现金		
经营活动现金流入小计		
购买商品、接受劳务支付的现金		
支付给职工以及为职工支付的现金		
支付的各项税费		
支付其他与经营活动有关的现金		
经营活动现金流出小计		
经营活动产生的现金流量净额		
二、投资活动产生的现金流量		
收回投资收到的现金		
取得投资收益收到的现金		
处置固定资产、无形资产和其他长期资产收回的现金净额		
处置子公司及其他营业单位收到的现金净额		

续表

项　目	本期金额	上期金额
收到其他与投资活动有关的现金		
投资活动现金流入小计		
购建固定资产、无形资产和其他长期资产支付的现金		
投资支付的现金		
取得子公司及其他营业单位支付的现金净额		
支付其他与投资活动有关的现金		
投资活动现金流出小计		
投资活动产生的现金流量净额		
三、筹资活动产生的现金流量		
吸收投资收到的现金		
取得借款收到的现金		
收到其他与筹资活动有关的现金		
筹资活动现金流入小计		
偿还债务支付的现金		
分配股利、利润或偿付利息支付的现金		
支付其他与筹资活动有关的现金		
筹资活动现金流出小计		
筹资活动产生的现金流量净额		
四、汇率变动对现金及现金等价物的影响		
五、现金及现金等价物净增加额		
加：期初现金及现金等价物余额		
六、期末现金及现金等价物余额		
补充资料：		
（一）将净利润调节为经营活动现金流量		
净利润		
加：资产减值准备		
固定资产折旧、油气资产折耗、生产性生物资产折旧		
无形资产摊销		
长期待摊费用摊销		
处置固定资产、无形资产和其他长期资产的损失（收益以"－"号填列）		
固定资产报废损失（收益以"－"号填列）		
公允价值变动损失（收益以"－"号填列）		
财务费用（收益以"－"号填列）		
投资损失（收益以"－"号填列）		
递延所得税资产减少（增加以"－"号填列）		
递延所得税负债增加（减少以"－"号填列）		
存货的减少（增加以"－"号填列）		
经营性应收项目的减少（增加以"－"号填列）		
经营性应付项目的增加（减少以"－"号填列）		
其他		
经营活动产生的现金流量净额		

续表

项　目	本期金额	上期金额
（二）不涉及现金收支的重大投资和筹资活动		
债务转为资本		
一年内到期的可转换公司债券		
融资租入固定资产		
（三）现金及现金等价物净变动情况		
现金的期末余额		
减：现金的期初余额		
加：现金等价物的期末余额		
减：现金等价物的期初余额		
现金及现金等价物净增加额		

二、现金流量表的编制方法（The Establish Methods of Cash Flow Statements）

编制现金流量表时，列报经营活动现金流量的方法有两种，一是直接法；二是间接法。

（1）直接法，一般是以利润表中的营业收入为起算点，调节与经营活动有关的项目的增减变动然后计算出经营活动产生的现金流量。

微课：编制会计报表演示

（2）间接法，是将净利润调节为经营活动现金流量，实际上就是将按权责发生制原则确定的净利润调整为现金净流入，并剔除投资活动和筹资活动对现金流量的影响。

采用直接法编报现金流量表，便于分析企业经营活动产生的现金流量的来源和用途，预测企业现金流量的未来前景；采用间接法编报现金流量表，便于将净利润与经营活动产生的现金流量净额进行比较分析，了解净利润与经营活动产生的现金流量差异的原因，从现金流量的角度分析净利润的质量。所以，我国企业会计准则规定企业应当采用直接法编制现金流量表，同时要求在附注中提供以净利润为基础调节到经营活动现金流量的信息。

现金流量表的具体编制方法有两种，即工作底稿法和 T 形账户法。

1. 工作底稿法编制现金流量表

采用工作底稿法编制现金流量表，是以工作底稿为手段，以资产负债表和利润表数据为基础，对每一项目进行分析并编制调整分录，从而编制现金流量表。采用工作底稿法编制现金流量表的具体步骤如下。

第一步	将资产负债表的期初数和期末数过入工作底稿的期初数栏和期末数栏。
第二步	对当期业务进行分析并编制调整分录。编制调整分录时，要以利润表项目为基础，从"营业收入"开始，结合资产负债表项目逐一进行分析。在调整分录中，有关现金和现金等价物的事项，并不直接借记或贷记现金，而是分别计入"经营活动产生的现金流量""投资活动产生的现金流量""筹资活动产生的现金流量"有关项目，借记表示现金流入，贷记表示现金流出。
第三步	将调整分录过入工作底稿中的相应部分。
第四步	核对调整分录，借方、贷方合计数均已经相等，资产负债表项目期初数加减调整分录中的借贷金额以后，也等于期末数。
第五步	根据工作底稿中的现金流量表项目部分编制正式的现金流量表。

2. T形账户法编制现金流量表

采用T形账户法编制现金流量表，是以T形账户为手段，以资产负债表和利润表数据为基础，对每一项目进行分析并编制调整分录，从而编制现金流量表。T形账户法编制现金流量表的具体步骤如下。

第一步	为所有的非现金项目（包括资产负债表项目和利润表项目）分别开设T形账户，并将各自的期末期初变动数过入各该账户。如果项目的期末数大于期初数，则将差额过入和项目余额相同的方向；反之，过入相反的方向。
第二步	开设一个大的"现金及现金等价物"T形账户，每边分为经营活动、投资活动和筹资活动三个部分，左边记现金流入，右边记现金流出。与其他账户一样，过入期末、期初变动数。
第三步	以利润表项目为基础，结合资产负债表分析每一个非现金项目的增减变动，并据此编制调整分录。
第四步	将调整分录过入各T形账户，并进行核对，该账户借贷相抵后的余额与原先过入的期末期初变动数应当一致。
第五步	根据大的"现金及现金等价物"T形账户编制正式的现金流量表。

分析填列法是直接根据资产负债表、利润表和有关会计科目明细账的记录，分析计算出现金流量表各项目的金额，并据以编制现金流量表的一种方法。

3. 利用多栏式日记账编制现金流量表

利用工作底稿法和T形账户法编制现金流量表都有一个关键环节——编制调整分录。可以说调整分录编制的正确与否决定了现金流量表编制的正确与否。但是实际工作中会计人员普遍反映的困难就在于调整分录的编制。不通过调整分录就可以把现金流量表编制出来是许多会计人员的愿望，利用多栏式日记账编制现金流量表可以帮助会计人员实现这一愿望。根据多栏式日记账编制现金流量表，不需要编制目前大多数会计人员无法接受和理解的调整分录，而采用多栏式日记账编制现金流量表，既简单易于理解又符合账务处理的一般程序。不过，这会增大出纳人员登记日记账的工作量。多栏式日记账包括多栏式库存现金日记账、多栏式银行存款日记账、多栏式其他货币资金日记账。多栏式日记账的基本格式同三栏式日记账，只是将三栏式日记账中的借方栏和贷方栏分别改为现金流入栏和现金流出栏，在现金流入栏和现金流出栏再按现金流量表的具体项目设置专栏，一个项目设一个栏目。为避免账页过长，经营活动现金流量、投资活动现金流量、筹资活动现金流量分页设置、分页登记。一页账页集中登记某一类活动现金流入量和现金流出量。由于现金流量表中的现金流入和流出项目大部分都是银行存款的变动，因此多栏式银行存款日记账项目最多，账页最长。多栏式日记账的登记方法与三栏式日记账的登记方法基本相同，须根据收款凭证、付款凭证按经济业务发生的先后顺序序时登记。所不同的是每发生一笔库存现金、银行存款、其他货币资金收付业务均需按现金流量表具体项目进行归类，并登记到项目的项目栏。为适应多栏式日记账的登记要求，记账凭证的格式可稍作修改，将"明细科目"栏改为"明细科目或现金流量项目"栏，这样在填制记账凭证时就将库存现金、银行存款、其他货币资金的收付按现金流量表项目进行了适当归类，会计主管在审核收付款凭证时，需根据现金流量表准则规定的项目归类标准审核凭证中项目归类的正确性。出纳人员就直接根据审核后的收付款凭证上的归类项目登记到多栏式日记账相应栏目。期末，会计人员就可以根据多栏式日记账直接取数编制现金流量表正表。

任务实施

王明按照相关知识所介绍的利用多栏式日记账编制现金流量表的方法，根据出纳人员登记的多栏式现金日记账和多栏式银行存款日记账各明细项目本期累计发生额汇总表 5-3-1 和表 5-3-2，动手编制了公司 2022 年的现金流量表（简表），填入表 5-3-4，完成会计主管李晓交代的任务。

表 5-3-4　现金流量表

编制单位：鸿运公司　　　　　　　　　　2022 年　　　　　　　　　　单位：元

项　目	本期金额	上期金额（略）
一、经营活动产生的现金流量		
经营活动现金流入小计	15 404 563.00	
经营活动现金流出小计	6 474 882.00	
经营活动产生的现金流量净额	8 929 681.00	
二、投资活动产生的现金流量		
投资活动现金流入小计	1 280 000.00	
投资活动现金流出小计	350 000.00	
投资活动产生的现金流量净额	930 000.00	
三、筹资活动产生的现金流量		
筹资活动现金流入小计	4 000 000.00	
筹资活动现金流出小计	2 600 000.00	
筹资活动产生的现金流量净额	1 400 000.00	
现金及现金等价物净增加额	11 259 681.00	

当王明将编制好的现金流量表交给会计主管李晓时，会计主管李晓对王明的工作感到非常满意。

任务4

财务报表的报送、装订和保管

微课：财务报表的报送、装订和保管

任务导入

年度财务报表已经编制完毕，下一步该做什么呢？王明面对编制完毕的会计报表在思考：我们编制的报表要给哪些人阅读呢？对于不同的使用者，阅读报表的目的不同，我们采用的报送方式有哪些呢？报送的流程是怎样的呢？需要报送的材料具体又包括哪些呢？对报送时间有没有要求呢？报送完毕后我们的报表还有用吗？应该如何保管呢？

任务分析

会计报表的需要者和阅读者很多，由于不同的报表阅读者运用会计信息的利益取向有所不同，其阅读会计报表的目的也就各有千秋，从而其需要的会计信息自然也不尽相同。因此，不同的会计报表阅读者在阅读会计报表时各有侧重。对此，我们有必要了解不同报表阅读者对会计报表阅读与分析的重点。一般而言，与企业有经济利害关系的主体有投资者、债权人、供应商、经营者、客户、政府部门、企业职工、竞争对手和社会公众等。这些主体构成了会计报表的不同阅读者。会计报表编制完成及时报送后，会计人员要对留存的报表按月装订成册，包好封面，谨防丢失。

◉ 相 关 知 识 ◉

财务报表的报送、装订和保管（The Submitting、Binding and Management of Financial Statement）

1. 财务报告体系

会计报表是根据日常会计核算资料定期编制的，综合反映企业某一特定日期财务状况和某一会计期间经营成果、现金流量的总结性书面文件。它是企业财务报告的主要部分，是企业向外传递会计信息的主要手段。企业财务会计报告分为年度、半年度、季度和月度财务会计报告。其中，半年度、季度和月度财务会计报告统称为中期财务会计报告。

年度、半年度财务会计报告应当包括以下内容：

（1）会计报表：包括资产负债表、利润表、现金流量表及相关附表。其中，相关附表主要包括利润分配表、所有者权益变动表等。

（2）会计报表附注。

（3）财务情况说明书。

季度、月度财务会计报告通常仅指会计报表，一般至少应该包括资产负债表、利润表和现金流量表，小企业可以不提供现金流量表。财务会计报告的构成，如图 5-4-1 所示。

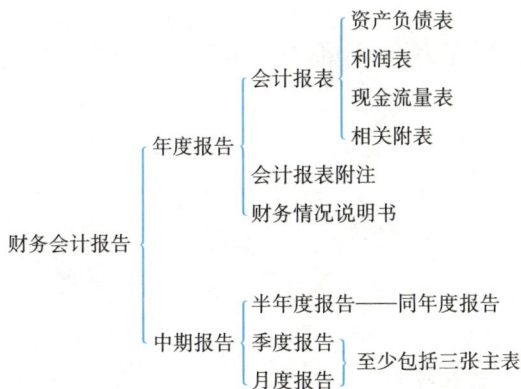

随学随测

图 5-4-1　财务会计报告的构成

2. 报表报送

财务会计报告需要经注册会计师审计的，企业应当将注册会计师及其会计师事务所出具的审计报告随同财务会计报告一并对外提供。在规定的时限内及时向其所有者、债权人、有关各方及当地财税机关、开户银行、主管部门等报送。公开发行股票的公司，应按时向债券交易机构和证券监督管理会等部门提供会计报告。企业向外提供的会计报告主要包括资产负债表、利润表、现金流量表、股东权益增减变动表、利润分配表、会计报表附注、财务情况说明书等。企业向外报送的年度会计报表，应依次编定页数，加具封面，装订成册，加盖公章。对于会计报表的封面，单位名称应当填写全称；单位公章应当使用单位行政公章，不能用财务专用章代替；同时还要盖齐单位负责人、总会计师、会计机构负责人、制表人等人员的印章；随同报表的财务情况说明书，应在封面之内与报表装订在一起，并在封面上注明"内附财务情况说明书一份"字样；报送文件一般应贴在报表封面上，不能与财务情况说明书订在一起，因为财务情况说明书是财务报告的组成部分，报送文件只是一种履行报送程序的方式。

企业应按月度和年度向主管税务机关报送财务报表。一般月度财务会计报表报送期为月度结束后 15 日内；年度财务会计报表报送期限为年度结束后 4 个月内。采取自行（窗口）申报的纳税人应到主管税务机关办税服务厅或驻街税务所报送财务报表；采取网上报税的申报方式的纳税人应通过网上报税系统报送财务报表，并于年度结束后 2 个月内向主管税务机关办税服务厅报送月度和年度纸制财务报表。

3. 财务报告的装订和保管

会计报表编制完成及时报送后，应留存的报表要按月装订成册谨防丢失。小企业可按季装订成册。具体装订要求如下。

微课：装订会计报表演示

第一，会计报表装订前要按编报目录核对是否齐全，整理报表页数，上边和左边对齐压平，防止折角，如有损坏部位修补后，完整无缺地装订。

第二，会计报表装订顺序为：会计报表封面、会计报表编制说明、各种会计报表按会计报表的编号顺序排列、会计报告的封底。

会计报表封面内容主要包括：报表名称、企业名称、企业性质、企业主管单位、报送日期以及企业负责人、主管会计工作的负责人、财务总监、会计机构负责人（会计主管人员）、制表人的签名和盖章，如图 5-4-2 所示。

第三，按保管期限编制卷号。财务报表等原则上是每个月都需要装订的，但一般实务操作都是一年汇总装订一次，同时注意对电子报表的保存和备份。财务报表可以单独装订，也可以和纳税申报表等一起装订。装订成册的会计报表要和其他会计档案一起存档保管。根据《中华人民共和国财政部 国家档案局令第 79 号——会计档案管理办法》规定，月度、季度、半年度财务报告保管期限是 10 年，年度财务报告永久保存。

企 业 名 称：_____　　　企 业 性 质：_____

企业主管单位：_____　　　报 送 日 期：_____

企业会计报表

_____年度第_____季度_____月份

企业负责人：　　财务总监：　　总会计师：　　财会负责人：　　制表：

图 5-4-2　会计报告封面内容

任 务 实 施

　　王明按照要求将财务会计报告编制完成后，分别向财政部门、审计部门、税务部门、上级主管部门、工商行政管理部门报送，并将报表装订、造册、归档以备查。会计主管李晓对王明的工作非常满意，王明感到在实习中学习到了许多书本上学不到的知识，对自己今后走向会计工作岗位充满信心。

编制中期财务
报告的意义

项 目 小 结

　　会计报表是企业、单位会计部门在日常会计核算的基础上，利用统一的货币计量单位，按照会计报表统一规定的格式、内容和编制方法定期编制的综合反映企业财务状况、经营成果和现金流量状况的书面文件。会计报表主要包括资产负债表、利润表、现金流量表等。

　　资产负债表亦称财务状况表，反映企业在一定日期（通常为各会计期末）财务状况（即资产、负债和所有者权益的状况）的主要会计报表。资产负债表利用"资产 = 负债 + 所有者权益"会计平衡原理，将"资产"和"负债和所有者权益"划分为左右两大区块，以特定日期的静态企业情况为基准，浓缩成一张报表。资产负债表有的根据总分类账户的期末余额直接填列，有的则需要整理、汇总、分析计算后填列。

　　利润表，又称损益表，是反映企业在一定会计期间经营成果的一张动态报表。利润表的结构是依据"收入 – 费用 = 利润"的会计等式形成的。利润表的格式主要有多步式和单步式两种，按照我国企业会计制度的规定，我国企业的利润表采用多步式。利润表的编制是根据收入、费用类账户的净发生额分析计算填列。

　　现金流量表是反映企业在一定会计期间现金和现金等价物流入和流出的报表。列报经营活动现金流量的方法有两种，一是直接法；二是间接法。

实施效果检测

一、判断题

1. 资产负债表是反映企业经营成果的报表。   (   )
2. 资产负债表可为报表使用者做出经营决策、投资决策和贷款决策提供依据。 (   )
3. 利润表反映的是企业资产、负债、所有者权益的总体规模和结构。   (   )
4. 利润表正表的格式一般有两种：单步式利润表和多步式利润表。   (   )
5. 资产负债表和利润表编制的理论基础是会计等式。   (   )

二、单项选择题

1. 反映企业在某一特定日期资产、负债和所有者权益状况的报表是（   ）。

Ⓐ 资产负债表   Ⓑ 利润表   Ⓒ 所有者权益变动表   Ⓓ 现金流量表

2. 下列属于静态报表的是（   ）。

Ⓐ 资产负债表   Ⓑ 利润表
Ⓒ 所有者权益变动表   Ⓓ 现金流量表

3. 资产负债表的"货币资金"项目根据（   ）计算填列。

Ⓐ 根据"库存现金"期末余额

Ⓑ 根据"银行存款"期末余额

Ⓒ 根据"其他货币资金"期末余额

Ⓓ 根据"库存现金""银行存款""其他货币资金"科目的期末余额合计

4. 利润表是根据损益类账户的（   ）填列的。

Ⓐ 期初余额   Ⓑ 期末余额   Ⓒ 累计发生额   Ⓓ 净额

5. 下列不属于利润表的项目有（   ）。

Ⓐ 生产成本   Ⓑ 营业收入   Ⓒ 销售费用   Ⓓ 税金及附加

三、多项选择题

1. 属于流动资产的是（   ）。

Ⓐ 应收及预付账款   Ⓑ 一年内到期的非流动资产
Ⓒ 存货   Ⓓ 固定资产

2. 在编制资产负债表时需要根据若干明细账户的期末余额计算填列的有（   ）。

Ⓐ 存货   Ⓑ 应收账款   Ⓒ 预付账款   Ⓓ 应付账款

3. 资产负债表中"存货"项目应根据（   ）等账户的期末余额汇总填制。

Ⓐ 生产成本   Ⓑ 原材料   Ⓒ 库存商品   Ⓓ 固定资产

4. 我国企业利润表的格式一般采用多步式，分步计算的利润指标包括（   ）。

Ⓐ 主营业务利润   Ⓑ 营业利润   Ⓒ 利润总额   Ⓓ 净利润

5.中期会计报表按编制时间分类，可分为（   ）。

Ⓐ年报   Ⓑ月报   Ⓒ季报   Ⓓ半年报

四、实训练习

【 练习一 】

实训目的：掌握资产负债表的编制。

实训资料：华英公司是一家小型工业企业（一般纳税人），2022年12月末，会计对账、会计调账、会计结账工作完毕后，现在给你一份本月公司的试算平衡表，如习题表5-1所示。

实训要求：请你为华英公司编制2022年12月31日的资产负债表。

习题表 5-1   华英公司试算平衡表

单位：元

科目名称	期初余额		发生额		余额	
	借方	贷方	借方	贷方	借方	贷方
银行存款	502 500.00		298 608.48	255 316.20	545 792.28	
库存现金	27 020.00		29 800.00	41 255.00	15 565.00	
应收账款	90 000.00		29 694.60	50 000.00	69 694.60	
其他应收款	2 500.00		1 800.00	1 800.00	2 500.00	
库存商品	12 500.00		144 720.00	154 205.00	3 015.00	
固定资产	350 000.00		11 700.00		361 700.00	
累计折旧		85 000.00		2 986.80		87 986.80
无形资产	500 000.00				500 000.00	
累计摊销		50 000.00				50 000.00
管理费用			96 591.00	96 591.00	0.00	
长期待摊费用	62 500.00			62 500.00	0.00	
应付账款		85 000.00	60 000.00	28 220.40		53 220.40
其他应付款		125 300.00	23 000.00			102 300.00
预收账款		250 000.00	76 000.00	20 000.00		194 000.00
应交税费		−2 340.00	25 165.28	36 234.78		8 729.50
应付职工薪酬		34 500.00	6 395.00	6 395.00		34 500.00
实收资本		900 000.00				900 000.00
未分配利润		19 560.00				19 560.00
主营业务收入			161 797.50	161 797.50		0.00
其他业务收入			145 000.00	145 000.00		0.00
本年利润			258 827.32	306 797.50		47 970.18
主营业务成本			154 205.00	154 205.00		0.00
税金及附加			8 031.32	8 031.32		0.00
合 计	1 547 020.00	1 547 020.00	1 531 335.50	1 531 335.50	1 498 266.88	1 498 266.88

【 练习二 】

实训目的：练习利润表的编制。

实训资料：以广州光华公司 2022 年 12 月底资料为例，其损益类各账户全年累计发生额如下。

❶ 主营业务收入 1 286 400 元；❷ 其他业务收入 35 000 元；❸ 主营业务成本 944 280 元；❹ 税金及附加 1 200 元；❺ 销售费用 12 600 元；❻ 其他业务成本 31 500 元；❼ 营业外收入 800 元；❽ 营业外支出 76 320 元；❾ 管理费用 15 800 元，其中研发费用 1 800 元；❿ 财务费用 6 200 元；⓫ 所得税税率为 25%。

实训要求：根据以上资料编制光华公司 2022 年年度利润表。

能 力 提 升

拓展练习

拓展练习答案

项目六

展示学习成果，进行会计工作过程的基本技能综合实训

1. 实践中养成良好的会计职业素养，做到爱岗敬业、遵循准则、不做假账。
2. 培养良好的沟通能力和合作共赢的团队协作精神。
3. 引导学生学以致用，知行合一，培养实践出真知的意识。

1. 掌握记账凭证的编制方法。
2. 掌握日记账的登记方法。
3. 掌握明细分类账的登记方法。
4. 掌握科目汇总表的编制方法。
5. 掌握总分类账的登记方法。
6. 掌握会计报表的编制方法。

1. 能根据经济业务活动内容正确编制记账凭证。

2. 能根据记账凭证正确登记日记账。

3. 能根据原始凭证、汇总原始凭证和记账凭证登记各种明细分类账。

4. 能根据科目汇总表登记总分类账。

5. 能根据总分类账及相关资料编制会计报表。

经过前面五个项目的学习以及对各项任务的完成，同学们已经掌握了整个会计的基本理论、基本方法和基本操作技能，具有初步的会计核算能力。下面就要将前面的五个项目融为一体，通过综合实训，让大家自己动手，进行完整的"证——账——表"的操作，检测一下同学们前面学习的情况，同时也为今后继续学好专业知识打好基础。

思维导图 ▶

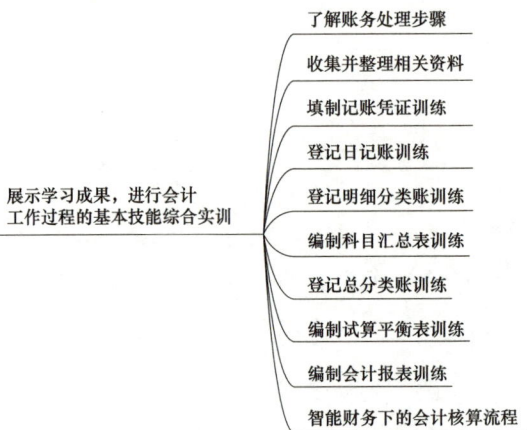

展示学习成果，进行会计
工作过程的基本技能综合实训

- 了解账务处理步骤
- 收集并整理相关资料
- 填制记账凭证训练
- 登记日记账训练
- 登记明细分类账训练
- 编制科目汇总表训练
- 登记总分类账训练
- 编制试算平衡表训练
- 编制会计报表训练
- 智能财务下的会计核算流程

◎ 任 务 导 入 ◎

大华公司是一家技术密集型国有企业，有职工 310 人，总资产 5 000 多万元，注册资本 240 万元，生产 101 和 102 两种代号产品，产品质量稳定且供不应求。该公司只设一个基本生产车间，根据订单组织生产。全公司管理部门设有总经理办公室、材料仓库及若干行政职能部门，组织全公司生产经营活动及后勤保障工作。财务部门人员配备齐全,职责分工明确。

该公司在南昌市工商银行阳明路办事处开户，银行存款结算户账号:3632542021 550068091，纳税登记号为:913601007824068760,纳税人类别:增值税一般纳税人，地址:南昌市阳明路，负责人:熊大华。

该公司采用科目汇总表账务处理程序。记账凭证采用通用记账凭证。企业所得税适用税率为 25%。库存商品和原材料计价采用实际成本法。

王明是某职业技术学院大数据与会计专业的毕业生，毕业后分到大华公司财务部工作，为了熟悉并掌握财务部工作，财务部经理张兰要求王明对大华公司 2022 年 12 月份发生的经济业务活动进行账务处理练习。

了解账务处理步骤

王明要想很好地完成经济业务的账务处理工作，首先必须清楚地了解企业的账务处理程序。

任务实施

第一步：根据月初账户余额资料，开设下列相关账户。

（1）一级账户体系由库存现金、银行存款和交易性金融资产等近 30 个账户组成（具体见期初资料中的"账户名称"），且可根据业务发展需要进行必要的调整。

（2）总账（采用三栏式）。

（3）现金日记账、银行存款日记账（采用三栏式）。

（4）除库存现金、银行存款外的其他一级账户根据核算的实际需要建立明细账（原材料、库存商品采用数量金额式，制造费用、期间费用采用多栏式，其他均采用三栏式）。

第二步：根据经济业务内容对相应的原始凭证进行处理，编制记账凭证。

第三步：根据记账凭证序时逐笔登记相关的日记账、明细账。

第四步：根据记账凭证编制科目汇总表。

第五步：根据科目汇总表登记总账。

第六步：总账与日记账进行核对，总账与所属明细账进行核对，做到账账相符。

第七步：编制试算平衡表和资产负债表等会计报表。

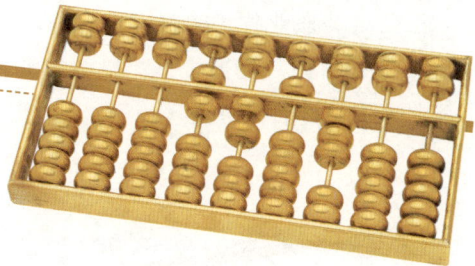

任务2 收集并整理相关资料

当王明了解了企业的账务处理程序后，就必须掌握大华公司的经济活动资料。

任务实施

（1）大华公司2022年12月初有关资料如表6-2-1所示。

表6-2-1　大华公司2022年12月初有关资料

单位：元

账户名称	摘　要	借或贷	账户余额
库存现金	2022年11月30日余额	借	1 800.00
银行存款	2022年11月30日余额	借	485 400.00
交易性金融资产	2022年11月30日余额	借	200 000.00
——新亚债券	2023年2月10日到期	借	200 000.00
应收票据	2022年11月30日余额	借	100 000.00
——银行承兑汇票	百胜公司2023年3月30日到期	借	100 000.00
应收账款	2022年11月30日余额	借	330 000.00
——华强公司	欠货款	借	120 000.00
——振兴公司	欠货款	借	160 000.00
——沙泉公司	欠货款	借	50 000.00
其他应收款	2022年11月30日余额	借	36 200.00
——行政科	备用金	借	35 000.00
——王强	出差借款	借	1 200.00
在途物资	2022年11月30日余额（甲材料）	借	156 000.00

续表

账户名称	摘　要	借或贷	账户余额
原材料	2022 年 11 月 30 日余额	借	522 000.00
——甲材料		借	240 000.00
——乙材料		借	250 000.00
——辅助材料		借	32 000.00
周转材料	2022 年 11 月 30 日余额	借	50 600.00
——包装物		借	50 600.00
生产成本	2022 年 11 月 30 日余额	借	388 000.00
——101		借	388 000.00
库存商品	2022 年 11 月 30 日余额	借	660 000.00
——101		借	260 000.00
——102		借	400 000.00
长期股权投资	2022 年 11 月 30 日余额	借	600 000.00
——通机股票		借	600 000.00
固定资产	2022 年 11 月 30 日余额	借	2 566 000.00
——生产车间用		借	2 160 000.00
——管理部门用		借	406 000.00
累计折旧	2022 年 11 月 30 日余额	贷	520 000.00
短期借款	2022 年 11 月 30 日余额	贷	850 000.00
——工商银行借款	流动资金借款	贷	850 000.00
应付账款	2022 年 11 月 30 日余额	贷	522 000.00
——鸿发公司	欠货款	贷	252 000.00
——兴通公司	欠货款	贷	180 000.00
——东银公司	欠货款	贷	90 000.00
其他应付款	2022 年 11 月 30 日余额	贷	32 000.00
——吴明		贷	24 000.00
——出借包装物押金		贷	8 000.00
应付职工薪酬	2022 年 11 月 30 日余额	贷	120 000.00
——职工福利		贷	120 000.00
应付股利	2022 年 11 月 30 日余额	贷	70 000.00
应交税费	2022 年 11 月 30 日余额	贷	237 340.00
——应交增值税		贷	205 000.00
——应交所得税		贷	32 340.00
实收资本	2022 年 11 月 30 日余额	贷	2 400 000.00

续表

账户名称	摘要	借或贷	账户余额
——国家资本金		贷	2 400 000.00
盈余公积	2022 年 11 月 30 日余额	贷	342 320.00
本年利润	2022 年 11 月 30 日余额	贷	850 000.00
利润分配	2022 年 11 月 30 日余额	贷	152 340.00
——提取盈余公积		借	64 630.00
——应付股利		借	129 260.00
——未分配利润		贷	346 230.00

（2）大华公司 2022 年 11 月各损益类账户累计发生额如表 6-2-2 所示。

表 6-2-2　大华公司 2022 年 11 月各损益类账户累计发生额

单位：元

科目名称	借方发生额	贷方发生额
主营业务收入		14 788 000.00
其他业务收入		170 000.00
营业外收入		20 000.00
主营业务成本	11 340 000.00	
其他业务成本	80 000.00	
税金及附加	265 400.00	
销售费用	592 000.00	
管理费用	751 900.00	
财务费用	192 000.00	
营业外支出	10 000.00	
所得税费用	436 675.00	

（3）大华公司 2022 年 12 月份发生下列经济业务（代原始凭证）：

❶ 12 月 1 日，为扩大生产规模，国家追加投资 300 000 元，款项已存入银行。

❷ 12 月 2 日，生产车间领用甲材料 80 000 元投入产品 040106（101）的生产。

❸ 12 月 3 日，接到银行收账通知，收华强公司还来货款 120 000 元。

❹ 12 月 4 日，采购员王强报销差旅费 1 020 元，余款收回现金。

❺ 12 月 4 日，上月采购甲材料 39 吨到货，每吨 4 000 元，验收入库。

❻ 12 月 5 日，向鸿发公司采购甲材料 50 吨，每吨 4 000 元，总价 200 000 元，增值税率为 13%，款项尚未支付，材料尚未到达。

❼ 12 月 5 日，以银行存款支付借款利息 8 000 元。

❽ 12 月 6 日，振兴公司提取已预订的 101 产品 200 件，每件单价 1 560 元，总价款 312 000 元，增值税率为 13%，款项尚未收到。结转销售成本，每件 1 300 元。

❾ 12 月 6 日，采购员王强预借差旅费 2 500 元，签发现金支票支付。

❿ 12 月 7 日，以银行存款缴纳增值税 205 000 元。

⓫ 12 月 7 日，百胜公司提取已预订的 102 产品 200 件，每件单价 2 500 元，总价款 500 000 元，增值税率为 13%，款项收到，存入银行。结转销售成本，每件 2 000 元。

⓬ 12 月 9 日，行政部门报销办公用品费 6 600 元，签发现金支票支付。

⓭ 12 月 10 日，接到银行收账通知，振兴公司前欠货款 160 000 元到账。

⓮ 12 月 11 日，以银行存款支付前欠鸿发公司货款 142 000 元。

⓯ 12 月 12 日，从东银公司购入辅助材料一批，价值 40 000 元，增值税率为 13%，转账支付。材料尚未收到。

⓰ 12 月 13 日，向鸿发公司采购的 50 吨甲材料到达，验收入库。

⓱ 12 月 14 日，签发转账支票，支付前欠鸿发公司货款 110 000 元。

⓲ 12 月 15 日，开出现金支票支付当月车间办公费 5 800 元。

⓳ 12 月 16 日，以银行存款支付恒盛公司广告费 8 000 元。

⓴ 12 月 17 日，采购员王强报销差旅费 2 620 元，余款现金付讫。

㉑ 12 月 19 日，行政部门购入计算机一台，价值 7 020 元（不考虑税费），转账支付。

㉒ 12 月 20 日，销售乙材料一批，价值 30 000 元，增值税率为 13%，货款已到，存入银行。材料成本价 20 000 元。

㉓ 12 月 22 日，以银行存款支付投资者利润 70 000 元。

㉔ 12 月 25 日，从东银公司购入的辅助材料到货，验收入库。

㉕ 12 月 26 日，以银行存款支付当月电费 8 600 元（车间 7 200 元，管理部门 1 400 元）；支付水费 4 200 元（车间 3 600 元，管理部门 600 元）。

㉖ 12 月 28 日，以银行存款支付当月电话费 1 800 元。

㉗ 12 月 31 日，计算分配上月工资，其中生产工人工资 210 000 元，车间管理人员工资 20 000 元，行政管理人员工资 30 000 元。

㉘ 12 月 31 日，计提固定资产折旧，其中：车间折旧费 21 280 元，管理部门折旧费 4 060 元。

㉙ 12 月 31 日，结转制造费用 57 880 元。

㉚ 12 月 31 日，101 产品全部完工，按其实际生产成本 735 880 元结转完工产品成本。

㉛ 12 月 31 日，结转收入、费用类账户，其中：主营业务收入 812 000 元，其他业务收入 30 000 元，主营业务成本 660 000 元，其他业务成本 20 000 元，销售费用 8 000 元，管理费用 48 100 元，财务费用 8 000 元。

㉜ 12 月 31 日，按利润总额的 25% 计算应交所得税，并结转所得税费用。

㉝ 12 月 31 日，结转本年利润。

㉞ 12 月 31 日，按净利润的 10% 提取法定盈余公积金。

㉟ 12 月 3 日，按净利润的 15% 提取任意盈余公积金。

㊱ 12 月 31 日，按净利润的 20% 向投资者分配利润。

任务 3

填制记账凭证训练

王明掌握了大华公司经济活动资料后，下一步就应该根据反映经济活动的原始凭证填制记账凭证。

任务实施

王明根据上述任务 2 中经济业务的原始凭证或汇总原始凭证，填制记账凭证如下，如表 6-3-1 所示（简式会计分录）。

表 6-3-1　会计分录（代记账凭证）

2022年		凭证号	摘　要	会计科目		金　额	
月	日			借方	贷方	借方	贷方
12	1	1	追加投资	银行存款		300 000	
					实收资本		300 000
12	2	2	生产领用	生产成本——101		80 000	
					原材料——甲材料		80 000
12	3	3	收到货款	银行存款		120 000	
					应收账款——华强		120 000

续表

2022年		凭证号	摘　要	会计科目		金　额	
月	日			借方	贷方	借方	贷方
12	4	4	报销差旅费	管理费用		1 020	
				库存现金		180	
					其他应收款——王强		1 200
12	4	5	验收入库39吨×4 000	原材料——甲材料		156 000	
					在途物资——甲材料		156 000
12	5	6	购材料	在途物资——甲材料		200 000	
				应交税费——应交增值税（进项税额）		26 000	
					应付账款——鸿发公司		226 000
12	5	7	付6月份借款利息	财务费用		8 000	
					银行存款		8 000
12	6	8 $\frac{1}{2}$	销售101 200件×1 560	应收账款——振兴公司		352 560	
					主营业务收入——101		312 000
					应交税费——应交增值税（销项税额）		40 560
12	6	8 $\frac{2}{2}$	销售发出200件×1 300	主营业务成本		260 000	
					库存商品——101		260 000
12	6	9	出差借款	其他应收款——王强		2 500	
					银行存款		2 500
12	7	10	交纳税款	应交税费——应交增值税		205 000	
					银行存款		205 000

续表

2022 年		凭证号	摘　要	会计科目		金　额	
月	日			借方	贷方	借方	贷方
12	7	11 $\frac{1}{2}$	销售 102 200 件× 2 500	银行存款		565 000	
					主营业务收入—— 102		500 000
					应交税费——应交 增值税（销项税额）		65 000
12	7	11 $\frac{2}{2}$	销售发出 200 件× 2 000	主营业务成本—— 102		400 000	
					库存商品——102		400 000
12	9	12	办公费报销	管理费用		6 600	
					银行存款		6 600
12	10	13	收到货款	银行存款		160 000	
					应收账款——振 兴公司		160 000
12	11	14	归还欠款	应付账款—— 鸿发公司		142 000	
					银行存款		142 000
12	12	15	采购材料	在途物资——辅料		40 000	
				应交税费——应 交增值税（进项 税额）		5 200	
					银行存款		45 200
12	13	16	验收入库 50 吨× 4 000	原材料——甲材料		200 000	
					在途物资——甲 材料		200 000
12	14	17	归还欠款	应付账款——鸿 发公司		110 000	
					银行存款		110 000
12	15	18	支付车间办公费	制造费用		5 800	
					银行存款		5 800

续表

2022年		凭证号	摘　要	会计科目		金　额	
月	日			借方	贷方	借方	贷方
12	16	19	支付广告费	销售费用		8 000	
					银行存款		8 000
12	17	20	报销差旅费	管理费用		2 620	
					其他应收款——王强		2 500
					库存现金		120
12	19	21	购电脑	固定资产		7 020	
					银行存款		7 020
12	20	22 $\frac{1}{2}$	销售材料	银行存款		33 900	
					其他业务收入——出售材料		30 000
					应交税费——应交增值税（销项税额）		3 900
12	20	22 $\frac{2}{2}$	结转材料成本	其他业务成本——出售材料		20 000	
					原材料——乙材料		20 000
12	22	23	支付利润	应付股利		70 000	
					银行存款		70 000
12	25	24	材料入库	原材料——辅料		40 000	
					在途物资——辅料		40 000
12	26	25	支付水电费	制造费用		10 800	
				管理费用		2 000	
					银行存款		12 800
12	28	26	支付电话费	管理费用		1 800	
					银行存款		1 800
12	31	27	工资分配	生产成本——101		210 000	
				制造费用		20 000	
				管理费用——工资		30 000	
					应付职工薪酬——工资		260 000
12	31	28	计提折旧	制造费用		21 280	
				管理费用		4 060	
					累计折旧		25 340
12	31	29	结转制造费用	生产成本——101		57 880	
					制造费用		57 880

续表

2022年		凭证号	摘 要	会计科目		金 额	
月	日			借方	贷方	借方	贷方
12	31	30	结转完工产品成本	库存商品——101		735 880	
					生产成本——101		735 880
12	31	31 1/2	结转本年利润	主营业务收入		812 000	
				其他业务收入		30 000	
					本年利润		842 000
12	31	31 2/2	结转本年利润	本年利润		744 100	
					主营业务成本		660 000
					其他业务成本		20 000
					销售费用		8 000
					管理费用		48 100
					财务费用		8 000
12	31	32 1/2	计提所得税	所得税费用		24 475	
					应交税费——应交所得税		24 475
12	31	32 2/2	结转	本年利润		24 475	
					所得税费用		24 475
12	31	33	结转本年利润	本年利润		923 425	
					利润分配—未分配利润		923 425
12	31	34	提取法定盈余公积	利润分配——提取法定盈余公积		7 342.50	
					盈余公积——法定盈余公积		7 342.50
12	31	35	提取任意盈余公积	利润分配——提取任意盈余公积		11 013.75	
					盈余公积——任意盈余公积		11 013.75
12	31	36	提取应分配利润	利润分配——应付股利		14 685	
					应付股利		14 685

任务 4

登记日记账训练

王明将大华工厂的经济活动通过记账凭证记录下来后，下一步就应该根据记账凭证登记现金日记账和银行存款日记账了。

任务实施

王明根据上述任务 3 编制的记账凭证登记现金日记账和银行存款日记账如下，如表 6-4-1、表 6-4-2 所示。

表 6-4-1　现金日记账

2022 年		凭证号	摘　要	对方科目	借　方	贷　方	借或贷	余　额
月	日							
12	1		期初余额				借	1 800
	4	4	出差归还余额	其他应收款	180		借	1 980
	17	20	报销差旅费	管理费用		120	借	1 860
	31		本月合计		180	120	借	1 860

表6-4-2　银行存款日记账

2022年 月	日	凭证号	摘　要	对方科目	借　方	贷　方	借或贷	余　额
12	1		期初余额				借	485 400
	1	1	追加投资	实收资本	300 000		借	785 400
	3	3	收到货款	应收账款	120 000		借	905 400
	5	7	支付利息	财务费用		8 000	借	897 400
	6	9	出差借款	其他应收款		2 500	借	894 900
	7	10	支付增值税	应交税费		205 000	借	689 900
	7	11	销货款	主营业务收入	565 000		借	1 254 900
	9	12	办公用品费	管理费用		6 600	借	1 248 300
	10	13	收到货款	应收账款	160 000		借	1 408 300
	11	14	归还欠款	应付账款		142 000	借	1 266 300
	12	15	采购	在途物资		45 200	借	1 221 100
	14	16	归还欠款	应付账款		110 000	借	1 111 100
	15	17	支付车间办公费	制造费用		5 800	借	1 105 300
	16	19	支付广告费	销售费用		8 000	借	1 097 300
	19	21	购计算机	固定资产		7 020	借	1 090 280
	20	22	销售材料	其他业务收入	33 900		借	1 124 180
	22	23	支付投资者利润	应付股利		70 000	借	1 054 180
	26	25	支付水电费	制造／管理费用		12 800	借	1 041 380
	28	26	支付电话费	管理费用		1 800	借	1 039 580
	31		本月合计		1 178 900	624 720	借	1 039 580

任务 5 登记明细分类账训练

王明完成了登记现金日记账和银行存款日记账的工作后，还必须登记各种明细分类账。

任务实施

王明根据上述记账凭证和有关原始凭证登记各种明细分类账如下（由于篇幅所限，这里仅登记"原材料""应收账款"两个明细账），如表6-5-1～表6-5-6所示。

表6-5-1　原材料明细账

材料编号：01001　　　　　　　　　　　　　　　　　　　　　　　　　计量单位：吨

材料类别：材料　　　　　　　　　　　　　　　　　　　　　　　　　　最高储量：

材料名称及规格：甲　　　　　　　　　　　　　　　　　　　　　　　　最低储量：

2022年		凭证号	摘 要	收 入			发 出			结 转		
月	日			数量	单价	金额	数量	单价	金额	数量	单价	金额
12	1		期初余额							60	4 000	240 000
	2	2	生产领用				20	4 000	80 000	40	4 000	160 000
	4	5	入库	39	4 000	156 000				79	4 000	316 000
	5	6	入库	50	4 000	200 000				129	4 000	516 000
	31		本月合计	89	4 000	356 000	20	4 000	80 000	129	4 000	516 000

基础会计
（第4版）

表6-5-2　原材料明细账

材料编号：01002
材料类别：材料　　　　　　　　　　　　　　　　　　　　　最高储量：
材料名称及规格：乙　　　　　　　　　　　　　　　　　　　最低储量：

2022年		凭证号	摘　要	收　入			发　出			结　转		
月	日			数量（吨）	单价（元）	金额（元）	数量（吨）	单价（元）	金额（元）	数量（吨）	单价（元）	金额（元）
12	1		期初余额							125	2 000	250 000
	20	23	销售				10	2 000	20 000	115	2 000	230 000
	31		本月合计				10	2 000	20 000	115	2 000	230 000

表6-5-3　原材料明细账

材料编号：01003
材料名称及规格：辅助材料　　　　　　　　　　　　　　　　　　　单位：元

2022年		凭证号	摘　要	借　方	贷　方	借或贷	余　额
月	日						
12	1		期初余额			借	32 000
	25	25	入库	40 000		借	72 000
	31		本月合计	40 000		借	72 000

表6-5-4　应收账款明细账

户名：华强公司　　　　　　　　　　　　　　　　　　　　　　　　单位：元

2022年		凭证号	摘　要	借　方	贷　方	借或贷	余　额
月	日						
12	1		期初余额			借	120 000
	3	3	收回		120 000	平	0
	31		本月合计		120 000	平	0

表6-5-5　应收账款明细账

户名：振兴公司　　　　　　　　　　　　　　　　　　　　　　　　单位：元

2022年		凭证号	摘　要	借　方	贷　方	借或贷	余　额
月	日						
12	1		期初余额			借	160 000
	6	$8\frac{1}{2}$	销售货款	352 560		借	512 560

续表

2022年		凭证号	摘　要	借　方	贷　方	借或贷	余　额
月	日						
	10	13	收回		160 000	借	352 560
	31		本月合计	352 560	160 000	借	352 560

表 6-5-6　应收账款明细账

单位：元

户名：沙泉公司

2022年		凭证号	摘　要	借　方	贷　方	借或贷	余　额
月	日						
12	1		期初余额			借	50 000
	31		本月合计			借	50 000

任务 6　编制科目汇总表训练

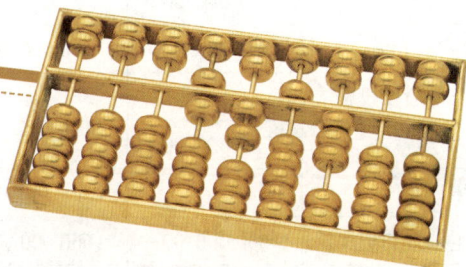

王明完成登记各种明细分类账后，就应该按照科目汇总表账务处理程序编制科目汇总表。

任务实施

根据经济业务量的多少，该厂按月汇总每月编制"科目汇总表"一张，据以登记总账。王明将本月全部记账凭证按同一总账科目汇总，编制"科目汇总表"。

（1）王明首先编制 T 形账户，根据已填制的记账凭证（会计分录）编制 T 形账户。（T 形账略）

（2）然后根据 T 形账户编制科目汇总表 6-6-1 如下。

表 6-6-1　科目汇总表

2022 年 12 月 1 日至 12 月 31 日　　　　　　　　　　凭证号：1—36 号

会计科目	借方金额	贷方金额	会计科目	借方金额	贷方金额
库存现金	180.00	120.00	短期借款		
银行存款	1 178 900.00	624 720.00	应付账款	252 000.00	226 000.00
交易性金融资产					
应收账款	352 560.00	280 000.00	应付职工薪酬		260 000.00
其他应收款	2 500.00	3 700.00	其他应付款		
在途物资	240 000.00	396 000.00	应付股利	70 000.00	14 685.00
原材料	396 000.00	100 000.00	应交税费	236 200.00	133 935.00
周转材料			实收资本		300 000.00
生产成本	347 880.00	735 880.00	盈余公积		18 367.25
制造费用	57 880.00	57 880.00	本年利润	1 692 000.00	842 000.00
库存商品	735 880.00	660 000.00	利润分配	33 041.25	923 425.00
长期股权投资			主营业务收入	812 000.00	812 000.00
固定资产	7 020.00		其他业务收入	30 000.00	30 000.00
累计折旧		25 340.00			
主营业务成本	660 000.00	660 000.00			
其他业务成本	20 000.00	20 000.00			
销售费用	8 000.00	8 000.00			
管理费用	48 100.00	48 100.00			
财务费用	8 000.00	8 000.00			
所得税费用	24 475.00	24 475.00			
合计	4 087 375.00	3 652 215.00	合计	3 125 241.25	3 560 401.25
			借贷方平衡总计	7 212 616.25	7 212 616.25

财会主管：　　　　　记账：王明　　　　　复核：张兰　　　　　制表：王明

任务 7 登记总分类账训练

王明完成"科目汇总表"的编制后，就应该按照科目汇总表账务处理程序，根据科目汇总表登记总分类账。

任务实施

王明根据科目汇总表登记总分类账如表 6-7-1 ～表 6-7-32 所示。

表 6-7-1　总分类账（一）

会计科目：库存现金　　　　　　　　　　　　　　　　　　　　单位：元

2022 年		凭证号	摘　要	借　方	贷　方	借或贷	余　额
月	日						
12	1		期初余额			借	1 800
	31	科汇	1～31 日汇总	180	120	借	1 860

表 6-7-2　总分类账（二）

会计科目：银行存款　　　　　　　　　　　　　　　　　　　　单位：元

2022 年		凭证号	摘　要	借　方	贷　方	借或贷	余　额
月	日						
12	1		期初余额			借	485 400
	31	科汇	1～31 日汇总	1 178 900	624 720	借	1 039 580

表6-7-3　总分类账（三）

会计科目：交易性金融资产　　　　　　　　　　　　　　　　　　　　单位：元

2022年		凭证号	摘　要	借　方	贷　方	借或贷	余　额
月	日						
12	1		期初余额			借	200 000

表6-7-4　总分类账（四）

会计科目：应收账款　　　　　　　　　　　　　　　　　　　　　　　单位：元

2022年		凭证号	摘　要	借　方	贷　方	借或贷	余　额
月	日						
12	1		期初余额			借	330 000
	31	科汇	1～31日汇总	352 560	280 000	借	402 560

表6-7-5　总分类账（五）

会计科目：其他应收款　　　　　　　　　　　　　　　　　　　　　　单位：元

2022年		凭证号	摘　要	借　方	贷　方	借或贷	余　额
月	日						
12	1		期初余额			借	36 200
	31	科汇	1～31日汇总	2 500	3 700	借	35 000

表6-7-6　总分类账（六）

会计科目：在途物资　　　　　　　　　　　　　　　　　　　　　　　单位：元

2022年		凭证号	摘　要	借　方	贷　方	借或贷	余　额
月	日						
12	1		期初余额			借	156 000
	31	科汇	1～31日汇总	240 000	396 000	平	0

表6-7-7　总分类账（七）

会计科目：原材料　　　　　　　　　　　　　　　　　　　　　　　　　　单位：元

2022年		凭证号	摘　要	借　方	贷　方	借或贷	余　额
月	日						
12	1		期初余额			借	522 000
	31	科汇	1～31日汇总	396 000	100 000	借	818 000

表6-7-8　总分类账（八）

会计科目：周转材料　　　　　　　　　　　　　　　　　　　　　　　　　单位：元

2022年		凭证号	摘　要	借　方	贷　方	借或贷	余　额
月	日						
12	1		期初余额			借	50 600

表6-7-9　总分类账（九）

会计科目：生产成本　　　　　　　　　　　　　　　　　　　　　　　　　单位：元

2022年		凭证号	摘　要	借　方	贷　方	借或贷	余　额
月	日						
12	1		期初余额			借	388 000
	31	科汇	1～31日汇总	347 880	735 880	平	0

表6-7-10　总分类账（十）

会计科目：制造费用　　　　　　　　　　　　　　　　　　　　　　　　　单位：元

2022年		凭证号	摘　要	借　方	贷　方	借或贷	余　额
月	日						
12	31	科汇	1～31日汇总	57 880	57 880	平	0

表6-7-11 总分类账（十一）

会计科目：库存商品　　　　　　　　　　　　　　　　　　　　　　单位：元

2022年		凭证号	摘要	借方	贷方	借或贷	余额
月	日						
12	1		期初余额			借	660 000
	31	科汇	1～31日汇总	735 880	660 000	借	735 880

表6-7-12 总分类账（十二）

会计科目：长期股权投资　　　　　　　　　　　　　　　　　　　　单位：元

2022年		凭证号	摘要	借方	贷方	借或贷	余额
月	日						
12	1		期初余额			借	600 000

表6-7-13 总分类账（十三）

会计科目：固定资产　　　　　　　　　　　　　　　　　　　　　　单位：元

2022年		凭证号	摘要	借方	贷方	借或贷	余额
月	日						
12	1		期初余额			借	2 566 000
	31	科汇	1～31日汇总	7 020		借	2 573 020

表6-7-14 总分类账（十四）

会计科目：累计折旧　　　　　　　　　　　　　　　　　　　　　　单位：元

2022年		凭证号	摘要	借方	贷方	借或贷	余额
月	日						
12	1		期初余额			贷	520 000
	31	科汇	1～31日汇总		25 340	贷	545 340

表6-7-15　总分类账（十五）

会计科目：短期借款　　　　　　　　　　　　　　　　　　　　　　　　　　　　单位：元

2022年		凭证号	摘　要	借　方	贷　方	借或贷	余　额
月	日						
12	1		期初余额			贷	850 000

表6-7-16　总分类账（十六）

会计科目：应付账款　　　　　　　　　　　　　　　　　　　　　　　　　　　　单位：元

2022年		凭证号	摘　要	借　方	贷　方	借或贷	余　额
月	日						
12	1		期初余额			贷	522 000
	31	科汇	1～31日汇总	252 000	226 000	贷	496 000

表6-7-17　总分类账（十七）

会计科目：其他应付款　　　　　　　　　　　　　　　　　　　　　　　　　　　单位：元

2022年		凭证号	摘　要	借　方	贷　方	借或贷	余　额
月	日						
12	1		期初余额			贷	32 000

表6-7-18　总分类账（十八）

会计科目：应付职工薪酬　　　　　　　　　　　　　　　　　　　　　　　　　　单位：元

2022年		凭证号	摘　要	借　方	贷　方	借或贷	余　额
月	日						
12	1		期初余额			贷	120 000
	31	科汇	1～31日汇总		260 000	贷	380 000

基础会计（第4版）

表 6-7-19　总分类账（十九）

会计科目：应付股利　　　　　　　　　　　　　　　　　　　　　　　　　　单位：元

| 2022 年 | | 凭证号 | 摘　要 | 借　方 | 贷　方 | 借或贷 | 余　额 |
月	日						
12	1		期初余额			贷	70 000
	31	科汇	1～31 日汇总	70 000	14 685	贷	14 685

表 6-7-20　总分类账（二十）

会计科目：应交税费　　　　　　　　　　　　　　　　　　　　　　　　　　单位：元

| 2022 年 | | 凭证号 | 摘　要 | 借　方 | 贷　方 | 借或贷 | 余　额 |
月	日						
12	1		期初余额			贷	237 340
	31	科汇	1～31 日汇总	236 200	133 935	贷	135 075

表 6-7-21　总分类账（二十一）

会计科目：实收资本　　　　　　　　　　　　　　　　　　　　　　　　　　单位：元

| 2022 年 | | 凭证号 | 摘　要 | 借　方 | 贷　方 | 借或贷 | 余　额 |
月	日						
12	1		期初余额			贷	2 400 000
		科汇	1～31 日汇总		300 000	贷	2 700 000

表 6-7-22　总分类账（二十二）

会计科目：盈余公积　　　　　　　　　　　　　　　　　　　　　　　　　　单位：元

| 2022 年 | | 凭证号 | 摘　要 | 借　方 | 贷　方 | 借或贷 | 余　额 |
月	日						
12	1		期初余额			贷	342 320
	31	科汇	1～31 日汇总		18 356.25	贷	360 676.25

表 6-7-23　总分类账（二十三）

会计科目：本年利润　　　　　　　　　　　　　　　　　　　　　　　　　单位：元

2022 年		凭证号	摘　要	借　方	贷　方	借或贷	余　额
月	日						
12	1		期初余额			贷	850 000
	31	科汇	1～31 日汇总	1 692 000	842 000	贷	0

表 6-7-24　总分类账（二十四）

会计科目：利润分配　　　　　　　　　　　　　　　　　　　　　　　　　单位：元

2022 年		凭证号	摘　要	借　方	贷　方	借或贷	余　额
月	日						
12	1		期初余额			贷	152 340
	31	科汇	1～31 日汇总	33 041.25	923 425.00	贷	1 042 723.75

表 6-7-25　总分类账（二十五）

会计科目：主营业务收入　　　　　　　　　　　　　　　　　　　　　　　单位：元

2022 年		凭证号	摘　要	借　方	贷　方	借或贷	余　额
月	日						
12	31	科汇	1～31 日汇总	812 000	812 000	平	0

表 6-7-26　总分类账（二十六）

会计科目：主营业务成本　　　　　　　　　　　　　　　　　　　　　　　单位：元

2022 年		凭证号	摘　要	借　方	贷　方	借或贷	余　额
月	日						
12	31	科汇	1～31 日汇总	660 000	660 000	平	0

表6-7-27　总分类账（二十七）

会计科目：其他业务收入　　　　　　　　　　　　　　　　　　　　　　　单位：元

2022年		凭证号	摘　要	借　方	贷　方	借或贷	余　额
月	日						
12	31	科汇	1～31日汇总	30 000	30 000	平	0

表6-7-28　总分类账（二十八）

会计科目：其他业务成本　　　　　　　　　　　　　　　　　　　　　　　单位：元

2022年		凭证号	摘　要	借　方	贷　方	借或贷	余　额
月	日						
12	31	科汇	1～31日汇总	20 000	20 000	平	0

表6-7-29　总分类账（二十九）

会计科目：销售费用　　　　　　　　　　　　　　　　　　　　　　　单位：元

2022年		凭证号	摘　要	借　方	贷　方	借或贷	余　额
月	日						
12	31	科汇	1～31日汇总	8 000	8 000	平	0

表6-7-30　总分类账（三十）

会计科目：管理费用　　　　　　　　　　　　　　　　　　　　　　　单位：元

2022年		凭证号	摘　要	借　方	贷　方	借或贷	余　额
月	日						
12	31	科汇	1～31日汇总	48 100	48 100	平	0

表 6-7-31　总分类账（三十一）

会计科目：财务费用　　　　　　　　　　　　　　　　　　　　　　　　　　　　单位：元

2022 年		凭证号	摘　要	借　方	贷　方	借或贷	余　额
月	日						
12	31	科汇	1～31 日汇总	8 000	8 000	平	0

表 6-7-32　总分类账（三十二）

会计科目：所得税费用　　　　　　　　　　　　　　　　　　　　　　　　　　　单位：元

2022 年		凭证号	摘　要	借　方	贷　方	借或贷	余　额
月	日						
12	31	科汇	1～31 日汇总	24 475	24 475	平	0

任务 8 编制试算平衡表训练

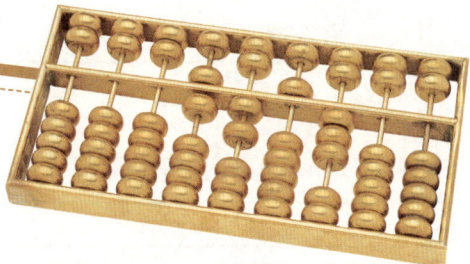

当王明将各种明细分类账和总分类账都登记完毕后，必须通过编制试算平衡表来检测自己登记的明细分类账和总分类账是否正确，为下一步编制会计报表打下基础。

任务实施

王明对总账与日记账进行核对，总账与所属明细账进行核对，做到账账相符，在此基础上进行结账，并根据总分类账的记录编制试算平衡表，如表 6-8-1 所示（由于篇幅所限，在此仅根据总分类账的记录编制"总分类账户期末余额试算表"，作为编制会计报表的依据之一）。

表 6-8-1　总分类账户试算平衡表

2022 年 12 月 31 日　　　　　　　　　　　　　　单位：元

会计科目	期初余额		本期发生额		期末余额	
	借方	贷方	借方	贷方	借方	贷方
库存现金	1 800.00		180.00	120.00	1 860.00	
银行存款	485 400.00		1 178 900.00	624 720.00	1 039 580.00	
交易性金融资产	200 000.00				200 000.00	
应收票据	100 000.00				100 000.00	
应收账款	330 000.00		352 560.00	280 000.00	402 560.00	
其他应收款	36 200.00		2 500.00	3 700.00	35 000.00	
在途物资	156 000.00		240 000.00	396 000.00		
原材料	522 000.00		396 000.00	100 000.00	818 000.00	
周转材料	50 600.00				50 600.00	

续表

会计科目	期初余额		本期发生额		期末余额	
	借方	贷方	借方	贷方	借方	贷方
生产成本	388 000.00		347 880.00	735 880.00		
制造费用			57 880.00	57 880.00		
库存商品	660 000.00		735 880.00	660 000.00	735 880.00	
长期股权投资	600 000.00				600 000.00	
固定资产	2 566 000.00		7 020.00		2 573 020.00	
累计折旧		520 000.00		25 340.00		545 340.00
短期借款		850 000.00				850 000.00
应付账款		522 000.00	252 000.00	226 000.00		496 000.00
应付职工薪酬		120 000.00		260 000.00		380 000.00
其他应付款		32 000.00				32 000.00
应付股利		70 000.00	70 000.00	14 685.00		14 685.00
应交税费		237 340.00	236 200.00	133 935.00		135 075.00
实收资本		2 400 000.00		300 000.00		2 700 000.00
盈余公积		342 320.00		18 356.25		360 676.25
本年利润		850 000.00	1 692 000	842 000.00		0
利润分配		152 340.00	33 041.25	923 425.00		1 042 723.75
主营业务收入			812 000.00	812 000.00		
主营业务成本			660 000.00	660 000.00		
其他业务收入			30 000.00	30 000.00		
其他业务支出			20 000.00	20 000.00		
销售费用			8 000.00	8 000.00		
管理费用			48 100.00	48 100.00		
财务费用			8 000.00	8 000.00		
所得税费用			24 475.00	24 475.00		
合　计	6 096 000.00	6 096 000.00	7 721 980.50	7 721 980.50	655 650.00	655 650.00

任务 9 编制会计报表训练

王明完成了做账、登账、对账、试算平衡等工作后，就必须依据账簿和其他资料编制会计报表。

任务实施

王明根据上述总账及相关资料编制财务报表如表6-9-1、表6-9-2所示（由于篇幅所限，此处只编制资产负债表和利润表）：

表6-9-1　资产负债表

编制单位：大华公司　　　　　　　2022年12月31日　　　　　　会企01表
单位：元

资产	期末余额	上年年末余额（略）	负债和所有者权益（或股东权益）	期末余额	上年年末余额（略）
流动资产：			流动负债：		
货币资金	1 041 440.00		短期借款	850 000.00	
交易性金融资产	200 000.00		交易性金融负债		
衍生金融资产			衍生金融负债		
应收票据	100 000.00		应付票据		
应收账款	402 560.00		应付账款	496 000.00	
预付款项			预收款项		
其他应收款	35 000.00		应付职工薪酬	380 000.00	
存货	1 604 480.00		应交税费	135 075.00	
持有待售资产			其他应付款	46 685.00	

续表

资产	期末余额	上年年末余额（略）	负债和所有者权益（或股东权益）	期末余额	上年年末余额（略）
一年内到期的非流动资产			持有待售负债		
其他流动资产			一年内到期的非流动负债		
流动资产合计	3 383 480.00		其他流动负债		
非流动资产：			流动负债合计	1 907 760.00	
可供出售金融资产			非流动负债：		
持有至到期投资			长期借款		
长期应收款			应付债券		
长期股权投资	600 000.00		其中：优先股		
投资性房地产			永续债		
固定资产	2 027 680.00		长期应付款		
在建工程			预计负债		
生产性生物资产			递延收益		
油气资产			递延所得税负债		
无形资产			其他非流动负债		
开发支出			非流动负债合计		
商誉			负债合计	1 907 760.00	
长期待摊费用			所有者权益（或股东权益）：		
递延所得税资产			实收资本（或股本）	2 700 000.00	
其他非流动资产			其他权益工具		
非流动资产合计	2 627 680.00		其中：优先股		
			永续债		
			资本公积		
			减：库存股		
			其他综合收益		
			专项储备		
			盈余公积	360 676.25	
			未分配利润	1 042 723.75	
			所有者权益（或股东权益）合计	4 103 400.00	
资产总计	6 011 160.00		负债和所有者权益（或股东权益）总计	6 011 160.00	

表 6-9-2　利润表

编制单位：大华公司　　　　2022 年度　　　　会企 02 表　　单位：元

项　目	本期金额	上期金额（略）
一、营业收入	15 800 000.00	
减：营业成本	12 100 000.00	
税金及附加	265 400.00	
销售费用	600 000.00	
管理费用	800 000.00	
研发费用		
财务费用	200 000.00	
其中：利息费用	200 000.00	
利息收入		
加：其他收益		
投资收益（损失以"—"号填列）		
其中：对联营企业和合营企业的投资收益		
公允价值变动收益（损失以"—"号填列）		
资产减值损失（损失以"—"号填列）		
资产处置收益（损失以"—"号填列）		
二、营业利润（亏损以"—"号填列）	1 834 600.00	
加：营业外收入	20 000.00	
减：营业外支出	10 000.00	
三、利润总额（亏损总额以"—"号填列）	1 844 600.00	
减：所得税费用	461 150.00	
四、净利润（净亏损以"—"号填列）	1 383 450.00	
（一）持续经营净利润（净亏损以"—"号填列）		
（二）终止经营净利润（净亏损以"—"号填列）		
五、其他综合收益的税后净额	0	
（一）不能重分类进损益的其他综合收益		
1.重新计量设定受益计划变动额		
2.权益法下不能转损益的其他综合收益		
……		

续表

项　　目	本期金额	上期金额（略）
（二）将重分类进损益的其他综合收益		
1.权益法下可转损益的其他综合收益		
2.可供出售金融资产公允价值变动损益		
3.持有至到期投资重分类为可供出售金融资产损益		
4.现金流量套期损益的有效部分		
5.外币财务报表折算差额		
……		
六、综合收益总额	1 383 450.00	
七、每股收益：		
（一）基本每股收益	（略）	
（二）稀释每股收益	（略）	

知识链接

智能财务下的会计核算流程

操作演示

同学们，前面学习的"证—账—表"会计核算流程是在手工账务处理模式下进行的操作流程。在大数据、智能化的今天，企业的业务管理、财务管理和税务管理已经融为一体，会计核算流程也发生了巨大变化，下面我们就讲一讲智能财务下的会计核算流程。

企业首先需要拥有财务系统或财务机器人等程序，财务人员必须先将企业原始财务数据录入系统当中。当企业发生经济业务时，通过业务人员或财务人员的操作，系统自动生成原始凭证。对于外来原始凭证，由相关人员扫描进入系统。当原始凭证经财务人员审核通过后，财务人员操作系统，记账凭证自动生成。在记账凭证生成的同时，系统自动登记明细账。月末，财务人员进行期末操作，系统自动登记总账并生成会计报表和纳税申报表。

智能财务下的会计核算流程，将手工账务处理模式下的填制会计凭证、登记明细账、编制科目汇总表、登记总分类账、编制会计报表等工作全部由计算机自动完成，财务人员只需要按规程做好原始数据维护、新信息录入、系统操作等工作，极大地简化了烦琐复杂的记账、登账、编制报表等工作，节省了大量的人力物力，使财务人员有更多的时间和精力进行企业财务管理（操作演示见二维码）。

项目小结

通过上述任务训练，王明熟悉并掌握了记账凭证的编制、日记账的登记、明细分类账及总分类账的登记以及会计报表的编制等财务部门的账务处理工作，财务科科长张兰对王明完成任务的情况非常满意。

实施效果检测

1. 广州光华公司 2022 年 12 月份发生如下经济业务（代原始凭证）。

公司 2022 年 12 月份发生如下经济业务（代原始凭证）。

❶ 1 日，从银行提取现金 6 000 元备用。

❷ 3 日，接到银行收账通知，A 公司偿还购货款 50 000 元已到账。

❸ 4 日，为生产 A 产品领用甲材料 20 吨，单价 320 元，计 6 400 元；B 产品领用乙材料 40 吨，单价 400 元，计 16 000 元。

❹ 7 日，采购员刘明出差借差旅费 1 200 元，开出现金支票付讫。

❺ 9 日，用银行存款归还部分银行短期借款 50 000 元。

❻ 10 日，从 C 公司购入甲材料 30 吨，单价 320 元，计 9 600 元，增值税税率 13%，款未付，材料尚未收到。

❼ 10 日，用银行存款支付上月应交税费 9 000 元。

❽ 13 日，上述甲材料验收入库，按实际成本 9 600 元结转。

❾ 15 日，购入不需要安装的设备一台，价款 80 000 元（不考虑税费），支付包装、运杂费等计 2 000 元，全部款项用银行存款支付。

❿ 16 日，销售 A 产品 540 件，单价 150 元，计 81 000 元;销售 B 产品 50 件，单价 420 元，计 21 000 元。增值税税率 13%。款项已全部收到并存入银行。

⓫ 31 日，分配本月份应付职工工资，其中生产 A 产品工人工资 19 000 元，生产 B 产品工人工资 76 000 元，车间管理人员工资 10 000 元，行政管理人员工资 15 000 元。

⓬ 21 日，用银行存款支付业务招待费 1 200 元，广告费 5 000 元。

⓭ 24 日，用现金购入行政部门办公用品 250 元。

⓮ 25 日，收到 D 公司投资款 200 000 元，已存入银行。

⓯ 28 日，用银行存款归还前欠 C 公司部分购料款 56 000 元。

⓰ 31 日，计提本月固定资产折旧 6 500 元，其中生产车间计提折旧费 5 000 元，行政部门计提折旧费 1 500 元。

⓱ 31 日，用银行存款支付本月水电费 4 000 元，其中车间耗用 3 000 元，行政部门耗用 1 000 元。

⓲ 31 日，按产品生产工时比例分配并结转本月制造费用，其中 A 产品 21 000 生产工时，B 产品 68 000 生产工时。

⓳ 31 日，结转本月完工产品成本（假设本月无月初、月末在产品，投产全部完工）。

⓴ 31 日，结转本月已销售产品成本，其中 A 产品单位成本 100 元，B 产品单位成本 400 元。

㉑ 31 日，将本月收入类账户结转本年利润。

㉒ 31 日，将本月成本费用类账户结转本年利润。

㉓ 31 日，按利润总额的 25% 计算应交所得税并结转所得税费用。

㉔ 31 日，将净利润结转至"利润分配——未分配利润"账户。

㉕ 31 日，按净利润的 10% 提取法定盈余公积。

㉖ 31 日，按净利润的 5% 提取任意盈余公积。

㉗ 31 日，按净利润的 20% 向投资者分配利润。

2. 说明：该公司采用科目汇总表账务处理程序，记账凭证采用通用记账凭证。

3. 根据上述资料，对本月经济业务进行核算。

能 力 提 升

三套试卷

试卷答案

参 考 文 献

[1] 中华人民共和国财政部. 企业会计准则 [M]. 北京: 经济科学出版社, 2006.

[2] 中华人民共和国财政部. 企业会计准则——应用指南 [M]. 北京: 经济科学出版社, 2006.

[3] 戚素文. 基础会计实务 [M]. 北京: 科学出版社, 2012.

[4] 李春友. 基础会计 [M]. 北京: 中国劳动社会保障出版社, 2009.

[5] 李相志. 基础会计学 [M]. 北京: 中国财政经济出版社, 2009.

[6] 隋秀娟, 谢婉娥. 基础会计 [M]. 天津: 天津大学出版社, 2009.

[7] 李红梅, 贾小卫. 基础会计实务 [M]. 天津: 天津大学出版社, 2009.

[8] 姚晓春. 新编基础会计 [M]. 杭州: 浙江大学出版社, 2009.

[9] 李泽岚. 基础会计全真实训 [M]. 北京: 清华大学出版社, 2009.

[10] 樊行健. 基础会计 [M]. 北京: 高等教育出版社, 2011.

[11] 雷光勇. 基础会计学（第二版）[M]. 大连: 东北财经大学出版社, 2012.

[12] 李现宗, 叶忠明. 基础会计学 [M]. 北京: 清华大学出版社, 2012.

[13] 禹阿平. 新编基础会计实训 [M]. 大连: 大连理工大学出版社, 2011.

[14] 李端生. 基础会计学（第3版）[M]. 北京: 中国财政经济出版社, 2012.

[15] 罗其安. 基础会计学 [M]. 广州: 暨南大学出版社, 2011.

[16] 葛军. 会计学原理 [M]. 北京: 高等教育出版社, 2011.

[17] [美] 莱斯利·K. 布莱特纳, 罗伯特·N. 安东尼. 会计学基础 [M]. 北京: 清华大学出版社, 2009.

[18] 中国注册会计师考试英文测试词汇整理——百度文库. http://wenku.baidu.com/view/3b80f43a580216fc700afd07.html.

[19] 江西省财政厅综合信息网: http://www.jxf.gov.cn.

[20] 财政部会计资格评价中心. 初级会计实务 [M]. 北京: 经济科学出版社, 2017.

[21] 财政部会计资格评价中心. 初级会计实务 [M]. 北京: 经济科学出版社, 2018.

[22] 李勇, 邱金平. 会计基础 [M]. 北京: 高等教育出版社, 2021.

[23] 易三军. 基础会计（第三版）[M]. 武汉: 华中科技大学出版社, 2019.

[24] 小企业会计准则编审委员会. 小企业会计准则讲解 [M]. 上海: 立信会计出版社, 2023.